国家出版基金项目
NATIONAL PUBLICATION FOUNDATION

"十三五"国家重点图书出版规划项目

东北振兴研究丛书

DONG BEI ZHEN XING YAN JIU

CONG SHU

东北振兴与"一带一路"

孙德兰　梁为中　著

辽宁人民出版社

© 孙德兰　梁为中　2020

图书在版编目（CIP）数据

东北振兴与"一带一路" / 孙德兰，梁为中著. —沈阳：
辽宁人民出版社，2020.12
　　（东北振兴研究丛书）
　　ISBN 978-7-205-10090-2

　　Ⅰ.①东… Ⅱ.①孙… ②梁… Ⅲ.①区域经济发展—研究
—东北地区 Ⅳ.①F127.3

中国版本图书馆 CIP 数据核字（2020）第 256168 号

出版发行：辽宁人民出版社
　　　　　地址：沈阳市和平区十一纬路 25 号　邮编：110003
　　　　　电话：024-23284321（邮　购）　024-23284324（发行部）
　　　　　传真：024-23284191（发行部）　024-23284304（办公室）
　　　　　http://www.lnpph.com.cn
印　　刷：辽宁新华印务有限公司
幅面尺寸：170mm×240mm
印　　张：16.25
字　　数：242 千字
出版时间：2020 年 12 月第 1 版
印刷时间：2020 年 12 月第 1 次印刷
责任编辑：郭　健
助理编辑：何雪晴
封面设计：丁末末
版式设计：留白文化
责任校对：吴艳杰
书　　号：ISBN 978-7-205-10090-2
定　　价：86.00元

《东北振兴研究丛书》 中国（海南）改革发展研究院 策划指导
中 国 东 北 振 兴 研 究 院

编委会

总　序

　　东北是我国最早建立的以能源原材料和重工业为特色的老工业基地，拥有一批关系国民经济命脉和国家安全的战略性产业和骨干企业，在 70 多年发展历程中，为新中国工业体系的建立打下了基础，为我国改革开放和现代化建设做出了历史性贡献。

　　新中国成立初期，鉴于当时的国际环境，中国经济发展投资集中在内地，沿海地区不多。当时苏联援助中国 156 个项目，其中三分之一落在东北，东北的工业体系初见雏形，也产生了很多大家熟悉的工业企业："一汽""一重""鞍钢""沈飞""大船"等。在中国实行"三线建设"时期，东北为中国工业化发展做出了很大贡献，很多东北企业支援全国，如湖北十堰二汽就是在长春一汽的援助下建立起来的，各地许多钢铁企业是鞍钢援建的。

　　改革开放初期，经济发展从侧重内地转向开放沿海地区，东南沿海地区通过政策倾斜，在吸引外资、引进人才等方面获益，并由此大大推动了市场化改革的步伐，从而获得飞速发展。东北地区则因地理区位的局限，资源开采枯竭，尤其是计划经济"遗产丰厚"，如国有企业负担重等体制机制制约，转型和改革步履维艰，发展相对迟缓，到 20 世纪 90 年代中后期，与东南沿海地区的差距已经拉大。在这样的背景下，国家先是提出西部大开发战略，后来又提出了振兴东北、中部崛起等战略，希望通过一系列的措施促进全国四大板块（东部、西部、中部、东北）协调均衡发展。

"九五"计划中就提出，积极支持和促进东北等地的老工业基地改造和结构调整。2003年，中共中央、国务院正式印发《关于实施东北地区等老工业基地振兴战略的若干意见》。从2003年到2012年，东北地区的国内生产总值保持较高增速，连续多年领先全国，被媒体称为东北经济的"黄金十年"。现在回顾这10年，东北取得的成绩在一定程度上得益于体制机制的改革。比如，这个时期国企改革确实取得了一些进展。从东北三省国有企业对国内生产总值贡献占比看，2003年左右这一数据高达百分之八九十，甚至在大庆等部分城市基本是国有企业一统天下。经过10年的改革发展，这一数据平均下降20%，辽宁的有些地区下降了30%—40%，民营企业获得了一定的发展。此外，在资源型城市可持续发展、对外对内开放和社会保障体系建设等方面也都取得了显著进展，有的改革探索还对全国的改革起了推动或先导作用。

但从深层次探究，东北"黄金十年"正好赶上了中国工业化高速增长时期，这一阶段重化工业快速发展，需要大量的能源、原材料、装备制造业，这与东北的产业结构正好相契合，东北经济从而获得了较快的增长。同时更应当认识到，因为这一阶段过度看重国内生产总值增速，在相当程度上掩盖了东北地区许多重大改革不到位、不深入的问题。如东北地区政府与市场的关系远未理顺，各级政府急于上项目争投资，资源配置的市场化程度在全国相对更低，从而导致重复建设严重，民营经济滞后，民生改善迟缓。

随着中国经济总体跨过重化工业发展阶段，从追求高速度转向注重高质量，东北地区发展遇到了新的困难和挑战，经济下行压力增大，经济增长新动力不足和旧动力减弱的结构性矛盾突出，体制性机制性痼疾凸显，解决问题的难度也有所增大，出现了一些媒体所渲染的"断崖式下跌"现象。深入实施新一轮东北地区等老工业基地振兴战略，对于东北经济社会持续健康发展和全国区域协调发展，既十分重要又十分紧迫。

中共十八大以来，以习近平同志为核心的党中央高瞻远瞩、审时度势，指导实施新一轮东北振兴战略。中共十九大提出，深化改革加快东北等老工业基地振兴。新一轮振兴，对东北地区的发展有了新的定位，不再强调地区生产总值或人均地区生产总值增长指标，而是突出东北地区作为重要的能源原材料基地、军事工业基地和商品粮生产基地，对于维护国家国防安全、粮食安全、生态安全、能源安全、产业安全的战略地位具有重要作用。

如何理解和贯彻中共中央、国务院对振兴东北的新定位？在中国（海南）改革发展研究院、中国东北振兴研究院的大力支持下，在专家学者的共同努力下，经过三年多的时间，《东北振兴研究丛书》即将出版。这是一套系统地研究东北老工业基地振兴发展的丛书，丛书汇集专家学者智慧，内容涉及东北振兴战略相关政策、东北振兴与混合所有制改革及产业结构调整以及对外开放、东北振兴新动力等各方面的问题，是一套有高度、有深度的东北振兴研究领域的指导性用书，对东北地区广大干部群众和从事东北振兴的相关行政工作人员、研究人员，学习领会和贯彻执行中共中央、国务院新一轮振兴东北的发展理念、发展战略、发展方式，具有重要参考价值。

中共十九届五中全会展望了2035年远景目标，明确提出"十四五"发展的指导方针、主要目标和重点任务，特别是提出推动东北振兴取得新突破，为东北地区科学谋划"十四五"时期发展指明了方向。新时代东北振兴，是全面振兴、全方位振兴。各领域按照中共中央、国务院振兴东北地区的决策部署，充分利用各种有利条件，深化改革，破解矛盾，扬长避短，发挥优势，从统筹推进"五位一体"总体布局、协调推进"四个全面"战略布局的角度去把握，要进一步理顺政府与市场的关系，发挥市场配置资源的决定性作用，更好地发挥政府在宏观调控、公共服务、市场监管方面的作用。同时，积极推进要素的市场化配置机制体制改革，让劳动力、资本、土地、技术、数据以及管理等要素更加活跃起来，让一切创造财富的源泉充分涌流。东北地区有条件、有机会重塑环境、重振雄风，实现新的突破，为中华民族的伟大复兴做出应有的贡献。

原国务院振兴东北地区等老工业基地领导小组办公室副主任
中国东北振兴研究院顾问　　宋晓梧

2020 年 12 月

前　言

　　作为新中国工业的摇篮和我国重要的工业与农业基地，东北地区拥有一批关系国民经济命脉和国家安全的产业，在人口、资源、产业、人才、基础设施、区位等方面支撑能力都很强，发展空间和潜力巨大，在国家发展全局中举足轻重。在新的历史条件下推进东北地区实现全面振兴，无论从东北地区自身来看，还是从全国发展大局来看，都具有十分重要的意义。

　　东北振兴战略对东北地区发展具有举足轻重的作用，是缓解东北当前经济下行压力，促进东北在经济发展新常态下经济平稳健康发展的迫切需要，是促进东北在全国区域发展中担当更重要的使命的必然选择，是推进我国经济结构战略性调整，促进东北地区区域协调发展，打造东北地区新的经济支撑带的主要抓手，完善我国东北地区对外开放总体布局的外生动力，也是优化调整国有资产布局、更好地发挥国有经济主导作用的内在要求。

　　中共中央、国务院对东北地区发展历来高度重视，2003年做出了实施东北地区等老工业基地振兴战略的重大决策，采取一系列支持、帮助、推动东北地区振兴发展的专门措施。中共十八大以来，以习近平同志为核心的党中央高瞻远瞩、运筹帷幄、审时度势，做出了实施新一轮东北地区振兴战略的决策部署，支持东北地区着力完善体制机制、推进结构调整、鼓励创新创业、保障和改善民生。中共十九大对东北振兴工作提出了新的要求，明确提出"深化改革，加快东北等老工业基地振兴"。

　　在经历了10多年的东北振兴后，东北经济通过振兴取得了不少阶段性成果，但其体制机制并没有发生根本改变、经济结构没有实现实质性调整。近些年，在中国经济进入新常态后，东北经济缺乏内生动力，很快陷入发展困境，出现了一些新的挑战，主要体现在：新的创新方式给东北这一相对落后地区预留的创新空间越来越小；地区差距进一步扩大使东北地区的要素流出现象更加突出；东北地区的地缘特征依然显示出其制约性等。

2018年9月，习近平总书记在东北三省考察，主持召开深入推进东北振兴座谈会并发表重要讲话。他强调，新时代东北振兴，是全面振兴、全方位振兴，要从统筹推进"五位一体"总体布局、协调推进"四个全面"战略布局的角度去把握，重塑环境、重振雄风，形成对国家重大战略的坚强支撑。

习近平总书记讲话明确指出了制约东北地区发展的"四个短板"，即存在着体制机制短板、经济结构短板、开放合作短板、思想观念短板，直指影响东北振兴的症结所在。习近平总书记指出，振兴发展重点要抓好六项重点工作：以优化营商环境为基础，全面深化改革；以培育壮大新动能为重点，激发创新驱动内生动力；科学统筹精施策，构建协调发展新格局；更好支持生态建设和粮食生产巩固提升绿色发展优势；深度融入"一带一路"，建设开放合作高地；更加关注补齐民生领域短板，让人民群众共享东北振兴成果。

习近平总书记的讲话一针见血、切中要害，深刻揭示了制约东北振兴发展的根源，确立了全面振兴东北的重点任务，是推进新时代东北全面振兴的重要方法论，是东北地区破解矛盾、扬长避短、发挥优势的钥匙。

实事求是地讲，2003年以来的两轮东北振兴的确释放了东北地区蕴含的一些经济增长潜力，但也深刻地暴露了东北地区经济发展的严重问题。制约东北地区经济发展的内在因素，体制性机制性、结构性和资源性问题都是在短期难以解决的。它们相互渗透，相互加强，成为东北振兴难以突破的困局。

在各国的经济发展史上，其内部的发展不平衡都是一个普遍现象，对于一个大国来说，这种现象更加突出。东北地区在改革开放后的相对落后，以及东北振兴还面临诸多挑战的情况下，是否有新的机会或新的趋势可以扭转东北地区经济发展的形势呢？

对此，继续探索解开这一困局的途径，依然是东北振兴主要的关注点，而外部冲击，或许将成为解开东北振兴困局的重要出发点。

按照经济规律，改变一个地区经济发展趋势必须有新的机会，或者是内部发生重大调整，或者是外部对其形成冲击。东北地区实现振兴当然需要内部深化改革和重大调整，但由于涉及的都是深层次和积重难返的问题，因此，在短期内很难发生深刻变化。正因如此，东北地区在经历了长达十余年的振兴后，不仅振兴的目标没有实现，而且进一步拉开了与其他发达地区甚至是一些中西部发展较快地区的差距。因此，一种来自外部的机遇可能会对东北振兴更有现实意义，"一带一路"建设无疑是一个可能为东北地区带来发展机遇的外部冲击。

具体来说，外部冲击主要来自两个方面，一个是东北地区之外的国内发达地区的冲击；另一个是来自国外的冲击。"一带一路"无疑是可以结合这两个方面冲击的最有效途径，给东北振兴带来新的机遇。

"一带一路"首先将改变东北地区地缘特征。"一带一路"倡议提出后，国家发展改革委、外交部、商务部联合发布《推动共建丝绸之路经济带和21世纪海上丝绸之路的愿景与行动》，从而形成中国新的国际合作顶层设计。在"一带一路"规划中，中蒙俄经济走廊是东北地区被纳入"一带一路"的一个通道。对于东北地区来说，中蒙俄经济走廊建设使东北地区从过去国内经济格局中边缘地带变成中国新开放格局中的重要节点、枢纽地区。这种地缘特征的变化，会改变东北地区的经济区位，形成一种新的经济发展形势。

"一带一路"还会改变东北地区要素流动的现有格局。生产要素净流出是目前困扰东北地区经济发展的一个严重问题。如何遏制生产要素净流出趋势？如何使东北地区成为生产要素青睐的地区？这是东北地区急需化解和解决的难题。随着"一带一路"的拓展，东北地区可能成为国内生产要素和产品向俄罗斯和欧洲流动的中转站。如果内地企业向俄罗斯和欧洲出口产品，将生产环节向东北地区转移，可以节约成本，也可以利用东北地区的资源优势，形成一种多赢的格局。这会大大减弱东北地区生产要素净流出的趋势。

"一带一路"也将助推东北地区实现全方位对外开放。东北地区在改革开放后的经济增长相对缓慢，不仅与经济体制改革滞后有关，而且与对外开放红利少有关。改革开放作为中国经济增长的两大动力，各自都发挥了重要作用，而更有意义的是二者之间存在着相互加强的机制。经济体制改革对开放提出需求，对外开放倒逼改革深化。这种互动机制所发挥出来的作用是呈几何级数增加的。东北地区在改革开放后并没有出现改革开放互动的局面，使改革开放发挥的效应大打折扣。东北地区的体制问题较为突出，推动体制改革的难度比较大，扩大开放可以对体制改革带来外在冲击，并形成改革开放的互动局面。"一带一路"建设为东北地区的全方位对外开放提供了重要机会。东北地区如果能够抓住这一机会，一个开放而有活力的东北将成为中国一个新的经济增长极。

目前，中央对东北在"一带一路"建设中的定位和作用，提出了新目标和新要求，对东北地区既是挑战更是机遇。《中共中央　国务院关于全面振兴东北地区等老工业基地的若干意见》要求，东北地区要主动融入、积极参与"一带一路"建设，努力将东北地区打造成为我国向北开放的重要窗口和东北亚地区合作的中心枢纽。

在未来，"一带一路"倡议和东北振兴战略将是推动我国经济发展的两项重要举措，两者之间具有密切的联系和许多交叉点，不应孤立割裂发展，而应深入分析和把握其内在联系，探索合作机制，使彼此能够相互促进、相互补充。基于此目的，本书试图深入分析和把握这两大政策的内在联系，探索合作机制，使彼此能够相互促进、相互补充，最终实现东北振兴。

本书的选题立意、篇章结构在孙德兰主持下，由孙德兰、刘作奎共同讨论确定，由孙德兰、梁为中执笔撰写。全书分为七章：第一部分（一、二章）简要介绍"一带一路"倡议与东北振兴战略实施情况。第一章重点介绍"一带一路"倡议与区域经济发展；第二章主要论述东北振兴战略的历史演进历程与时代发展意义。第二部分（三至七章）重点结合《中共中央　国务院关于全面振兴东北地区等老工业基地的若干意见》与"一带一路"建设，分章节具体介绍东北振兴如何与"一带一路"建设相融合，推动东北振兴。第三章阐述了东北振兴战略对接"一带一路"建设的逻辑结构；第四章主要论述东北融入"一带一路"建设的基本定位；第五章论述了东北振兴战略对接"一带一路"建设的路径方向；第六章介绍了东北振兴建设对接"一带一路"机制设计；第七章阐述了发挥东北振兴与"一带一路"建设对接能效的政策保障。

东北振兴战略与"一带一路"建设是长期的系统工程，是未来几十年甚至更长时间国家层面的大战略，必将影响深远，不仅关乎中国自身实现中国梦，也关乎经济全球化如何深入发展，乃至世界范围内的可持续发展。如果此书能够为各级政府决策提供一点思路、让管理工作者得到一些启示、为关心东北经济社会发展的人们开阔一下视野，进而为东北振兴做出些许贡献，就是最有价值的回报和极大的欣慰。

尽管做了最大的努力，由于理论的不断发展和实践的日益变革，也由于本身水平所限，本书的研究成果具有一定的阶段性和局限性，难免存在不足之处，恳请广大读者批评指正，其后续相关问题的进一步研究，将成为进一步努力的方向。

求道无篱，经世致用，我们愿与大家一起，齐心合力，为推动东北振兴进一步深入而努力奋斗。

2020 年 5 月

目　录

第一章

"一带一路"倡议
与区域经济发展

第一节 "一带一路"倡议概述

一、"一带一路"倡议的由来与进展

"一带一路"是"丝绸之路经济带"和"21 世纪海上丝绸之路"的简称，是 2013 年 9 月和 10 月由中国国家主席习近平分别提出的建设"新丝绸之路经济带"和"21 世纪海上丝绸之路"的合作倡议。"一带一路"倡议充分依靠中国与有关国家既有的双多边机制，借助既有的、行之有效的区域合作平台，借用古代丝绸之路的历史符号，高举和平发展的旗帜，积极发展与沿线国家的经济合作伙伴关系，共同打造政治互信、经济融合、文化包容的利益共同体、命运共同体和责任共同体。

2000 多年前，亚欧大陆上勤劳勇敢的人民，探索出多条连接亚欧非几大文明的贸易和人文交流通路，后人将其统称为"丝绸之路"。千百年来，"和平合作、开放包容、互学互鉴、互利共赢"的丝绸之路精神薪火相传，推进了人类文明进步，是促进沿线各国繁荣发展的重要纽带，是东西方交流合作的象征，是世界各国共有的历史文化遗产。

进入 21 世纪，在以"和平、发展、合作、共赢"为主题的新时代，面对复苏乏力的全球经济形势，纷繁复杂的国际和地区局面，传承和弘扬"丝绸之路"精神更显重要和珍贵。

2013 年 9 月和 10 月，中国国家主席习近平在出访中亚和东南亚国家期间，先后提出共建"丝绸之路经济带"和"21 世纪海上丝绸之路"（以下简称"一带一路"）的重大倡议，得到国际社会高度关注。习近平主席总览世界大势，着眼构建我国全方位对外开放新格局，推动构建人类命运共同体，倡议旨在聚焦互联互通，深化务实合作，携手应对人类面临的各种挑战，实现互利共赢、共同发展。

中国国务院总理李克强参加 2013 年中国—东盟博览会时强调，铺就面向东盟的海上丝绸之路，打造带动腹地发展的战略支点。加快"一带一路"建设，有利于促进沿线各国经济繁荣与区域经济合作，加强不同文明交流互鉴，促进世界和平发展，是一项造福世界各国人民的伟大事业。

"一带一路"倡议将实现同联合国、东盟、非盟、欧盟、欧亚经济联盟等国际和地区组织的发展和合作规划对接，同各国发展战略对接。从亚欧大陆到非洲、美洲、大洋洲，共建"一带一路"为世界经济增长开辟了新空间，为国际贸易和投资搭建了新平台，为完善全球经济治理拓展了新实践，为增进各国民生福祉做出了新贡献，成为共同的机遇之路、繁荣之路。事实证明，共建"一带一路"不仅为世界各国发展提供了新机遇，也为中国开放发展开辟了新天地。

"一带一路"倡议提出后，中央成立了推进"一带一路"建设工作领导小组，各部门及各省区市都制定了各自参与"一带一路"建设的实施方案，社会各界热烈响应，形成了举国参与"一带一路"建设的局面。为配合"一带一路"建设，中国专门成立了"丝路基金"，并倡议发起成立了与"一带一路"建设可以相互配合的亚洲基础设施投资银行（以下简称"亚投行"）。

同时，随着"一带一路"倡议的逐渐开展，中国已经在沿线 17 个国家建立了 46 个境外产业园区，企业累计投入超过 140 亿美元。另外，重点经济走廊建设正在逐步推进。2015 年 4 月，中、巴签署了总价超过 450 亿美元的项目合作协议或备忘录，中巴经济走廊进入全面实施阶段；2015 年 12 月，中老铁路正式动工，中泰铁路进入最后协商阶段，标志着中国—中南半岛经济走廊启动建设；2016 年 6 月，在三国元首的见证下，中、蒙、俄三国签署了《建设中蒙俄经济走廊规划纲要》，"一带一路"建设过程中的第一个新的多边合作框架得到落实。此外，还实施了一批重大海外合作建设项目，包括印尼的雅（加达）—万（隆）高铁、俄罗斯的莫斯科—喀山高铁、中东欧的匈（牙利）—塞（尔维亚）铁路等。"一带一路"建设已经实现了良好的开局。

7年来，中国同"一带一路"国家贸易总额超过6万亿美元，对"一带一路"国家直接投资超过900亿美元，"六廊六路多国多港"的互联互通架构基本形成，一大批合作项目落地生根，首届高峰论坛各项成果顺利落实。中国同"一带一路"国家共建82个境外合作园区，上缴东道国税费20多亿美元，带动当地就业近30万人，为各国民众带来了更便利生活条件、更良好营商环境、更多样发展机遇。7年来，150多个国家和国际组织同我国签署共建"一带一路"合作协议。共建"一带一路"朋友圈不断扩大，互联互通合作网络正在形成；共建"一带一路"国际合作已形成以高峰论坛为引领，各领域多双边合作为支撑的基本架构，为"一带一路"建设长远发展提供了有效机制保障；第三方市场合作成为共建"一带一路"新的重要平台，旨在发挥优势、形成合力，取得"1+1+1大于3"的效果。

截至2018年5月，第一次高峰论坛一共形成了279项成果清单，目前已经有255项转为常态化工作，有24项工作正在有序推进。中欧班列累计开行已突破了8000列，通达了欧洲14个国家和42个城市；哈萨克斯坦南线天然气管道等7个大型项目竣工；中缅原油管道等19个大型项目投产；中孟友谊八桥等17个大型项目开工；中国与相关国家货物贸易累计超过了5万亿美元，对外直接投资超过了700亿美元，在相关国家建设75个境外经贸合作区，累计投资270多亿美元，为当地创造了20多万个就业岗位；丝路基金已签约了19个项目，承诺投资70亿美元，支持项目涉及总金额达到800亿美元；开发银行、进出口银行、各商业银行支持"一带一路"建设的力度在不断加大；我国已发起成立了"一带一路"绿色发展国际联盟倡议，同60多个国家签订了文化合作协定，"一带一路"框架下，双向旅游交流的规模超过了2500万人次。

2019年4月，在各方共同努力下，"六廊六路多国多港"的互联互通架构基本形成，一大批合作项目落地生根，150多个国家和国际组织同中国签署共建"一带一路"合作协议[1]。

2019 年 4 月 25 日至 27 日,第二届"一带一路"国际合作高峰论坛在北京成功举办。这是新中国成立 70 周年之际,我国举办的最重要外交盛会。习近平主席出席开幕式并发表重要主旨演讲,150 个国家、92 个国际组织的 6000 余名外宾共襄盛举。

在此次高峰论坛上,习近平主席明确提出构建全球互联互通伙伴关系这一重大倡议,呼吁各方通过"一带一路"国际合作,以互联互通为主线,构建紧密伙伴关系。在双边会见过程中,习近平主席同各方深入探讨"一带一路"框架下的合作机遇,就加强互联互通形成更广泛共识。

全球互联互通伙伴关系是丝路精神在新时代的继承和弘扬。这一伙伴关系不是地缘工具,而是合作倡议,致力于群策群力实现共同发展,有利于形成优势互补的合力。全球互联互通伙伴关系倡议一经提出,立即引起与会各方和国际社会热烈反响,纷纷期待以互联互通为主线,加强同中国以及各国之间发展政策、规划和倡议的对接,实现共同发展和共同繁荣。

同时,习近平主席郑重宣布中国将采取一系列新的重大改革开放举措,包括更广领域扩大外资市场准入、更大力度加强知识产权保护国际合作、更大规模增加商品和服务进口、更加有效实施国际宏观经济政策协调、更加重视对外开放政策贯彻落实。习近平主席强调中国扩大开放的举措是根据中国改革发展客观需要做出的自主选择,呼吁世界各国也应创造良好投资环境,平等对待中国企业、留学生和学者。

此次论坛与会领导人和国际组织负责人围绕本届高峰论坛主题和议题进行深入讨论,完善了合作理念,明确了合作重点,强化了合作机制,就高质量共建"一带一路"达成了广泛共识。各方围绕"共建'一带一路'、开创美好未来"的主题,就推进互联互通、加强政策对接以及推动绿色和可持续发展等议题深入交换意见,达成广泛共识,并通过了《共建"一带一路"开创美好未来——第二届"一带一路"国际合作高峰论坛圆桌峰会

---

1. 习近平主席在第二届"一带一路"国际合作高峰论坛开幕式上的主旨演讲。

联合公报》。

"联合公报"汇集了各方共建"一带一路"的政治共识，成为本届论坛最重要的成果。中方作为主席国还发布了涵盖283项务实合作成果的清单，全景式勾画了共建"一带一路"的未来合作前景。中方同有关国家签署中缅经济走廊等一系列政府间务实合作协议，同意大利等国共同设立新型合作基金、开展第三方市场投融资项目，各国企业就开展产能与投资合作项目达成众多协议。各方发布一系列重要合作倡议和报告。中方发布《共建"一带一路"倡议：进展、贡献与展望》报告，集中展示了各方共建"一带一路"的共识与成绩，提出高质量发展的意见和建议。中方同各方发布《"一带一路"债务可持续性分析框架》，为共建"一带一路"融资合作提供指南。高峰论坛咨询委员会向论坛提交报告，就未来"一带一路"合作重点领域和高峰论坛发展方向提出政策建议。有关各方还共同发起《廉洁丝绸之路北京倡议》《"创新之路"合作倡议》，发布绿色投资原则。这些成果诠释了共商共建共享原则，体现了开放绿色廉洁理念。企业家大会吸引来自80多个国家和地区的工商界人士参与，签署总额640多亿美元的项目合作协议。

高峰论坛期间，中国同奥地利、瑞士、新加坡、联合国开发计划署等国家、国际和地区组织签署多份第三方市场合作文件，丝路基金同欧洲投资基金等宣布设立多种形式第三方市场合作基金，进一步充实和加强了"一带一路"国际合作的内涵。

第二次高峰论坛的成功举行，开启高质量共建"一带一路"新征程，奏响中国开放发展新乐章，发出维护多边主义的时代强音，树立了中国与世界携手构建人类命运共同体的又一座里程碑。共建"一带一路"已经从谋篇布局的"大写意"发展到了精谨细腻的"工笔画"，开启了高质量发展的新征程。未来，中国将遵照习近平主席提出的理念和目标，根据各方达成的各项共识，与各方加强对接合作，推进论坛成果的落实，积极构建全球互联互通伙伴关系，推动"一带一路"国际合作不断取得新进展。展望未来，共建"一带一路"这一共商合作、共享繁荣的盛举，必将为中国开放发展开辟新天地，为增进各国民生福祉带来新机遇，为构建人类命运共同体做出新的重要贡献。

二、"一带一路" 提出的时代背景

（一）国内背景

"一带一路" 方案的提出是中国顺应经济全球化大势、推动高质量发展的现实选择，亦是从历史和经验出发，面向世界和未来、面向全人类福祉的长远考量，也是我国参与全球开放合作、改善全球经济治理体系、促进全球共同发展繁荣、推动构建人类命运共同体的中国方案。

"一带一路" 是根植历史，面向未来，源自中国，属于世界的中国智慧。从古丝绸之路中汲取智慧和力量，本着和平合作、开放包容、互学互鉴、互利共赢的丝路精神推进合作，共同开辟更加光明的前景。坚持和平合作、开放包容、互学互鉴、互利共赢，不同种族、不同信仰、不同文化背景的国家共享和平、共同发展。这是古丝绸之路留给我们的宝贵启示，也为解决今天的全球发展问题提供了一把钥匙，把中国同世界各国的互利共赢合作推向新的高度。

"一带一路" 是中国顺应经济全球化进入新阶段的时代潮流提出的合作倡议。以文明交流超越文明隔阂，以文明互鉴超越文明冲突，以文明共存超越文明优越，推动各国相互理解、相互尊重、相互信任，是 "一带一路" 建设顺利推进的重要前提。"一带一路" 以共商、共建、共享为原则，推动政策沟通、设施联通、贸易畅通、资金融通、民心相通。不仅如此，"一带一路" 建设作为一个创举，其意义已远远超出地缘范畴，更为人类展示出更具活力、更加平等、更加普惠的光明发展前景。

"一带一路" 是新时代中国特色社会主义外交思想和大国外交建设的一个重要组成部分。"一带一路" 建设把中共十八大以来中国外交方面理念和实践中的内容进行创新，给予完美展示，在周边外交、发展中国家外交、多边外交这几个层面都得到了诠释。"一带一路" 体现了中国作为发展中国家在推进新时代大国外交中的历史担当。面对世界经济格局的深刻变化，中国以更坚定的信心、更务实的举措将改革开放进行到底，始终做全球共同开放的重要推动者、世界经济增长的稳定动力源、各国拓展商机的活力大市场、全球治理改革的积极贡献者。

"一带一路"是适应新形势，打造中国国际合作新平台的积极举措。中国坚持对外开放的基本国策，坚持打开国门搞建设，积极促进国际合作，努力实现政策沟通、设施联通、贸易畅通、资金融通、民心相通，打造国际合作新平台，增添共同发展新动力。一个创新步伐加快、发展质量更优的中国，将产生更广泛、更强大的辐射效应，带来更多合作机会，让更多国家搭乘中国发展的快车，将为各方提供更加广阔、更有活力的合作平台。

"一带一路"是中国改善全球经济治理体系、促进全球共同发展繁荣、推动构建人类命运共同体的中国方案。中国一直遵循和平、发展、合作、共赢的原则，恪守维护世界和平、促进共同发展的外交政策宗旨，推动建设相互尊重、公平正义、合作共赢的新型国际关系。中国发挥负责任大国作用，积极促进"一带一路"国际合作，努力打造国际合作新平台，增添共同发展新动力，积极参与全球治理体系改革和建设，不断贡献中国智慧和力量，构建人类命运共同体。

（二）国际背景

当今世界正在发生复杂深刻的变化，国际金融危机深层次影响继续显现，世界经济缓慢复苏、发展分化，国际投资贸易格局和多边投资贸易规则酝酿深刻调整，各国面临的发展问题依然十分严峻。

共建"一带一路"顺应世界多极化、经济全球化、文化多样化、社会信息化的潮流，秉持开放的区域合作精神，致力于维护全球自由贸易体系和开放型世界经济。共建"一带一路"旨在促进经济要素有序自由流动、资源高效而各国实现经济政策协调，实现资源配置和市场深度融合，推动沿线区域合作，共同打造开放、包容、均衡、更高水平、更深层次的合作。

"一带一路"符合国际社会普惠的区域经济合作架构，彰显人类社会共同理想和美好追求，是国际合作以及全球治理新模式的积极探索，将为世界和平发展增添新的正能量。

目前，世界新兴市场国家和欠发达国家的基础设施建设仍然欠缺，国际市场旺盛的需求构成了对"一带一路"倡议的重要支撑。据世界银行研究报告，每年发展中国家基础设施投资方面的需求在1万亿美元左右。亚洲开发银行预测，2010—2020年，亚太地区约有8万亿美元的基础设施建设资金需求。另据世界银行测算，从现在到2030年，全球基础设施投资需要量是70万亿美元，平均每年4万亿美元。然而，这些庞大的基础设施建设都无一例外地存在资金短缺困扰。中国高达4万亿美元的外汇储备可以用来对外投资，支持相应国家的基础设施建设。在世界经济复苏乏力、发达经济体货币政策走向分化的背景下，很多国家的经济可能面临困境，仍需新的经济增长点来带动世界经济。此时，"一带一路"倡议恰恰成为带动世界经济复苏的重要引擎。此外，全球化深入发展，区域经济一体化加快推进，全球经济增长和贸易、投资格局正在酝酿深刻调整，亚欧国家都处于经济转型升级的关键阶段，希望进一步激发区域发展活力与合作潜力。正是基于内外因交互存在的国际背景，"一带一路"的战略构想和合作倡议才应运而生。据世界银行预计，基础设施投资每增加10%，地区生产总值增长率可以提高1个百分点。显然，"一带一路"在造福沿途各国与全球经济发展的同时，也提供了中国资本输出的大动脉。"一带一路"可以说是解决当今世界级经济难题的一剂良方。

当前，中国经济和世界经济高度关联。中国将一以贯之地坚持对外开放的基本国策，构建全方位开放新格局，深度融入世界经济体系。推进"一带一路"倡议既是中国扩大和深化对外开放的需要，也是欧非及世界各国互利合作的需要，中国愿意在力所能及的范围内承担更多责任义务，为人类和平发展作出更大的贡献。

共建"一带一路"致力于亚欧非大陆及附近海洋的互联互通，建立和加强沿线各国互联互通伙伴关系，构建全方位、多层次、复合型的互联互通网络，实现沿线各国多元、自主、平衡、可持续的发展。"一带一路"的互联互通项目将推动沿线各国发展战略的对接与耦合，发掘区域内市场的潜力，促进投资和消费，创造需求和就业，增进沿线各国人民的人文交流与文明互鉴，让各国人民相逢相知、互信互敬，共享和谐、安宁、富裕的生活。

三、"一带一路"倡议的现实意义

（一）有利于推动更多国家和地区融入世界经济发展快车道

"一带一路"沿线国家渴望共同发展。"一带一路"涉及 60 多个国家 44 亿人口，这些国家国情相似、发展阶段相近。历史上，依托陆海丝绸之路，这些国家之间经济联系密切，人员往来频繁。近现代以来，受资源禀赋、产业分工、地缘政治等因素制约，许多沿线国家在现代化进程中明显落伍。据世界银行统计，2012 年，沿线国家人均国民总收入尚不到世界平均水平的一半，多数属于低收入国家，还有 9 个最不发达国家。这些国家基础设施落后、产业和社会事业发展水平低、对外开放程度不高。据亚洲开发银行和有关专家预测，亚洲地区除中、日、韩 3 个国家外，未来 10 年基础设施每年投资需求 8200 亿美元，但相关国家自身仅能提供约 4000 亿美元，资金缺口巨大。这些国家加快经济社会发展、实现国家现代化的愿望十分迫切，无论是从发展经济、改善民生，还是从加快转型升级的角度看，沿线各国的前途命运，从未像今天这样紧密相连、休戚与共，渴望共同发展。"一带一路"将为各国提供新的广阔发展空间。

当今世界经济由两条南北向直线主导，大西洋南北线连接东西两岸欧洲和美国，西太平洋南北连通中、日、韩和东盟，这两条线的经济体占世界经济总量的 75% 以上。从全球经济发展大格局来看，"一带一路"东牵发展势头强劲的亚太经济圈，西系发达的欧洲经济圈并连带北美经济圈，在两条南北主干线之间架起一条纵贯东西的超大经济带，打造出"H"形的世界经济新格局。"一带一路"构想的实现，将建起世界跨度最长、发展潜力最大的经济走廊，成为世界经济最具活力、最具发展前景的地区。

同时，"一带一路"也有利于解决当前全球经济面临的共同问题和挑战。当前，全球经济仍处在国际金融危机后的深度调整期，总体复苏疲弱态势难有明显改观，国际金融市场波动，贸易保护主义加剧，大宗商品价格波动，国际经济、金融治理改革步履艰难，各国都面临转变结构、深化改革的艰难选择。基础设施薄弱、联通不畅成为制约经济发展的瓶颈，气候变化、环境、资源的制约和粮食安全等重大挑战日益突出，收入差距大和贫困仍是多国面临的严峻问题。"一带一路"深度挖掘沿线国家和地区可持续健康发展的合作潜力，推动更广泛、更深层、更多样的区域合作，通过建设性的对话和协商努力解决各方发展过程中出现的共同矛盾和问题，实现沿线国家的互联互通，共同应对全球性增长和治理难题，为世界经济注入新动力。

（二）"一带一路"传承了古丝绸之路促进不同文明交流的精髓，有利于促进人类多种文明之花竞相绽放

古丝绸之路是商贸之路，更是东西方不同文明之间的交流之路。在古丝绸之路上，不同民族、不同文明秉持开放、包容心态，对话沟通，彼此接纳，共同发展，形成了文化交流、文明互鉴的壮丽景观。中华文明、印度文明、阿拉伯文明和欧洲文明形成了丝绸之路的四个极点。古丝绸之路为世界物质文明和精神文明作出了巨大贡献，成为"世界文化的大运河"。在全球化深入发展的今天，古丝绸之路作为"文明和谐相处"的生动体现和有说服力的历史事实，昭告世人"文明冲突"并非必然。古丝绸之路所创造的和平友好的交往秩序和互鉴共荣的交往智慧，是不同文明交流、共存、取长补短的珍贵价值，其所体现的和平性、包容性、开放性、互补性、互利性，对于今天不同文化、不同社会制度和不同意识形态之间交往，具有重大现实意义和推动作用。

"一带一路"能为人类不同文明之间交流、共存与共同发展提供新平台。在分裂主义、种族主义、原教旨主义、霸权主义、单边主义等阴云笼罩的当今世界，"一带一路"的重大倡议不仅强调经济交流、安全促进、制度建设，更突出文化多元，促进民心相通，为"一带一路"建设奠定坚实的民意基础、社会基础和文化基础，实现更有效率、更具包容性的增长。

（三）"一带一路"有利于推动世界实现持久和平

创造持久和平的发展大环境是各国的共同愿望。当今世界正在发生深刻复杂的变化，和平、发展、合作、共赢的时代潮流更加强劲，国际社会日益成为你中有我、我中有你的利益共同体。但是，国际关系中的不公正、不平等现象仍很突出，地区冲突和局部战争此起彼伏，不少国家的民众特别是妇女、儿童依然生活在战火硝烟之中，不少发展中国家人民依然承受着饥寒的煎熬，维护世界和平依然任重道远。"一带一路"沿线地区处于世界地缘政治格局轴心地位，各国间利益关系错综复杂，传统安全和非传统安全形势严峻，是全球安全形势最为复杂的区域。特别是一些地区多年动荡不止，民生困苦，求和平、求稳定、求发展心情迫切，创造和平、合作、和睦的发展大环境是大家的共同愿望。

"一带一路"将为区域及全球实现持久和平提供新路径。它着力促进沿线国家经济持续健康共同发展，实现不同文明的包容共存与交流互鉴，必将为和平发展奠定坚实的基础。与此同时，"一带一路"在坚持和平共处五项原则的前提下，致力于践行共同、综合、合作、可持续的安全观，形成"三足鼎立、标本兼治"的坚实有效架构，将有力推动构建人类和平发展新格局。

（四）"一带一路"有利于促进人类实现共同繁荣

人类生活在同一个"地球村"里，生活在历史和现实交会的同一个时代中，实现共同繁荣是人类的共同愿景。但是在通往共同繁荣的道路上，发展不平衡、贫困问题等依然是发展进程的巨大障碍。全世界仍约有12亿绝对贫困人口，主要分布在非洲、亚洲和拉丁美洲等地区。消除极端贫穷和饥饿，普及小学教育、确保环境的可持续能力等目标可能无法实现。同时，全球气候变化给人类带来了重大损失，疾病传播全球化给人类带来了巨大灾难；军备竞赛、恐怖主义、网络安全等传统安全威胁和非传统安全威胁相互交织；一些民族宗教问题引发的矛盾错综复杂，一些历史遗留问题和领土、领海之争激烈。为此，国际社会需要筹划一个更强劲的后续框架，来处理未完成的任务以及覆盖千年发展目标未涉及的领域。

今天的人类比以往任何时候都更迫切，也更有条件朝共同繁荣的目标迈进，而"一带一路"正是实现这一目标的现实途径。共同建设"一带一路"有利于有效解决全球共同面临的上述问题,为人类福祉做出更大贡献,让各国人民过上更加安宁、富足的生活。共同建设"一带一路"有利于增进彼此了解,以经验交流分享最佳实践,以沟通协调促进集体行动,以互帮互助促进人类共同繁荣。

第二节 "一带一路"倡议的框架思路

"一带一路"是促进共同发展、实现共同繁荣的合作共赢之路,是增进理解信任、加强全方位交流的和平友谊之路。中国政府倡议,秉持和平合作、开放包容、互学互鉴、互利共赢的理念,全方位推进务实合作,打造政治互信、经济融合、文化包容的利益共同体、命运共同体和责任共同体。

"一带一路"贯穿亚欧非大陆,一头是活跃的东亚经济圈,一头是发达的欧洲经济圈,中间广大腹地国家经济发展潜力巨大。丝绸之路经济带重点畅通中国经中亚、俄罗斯至欧洲(波罗的海);中国经中亚、西亚至波斯湾、地中海;中国至东南亚、南亚、印度洋。"21世纪海上丝绸之路"重点方向是从中国沿海港口过南海到印度洋,延伸至欧洲;从中国沿海港口过南海到南太平洋。

"一带一路"建设是一项系统工程。要坚持共商、共建、共享原则,积极推进沿线国家发展战略的相互对接。为推进实施"一带一路"重大倡议,让古丝绸之路焕发新的生机活力,以新的形式使亚欧非各国联系更加紧密,互利合作迈向新的历史高度,中国政府特制定并发布了《推动共建丝绸之路经济带和21世纪海上丝绸之路的愿景与行动》。

根据"一带一路"走向,陆上依托国际大通道,以沿线中心城市为支撑,以重点经贸产业园区为合作平台,共同打造新亚欧大陆桥、中蒙俄、中国—中亚—西亚、中国—中南半岛等国际经济合作走廊；海上以重点港口为节点，共同建设通畅安全高效的运输大通道。

共建"一带一路"总体框架思路，从理念上看，秉持和平合作、开放包容、互学互鉴、互利共赢的理念，以"五通"，即政策沟通、设施联通、贸易畅通、资金融通、民心相通为主要内容，实现区域互联互通，全方位推进务实合作，共同打造经济融合、文化包容、政治互信的利益共同体、责任共同体乃至命运共同体。从方向上看，陆上依托连通国际大通道，共建国际经济合作走廊；海上以重点港口和重点城市为节点，共同建设通畅安全高效的国际运输大通道。从格局来看，沿线各国朝着互利互惠、共同安全的目标同向而行，共同推动形成更大范围、更宽领域、更深层次的区域经济一体化新格局。

"一带一路"力图通过中国与沿途国家的多边外交关系，与各方共同构建起一个优质的区域合作平台。"一带一路"与古代的丝绸之路具有非常紧密的联系，中国希望通过这一商贸途径能够积极发展与沿线国家的经济合作伙伴关系，互利共赢，平等互惠，共同打造政治互信、经济融合、文化包容的利益共同体、命运共同体和责任共同体。

"一带一路"是促进共同发展、实现共同繁荣的合作共赢之路，是增进理解信任、加强全方位交流的和平友谊之路。中国政府倡议，秉持和平合作、开放包容、互学互鉴、互利共赢的理念，全方位推进务实合作，打造政治互信、经济融合、文化包容的利益共同体、命运共同体和责任共同体。

"一带一路"建设是沿线各国开放合作的宏大经济愿景，需各国携手努力，朝着互利互惠、共同安全的目标相向而行。努力实现以下目标：区域基础设施更加完善，安全高效的陆海空通道网络基本形成，互联互通达到新水平；投资贸易便利化水平进一步提升，高标准自由贸易区网络基本形成，经济联系更加紧密，政治互信更加深入；人文交流更加广泛深入，不同文明互鉴共荣，各国人民相知相交，和平友好。

"一带一路"将构筑我国全方位对外开放的"一体两翼"，在提升"向东"开放水平的同时，加快"向西"开放步伐，助推西部沿边地区由对外开放的边缘迈向前沿，进而形成海陆并进、东西并举、面向全球的对外开放新格局。

第三节 "一带一路"倡议的合作重点

沿线各国资源禀赋各异，经济互补性较强，彼此合作潜力和空间很大。以政策沟通、设施联通、贸易畅通、资金融通、民心相通为主要内容，重点在以下方面加强合作。

政策沟通。加强政策沟通是"一带一路"建设的重要保障。加强政府间合作，积极构建多层次政府间宏观政策沟通交流机制，深化利益融合，促进政治互信，达成合作新共识。沿线各国可以就经济发展战略和对策进行充分交流对接，共同制定推进区域合作的规划和措施，协商解决合作中的问题，共同为务实合作及大型项目的实施提供政策支持。

设施联通。基础设施互联互通是"一带一路"建设的优先领域。在尊重相关国家主权和安全关切的基础上，沿线国家宜加强基础设施建设规划、技术标准体系的对接，共同推进国际骨干通道建设，逐步形成连接亚洲各次区域以及亚欧非之间的基础设施网络。强化基础设施绿色低碳化建设和运营管理，在建设中充分考虑气候变化影响。抓住交通基础设施的关键通道、关键节点和重点工程，优先打通缺失路段，畅通瓶颈路段，配套完善道路安全防护设施和交通管理设施设备，提升道路通达水平。推进建立统一的全程运输协调机制，促进国际通关、换装、多式联运有机衔接，逐步形成兼容规范的运输规则，实现国际运输便利化。推动口岸基础设施建设，畅通陆水联运通道，推进港口合作建设，增加海上航线和班次，加强海上物流信息化合作。拓展建立民航全面合作的平台和机制，加快提升航空基础设施水平。

加强能源基础设施互联互通合作，共同维护输油、输气管道等运输通道安全，推进跨境电力与输电通道建设，积极开展区域电网升级改造合作。共同推进跨境光缆等通信干线网络建设，提高国际通信互联互通水平，畅通信息丝绸之路。加快推进双边跨境光缆等建设，规划建设洲际海底光缆项目，完善空中（卫星）信息通道，扩大信息交流与合作。

贸易畅通。投资贸易合作是"一带一路"建设的重点内容。宜着力研究解决投资贸易便利化问题，消除投资和贸易壁垒，构建区域内和各国良好的营商环境，积极同沿线国家和地区共同商建自由贸易区，激发释放合作潜力，做大做好合作"蛋糕"。沿线国家宜加强信息互换、监管互认、执法互助的海关合作，以及检验检疫、认证认可、标准计量、统计信息等方面的双多边合作，推动世界贸易组织《贸易便利化协定》生效和实施。改善边境口岸通关设施条件，加快边境口岸"单一窗口"建设，降低通关成本，提升通关能力。加强供应链安全与便利化合作，推进跨境监管程序协调，推动检验检疫证书国际互联网核查，开展"经认证的经营者"（AEO）互认。降低非关税壁垒，共同提高技术性贸易透明度，提高贸易自由化、便利化水平。

拓宽贸易领域，优化贸易结构，挖掘贸易新增长点，促进贸易平衡。创新贸易方式，发展跨境电子商务等新的商业业态。建立健全服务贸易促进体系，巩固和扩大传统贸易，大力发展现代服务贸易。把投资和贸易有机结合起来，以投资带动贸易发展。

加快投资便利化进程，消除投资壁垒。加强双边投资保护协定、避免双重征税，保护投资者的合法权益。

拓展相互投资领域，开展农林牧渔业、农机及农产品生产加工等领域深度合作，积极推进海水养殖、远洋渔业、水产品加工、海水淡化、海洋生物制药、海洋工程技术、环保产业和海上旅游等领域合作。加快煤炭、油气、金属矿产等传统能源资源勘探开发合作。

积极推动水电、核电、风电、太阳能等清洁、可再生能源合作，推进能源资源就地就近加工转化合作，形成能源资源合作上下游一体化产业链。加强能源资源深加工技术、装备与工程服务合作。

推动新兴产业合作，按照优势互补、互利共赢的原则，促进沿线国家加强在新一代信息技术、生物、新能源、新材料等新兴产业领域的深入合作，推动建立创业投资合作机制。

优化产业链分工布局，推动上下游产业链和关联产业协同发展，鼓励建立研发、生产和营销体系，提升区域产业配套能力和综合竞争力。扩大服务业相互开放，推动区域服务业加快发展。探索投资合作新模式，鼓励合作建设境外经贸合作区、跨境经济合作区等各类产业园区，促进产业集群发展。在投资贸易中突出生态文明理念，加强生态环境、生物多样性和应对气候变化合作，共建绿色丝绸之路。

同时，中国欢迎各国企业来华投资。鼓励本国企业参与沿线国家基础设施建设和产业投资。促进企业按属地化原则经营管理，积极帮助当地发展经济、增加就业、改善民生，主动承担社会责任，严格保护生物多样性和生态环境。

资金融通。资金融通是"一带一路"建设的重要支撑。深化金融合作，推进亚洲货币稳定体系、投融资体系和信用体系建设，扩大沿线国家双边本币互换、结算的范围和规模。推动亚洲债券市场的开放和发展。共同推进亚洲基础设施投资银行、金砖国家开发银行筹建，有关各方就建立上海合作组织融资机构开展磋商。加快丝路基金组建运营。深化中国—东盟银行联合体、上合组织银行联合体务实合作，以银团贷款、银行授信等方式开展多边金融合作。支持沿线国家政府和信用等级较高的企业以及金融机构在中国境内发行人民币债券。符合条件的中国境内金融机构和企业可以在境外发行人民币债券和外币债券，鼓励在沿线国家使用所筹资金。

加强金融监管合作，推动签署双边监管合作谅解备忘录，逐步在区域内建立高效监管协调机制。完善风险应对和危机处置制度安排，构建区域性金融风险预警系统，形成应对跨境风险和危机及处置的交流合作机制。加强征信管理部门、征信机构和评级机构之间的跨境交流与合作。充分发挥丝路基金以及各国主权基金作用，引导商业性股权投资基金和社会资金共同参与"一带一路"重点项目建设。

民心相通。民心相通是"一带一路"建设的社会根基。传承和弘扬丝绸之路友好合作精神，广泛开展文化交流、学术往来、人才交流合作、媒体合作、青年和妇女交往、志愿者服务等，为深化双边多边合作奠定坚实的民意基础。

扩大相互间留学生规模，开展合作办学。中国每年向沿线国家提供1万个政府奖学金名额。沿线国家间互办文化年、艺术节、电影节、电视周和图书展等活动，合作开展广播影视剧精品创作及翻译，联合申请世界文化遗产，共同开展世界遗产的联合保护工作，深化沿线国家间人才交流合作。

加强旅游合作，扩大旅游规模，互办旅游推广周、宣传月等活动，联合打造具有丝绸之路特色的国际精品旅游线路和旅游产品，提高沿线各国游客签证便利化水平。推动"21世纪海上丝绸之路"邮轮旅游合作。积极开展体育交流活动，支持沿线国家申办重大国际体育赛事。

强化与周边国家在传染病疫情信息沟通、防治技术交流、专业人才培养等方面的合作，提高合作处理突发公共卫生事件的能力。为有关国家提供医疗援助和应急医疗救助，在妇幼健康、残疾人康复以及艾滋病、结核、疟疾等主要传染病领域开展务实合作，扩大在传统医药领域的合作。

加强科技合作，共建联合实验室（研究中心）、国际技术转移中心、海上合作中心，促进科技人员交流，合作开展重大科技攻关，共同提升科技创新能力。

整合现有资源，积极开拓和推进与沿线国家在青年就业、创业培训、职业技能开发、社会保障管理服务、公共行政管理等共同关心领域的务实合作。

充分发挥政党、议会交往的桥梁作用，加强沿线国家之间立法机构、主要党派和政治组织的友好往来。开展城市交流合作，各国家重要城市之间互结友好城市，以人文交流为重点，突出务实合作，形成更多鲜活的合作范例。欢迎沿线国家智库之间开展研究、合作举办论坛等。

　　加强沿线国家民间组织的交流合作，重点面向基层民众，广泛开展教育医疗、减贫开发、生物多样性和生态环保等各类公益慈善活动，促进沿线贫困地区生产、生活条件改善。加强文化传媒的国际交流合作，积极利用网络平台，运用新媒体工具，塑造和谐友好的文化生态和舆论环境。

第四节　"一带一路"倡议对区域经济发展的影响

　　当前，我国正处在全面深化改革、经济转型、产业结构调整的重要时期，因而就现实的需求看，"一带一路"倡议的提出和实施恰逢其时。从国内经济发展的角度来说，"一带一路"倡议符合我国新时代实行更加积极主动开放战略，实现区域经济协调发展，实现共同富裕的要求。根据 2013 年中共十八届三中全会审议通过的《中共中央关于全面深化改革若干重大问题的决定》，中国将把"一带一路"倡议作为中国未来经济发展、对外开放的重点，深化改革开放，提高对外开放的范围和深度，积极参与到国际市场中，促进我国与沿线国家协调发展，推动资源的调配整合，经济合作与市场的融合。同时，使我国的内陆地区变为开放的前沿阵地，最大程度地减少地理位置因素的限制，促进东西两大区域的协调发展，形成对外开放的新格局。

　　"一带一路"倡议的有效实施为我国区域经济发展带来新机遇，同时给我国区域经济发展也带来新挑战。未来，将打造东部地区全方位深度开放的新格局，能够切实助推中部地区崛起，为西部大开发搭建新平台，助力东北地区全面振兴。

　　随着新时代的到来，我国改革开放不断深化，经济建设成果斐然，人民生活水平显著提高，社会主要矛盾的转化既体现了我国建设面临的深层次问题，也反映了我国经济建设的阶段性成就。然而，我国地域广阔，不同区域之间的经济发展程度不同、水平不一，存在不同程度的不均衡发展问题。因此，亟待借助"一带一路"建设破解区域经济发展不协调问题。

中共十九大报告提出，要以"一带一路"建设为重点，坚持引进来和走出去并重，遵循共商共建共享原则，加强创新能力开放合作，形成陆海内外联动、东西双向互济的开放格局。当前，世界各国正努力通过多种方式实现经济复苏，中国经济发展的新常态已经形成，"一带一路"建设为我国区域经济发展搭建了一个对内合作共赢，对外交流发展的良好平台，对推动我国区域经济协调发展具有重大意义。

"一带一路"建设促进区域经济协调发展表现在：

第一，"一带一路"倡议可以在一定程度上缓解区域经济发展不平衡的矛盾。由于我国东部地区的经济总值基数较大，中西部经济增速不强，因此，尽管我国经济发展速度较快，但区域经济平衡发展方面并没有显著改善。整体而言，我国区域间经济发展平衡性不足的问题依然严峻，各区域的经济总量差距仍在持续扩大。而"一带一路"的实施与推进，可以将东、中、西部串联起来，将视角置于东、中、西部的协调发展，有助于促进东部产业的合理转移，增强各区域之间的联系，解决区域经济发展不均衡问题。

第二，"一带一路"倡议可以促进区域经济发展的互联互通。我国东部地区外贸规模较大、外向型经济发展较好，但近几年来，东部地区对外贸易增速呈现下滑趋势，对外发展动力减弱，陷入增长瓶颈。从西部地区经济发展来看，东部经济对中西部经济的拉动作用不充分、效果不理想，没有达到预期的效果。而"一带一路"建设有助于打破当前我国东、中、西部区域经济发展的固有模式，可以在一定程度上夯实东、中、西部多向互动、互通、互助的经济发展基础，为落后区域的经济发展提供出路，指导发展较快区域对其他区域予以行之有效的帮扶。

第三，"一带一路"倡议有助于区域经济的分层优化。我国经济发展进入新常态以来，经济整体上进入了增速换挡期，"三期叠加"效应在不同区域体现出了不同的面貌。通过"一带一路"建设，各区域可以共同参与对外发展，使"三期叠加"效应在不同区域得到分层优化。"一带一路"既有助于东部区域产业结构的持续升级，也有助于促进中西部区域的基础设施投建，更有助于各区域根据自身优势找出发展的不同侧重点，形成合理的发展梯度和层次。

当前我国区域经济协调发展的主要特点主要体现在：

区域经济协调发展具有特色性。这种特色表现为各区域各自特色功能的汇聚，以特色聚合为基础，实现我国区域经济的协调共进。以往各区域在进行功能区、实验区、经济开发区划分时，由于划分过细，各区域经济出现"碎片化"、普惠化、非动力化等多种现实问题。事实上，区域经济协调发展的关键在于区域的合理整合，要充分发挥经济带与增长极的衔接、拉动作用，推动各区域形成合作、发展、共赢、互助的良好局面。区域协调发展可缩小政策单元，有助于促进科技与经济、社会等多领域改革的对接，增强政策的关联性。以东、中、西以及东北四个区域为基础，重点挖掘区域经济的特色优势，建立"一带一路"、京津冀协同发展的新模式，培育打造具有综合潜力的综合性国家级新区，可以为区域经济发展注入强大的经济活力，形成具有中国特色的区域经济发展战略。

以"一带一路"引领区域经济协调发展。"一带一路"建设的关键在于政策沟通、设施联通、贸易畅通、资金融通、民心相通，而这些恰恰都是当前我国区域经济协调发展迫切需要的。"一带一路"建设是一种"大网络"，特点是立体性、多维度与网络化，对经济新常态下我国"走出去"具有巨大引领作用。"一带一路"建设有助于实现要素市场一体化，推动经济发展所需的技术、资本、商品与人才等合理流动，有利于推动我国企业"走出去"，对调整区域产业结构、促进地区经济增长方式转变具有积极意义。因此，区域经济协调发展的大背景是"一带一路"，条件和契机仍是"一带一路"，"一带一路"建设可以将对外开放理念贯穿于各区域的协调发展之中。

如何通过"一带一路"建设实现区域经济协调共进？

第一，切实转变政府职能，优化东北及中西部地区发展优惠政策。首先，要结合新常态下我国经济发展的基本形式与"一带一路"建设的需要，加强对落后地区的政策扶持。其次，要加强区域生态建设，注重营造良好的环境和产业生态。同时，要加快创新型复合人才的培养，进一步放开人才制度，促进人才自由流动。再次，要加大对东北及中西部地区政府主导性投资。要根据中西部发展存在的问题，优化基础设施建设，增强区域之间的合作，建立坚实牢固的经济合作平台。最后，要切实转变政府职能，加强政府与"一带一路"建设中核心金融机构的联系。

第二，健全区域经济发展总体规划，积极配合"一带一路"倡议的实施。由于我国各地区经济发展存在一定的差异，因此，各地区在"一带一路"建设中的角色定位有所不同。东北及中西部地区的对外开放程度不足，财政力量比较薄弱，城镇化与工业化程度不高，但其优势在于劳动力资源充足。因此要依托劳动力资源，大力发展制造业。同时，要努力培育绿色产业，以文化旅游、清洁能源生产等拓展区域经济发展的新渠道。

第三，以财税制度深化改革，进一步激活市场潜力。首先，"一带一路"建设需要正确处理地方政府与市场的关系，要充分放权，合理简化财政收支环节。其次，要加强地方政府的政务公开，依法规范处理地方债务。再次，要优化区域经济的运行机制，加强政策的顶层设计，结合区域优势推动对外贸易的进一步发展。最后，地方政府要加强区域经济产业链的宏观规划，增强区域之间的互动，以优惠财税制度鼓励新兴企业和高新技术企业的发展。

第四，以金融体系创新推动区域协调发展。资金基础是区域经济协调发展的关键点，活化金融体系、释放金融机构能量，是推进"一带一路"建设的关键。首先，要增强金融机构的发展创新，借鉴国际核心金融机构的成功经验与模式，在发展中坚持国际化、专业化与市场化的基本原则，吸纳更多具有投资意向的国家参与"一带一路"建设。其次，要坚持以点带面，加强融合各区域经济发展的战略支点，发挥各个战略城市与核心区域的纽带作用，形成南北贯通、东西融合的区域经济发展新局面。

　　"一带一路"倡议对于我国区域经济的发展和格局整合具有重要意义。各地区应积极推动这一战略的实施，并借鉴其他国家的成功经验，力争减少我国区域间发展的不平衡性，推动区域协调发展。

第二章

东北振兴与"一带一路"

东北振兴战略的历史演进
与时代发展意义

第一节 第一轮东北振兴战略的历史回顾

一、第一轮东北振兴战略提出的背景

20世纪90年代后期至21世纪初，由于体制性和结构性矛盾日趋显现，东北老工业基地企业设备和技术老化，竞争力下降，就业矛盾突出，资源性城市主导产业衰退，经济发展步伐相对仍较缓慢，与沿海发达地区的差距在扩大。

随着我国东部沿海工业的迅速崛起以及东北地区部分城市资源逐渐枯竭，东北地区工业在全国的地位不断下降，传统支柱产业在全国的竞争力减弱，科技创新能力明显不足，部分骨干企业生产经营面临困难，东北地区经济增速放缓的问题也十分突出。2001—2002年，全国工业增加值增长了11%，而辽宁、吉林、黑龙江三省的工业增长率分别仅为6%，12%和–5%。改革开放初期，辽宁省地区生产总值是广东的2倍，而现在广东是辽宁的2倍；1980年黑龙江省的地区生产总值与东部6省市的平均值相当，现在为其46.2%，人均地区生产总值仅是上海的四分之一。

为有针对性地解决这一问题，"九五"时期，在继续以大型老工业城市为重点推进调整改造的同时，东北老工业基地的振兴发展问题越来越受到中共中央、国务院的高度重视。1995年8月，国务院召开会议，专门研究辽宁老工业基地改造调整问题，决定将辽宁作为"九五"时期老工业基地改造调整试点。同时，国家对黑龙江、吉林等东北地区老工业城市的投入也不断加大。"九五"计划第一次提出，积极支持和促进东北等地的老工业基地改造和结构调整。

2002 年 11 月，中共十六大报告首次明确提出，支持东北地区等老工业基地加快调整和改造，支持以资源开采为主的城市和地区发展接续产业。2003 年 10 月，中共中央、国务院印发《中共中央 国务院关于实施东北地区等老工业基地振兴战略的若干意见》，正式启动实施东北地区等老工业基地振兴战略，明确提出，支持东北地区等老工业基地加快调整改造，是党中央从全面建设小康社会全局着眼做出的又一重大战略决策，各部门各地方要像当年建设沿海经济特区，开发浦东新区和实施西部大开发战略那样，齐心协力，扎实推进，确保这一战略的顺利实施。这标志着我国的老工业基地振兴政策从过去的企业和产业调整改造，正式转为以东北地区为重点的区域战略。

二、东北振兴战略的提出过程

东北振兴战略的提出，历经了十几年的时间，经过了中央到地方各级决策层，是新一届中央领导集体审时度势、谋划全局，全面建设小康社会的又一重大战略部署，是继实施沿海发展战略、西部大开发战略后的又一重大战略决策。

2002 年 6 月 10—17 日，胡锦涛在辽宁考察时指出，辽宁要加快建立和完善现代企业制度，积极推进国有企业战略性改组和结构调整，不断增强国有企业的市场竞争能力，进一步焕发老工业基地的生机和活力。

2002 年 8 月，中国人民大学何伟和黑龙江省社会科学院曲伟首开先河，提出并阐述了"东北大开发"的观点。

2002 年 11 月，在中共十六大报告中首次提出了振兴东北老工业基地的说法。但其含义不是单纯地振兴东北经济，而是支持东北地区等老工业基地加快调整和改造，支持以资源开采为主的城市和地区发展接续产业，支持革命老区和少数民族地区加快发展，国家要加大对粮食主产区的扶持。同时更强调，加强东、中、西部经济交流和合作，实现优势互补和共同发展，形成若干各具特色的经济区和经济带。

吉林省政府发展研究中心李巍等 2003 年年初的报告《东北再造》，可谓是最早的研究报告。这份研究报告被国务院发展研究中心网站 2003 年 1 月 26 日转载。

2003 年 1 月，温家宝来辽宁省时指出，全面建设小康社会，要把改造和振兴老工业基地作为一项战略任务。

2003 年 3 月，在十届全国人大一次会议的《政府工作报告》中，再一次强调要"采取有力措施，支持东北地区等老工业基地加快调整和改造，支持以资源开采为主的城市和地区发展接续产业"。

2003 年 5 月 2—5 日，李长春在大连考察时强调，要紧密联系老工业基地振兴这个最大的实际，把学习贯彻中共十六大精神引向深入。

2003 年 5 月 31 日—6 月 3 日，温家宝带领国家部委主要负责人，先后到辽宁省鞍山、本溪、抚顺、沈阳等老工业城市进行考察，并指出，加快东北地区等老工业基地的调整和改造，是中共十六大提出的战略任务，振兴东北老工业基地与西部大开发战略，是东西互动的两个轮子，这两个地区情况有所不同，但都是全国经济战略的两个重大问题。2003 年 8 月 1—3 日，温家宝又先后到大庆市、哈尔滨市、吉林市和长春市等地进行考察，并于 8 月 4 日在长春主持召开振兴东北老工业基地座谈会。他指出，对东北地区等老工业基地加快调整、改造，实行东西互动，带动中部，促进区域经济协调发展，这是中共中央做出的现代化建设的重大战略布局。

随后多路相关的调研开始。先有东北老工业基地政府各自做振兴东北计划的调研。再就是民盟中央主持的调研。国务院发展研究中心分别委派李善同和刘世锦进行研究。

2003 年 8 月 24—25 日，贾庆林在大连调研时希望大连市全面贯彻中共十六大精神，适应改革开放新形势，走出加快振兴东北老工业基地的新路子。

2003 年 8 月 28 日—9 月 1 日，黄菊在辽宁考察了阜新、锦州、沈阳、辽阳、鞍山、大连 6 个城市的 28 个单位。2003 年 9 月 10 日，温家宝主持召开国务院常务会议，研究实施东北地区等老工业基地振兴战略问题，提出了振兴东北地区等老工业基地的指导思想和原则、主要任务及政策。

2003 年 9 月 29 日召开了中共中央政治局会议。会议指出，支持东北地区等老工业基地振兴，是中共十六大从全面建设小康社会全局着眼提出的一项重大战略任务。东北老工业基地振兴的计划，整体由辽宁省和国家发展和改革委员会会同，由国家发展改革委统领东北三省，以及财政部、国资委、劳动和社会保障部等部门决策，并在 2003 年 10 月举行的中共十六届三中全会上通过，标志着东北老工业基地的经济振兴已正式上升为战略决策。

三、东北振兴早期阶段的主要政策

2003 年 10 月，中共中央、国务院印发的《中共中央　国务院关于实施东北地区等老工业基地振兴战略的若干意见》指出，将老工业基地调整改造、发展成为技术先进、结构合理、功能完善、特色明显、机制灵活、竞争力强的新型产业基地，使之逐步成为中国经济新的重要增长区域。2003 年 12 月，国务院决定成立振兴东北地区等老工业基地领导小组。2004 年，国务院振兴东北地区等老工业基地领导小组办公室（简称"振兴东北办"）正式成立，全面负责东北地区等老工业基地调整改造和振兴工作。据不完全统计，在国务院振兴东北办的积极推动下，国家先后制定实施了一系列支持东北振兴的政策，涉及基础设施、国债投资、财税、金融、国有企业改革、社会保障、科技人才、沉陷区治理等诸多方面。

表 2-1　2003—2012 年国家出台的支持东北老工业基地振兴的
政策文件和规划的基本情况（不完全统计）

一、推动振兴的纲领性、综合性文件
中共中央　国务院关于实施东北地区等老工业基地振兴战略的若干意见（2003 年）
国务院办公厅关于促进东北老工业基地进一步扩大对外开放的实施意见（2005 年）
国务院关于加快振兴装备制造业的若干意见（2006 年）
国务院关于促进资源型城市可持续发展的若干意见（2007 年）
国务院关于进一步实施东北地区等老工业基地振兴战略的若干意见（2009 年）
国务院关于《东北地区振兴规划》的批复（2007 年）

国务院关于《东北振兴"十二五"规划》的批复（2012 年）
国务院关于《全国老工业基地调整改造规划》的批复（2013 年）
二、深化体制机制改革
（一）解决老工业基地历史遗留问题
1.分离企业办社会职能
国务院办公厅关于中央企业分离办社会职能试点工作有关问题的通知（2004 年）
国务院办公厅关于第二批中央企业分离办社会职能工作有关问题的通知（2005 年） 国务院办公厅关于同意东北地区厂办大集体改革试点工作指导意见的批复（2005 年）
2.国有企业政策性关闭破产
国务院办公厅转发国资委关于加快东北地区中央企业调整改造指导意见的通知（2004 年）
3.减轻企业负担
国家税务总局关于加强东北地区扩大增值税抵扣范围增值税管理有关问题的通知（2004 年）
财政部 国家税务总局关于印发《东北地区扩大增值税抵扣范围若干问题的规定》的通知（2004 年）
财政部 国家税务总局关于进一步落实东北地区扩大增值税抵扣范围政策的紧急通知（2004 年）
财政部 国家税务总局关于豁免东北老工业基地企业历史欠税有关问题的通知（2006 年）
财政部 国家税务总局关于落实振兴东北老工业基地企业所得税优惠政策的通知（2004 年）
财政部 国家税务总局关于调整东北老工业基地部分矿山油田企业资源税税额的通知（2004 年）
三、产业结构调整升级
科技部关于印发《振兴东北老工业基地科技行动方案》的通知（2004 年）
国家发展改革委 国务院振兴东北办关于印发《发展高技术产业促进东北地区等老工业基地振兴的指导意见》的通知（2005 年）
国土资源部 国务院振兴东北办关于印发《关于东北地区老工业基地土地和矿产资源若干政策措施》的通知（2005 年）
国家旅游局 国家发展改革委关于印发实施《东北地区旅游业发展规划》的通知（2010 年）
国务院办公厅转发发展改革委农业部关于加快转变东北地区农业发展方式建设现代农业的指导意见的通知（2010 年）
国家发展改革委关于印发《东北地区物流业发展规划》的通知（2011 年）
四、保障和改善民生
国务院关于同意辽宁省完善城镇社会保障体系试点实施方案的批复（2001 年）

中共中央办公厅 国务院办公厅关于印发《贯彻落实中央关于振兴东北地区等老工业基地战略进一步加强东北地区人才队伍建设的实施意见》的通知（2004 年）
建设部关于贯彻落实《中共中央 国务院关于实施东北地区等老工业基地振兴战略的若干意见》的意见（2004 年）
建设部关于印发《关于推进东北地区棚户区改造工作的指导意见》的通知（2005 年）
国家发展改革委 教育部 财政部 人力资源社会保障部关于印发《关于促进东北地区职业教育改革创新的指导意见》的通知（2011 年）

资料来源：辽宁省振兴战略政策文件汇编（2012 年）。

东北振兴开展以来，东北地区全面贯彻落实中央实施老工业基地振兴的战略部署，紧密结合本地区实际，先后出台了本地区振兴规划和工作意见，实施了一系列地方配套政策，进一步延伸和拓展了中央振兴政策的功能，为老工业基地振兴营造了良好的政策环境。

概括来讲，东北振兴早期政策归结起来，分为以下四个方面：

一是推进结构优化。设立东北地区等老工业基地调整改造和重点行业结构调整专项，对企业调整改造给予国债资金支持；建立振兴东北老工业基地高技术产业发展专项，对高技术产业化项目给予支持。对东北地区工业结构改造项目进行贴息，扩大老工业基地增值税抵扣范围，对装备制造、石油化工、冶金、船舶、汽车、农产品加工等行业允许新购进机器设备所含增值税税金予以抵扣，后来又延伸到军品和高新技术产品生产企业；豁免东北老工业基地企业在 1997 年 12 月 31 日前形成的历史欠税；对符合税制改革方向的税收改革措施在东北地区先行先试。2004 年率先在黑龙江、吉林两省实行全部减免农业税政策，继而对东北三省实行农村税费改革转移支付、粮食直接补贴、良种补贴。

二是解决历史遗留问题。实施豁免历史欠税、减免银行欠款欠息、剥离不良资产、核销呆坏账等政策，减轻债务负担。实施增值税转型、所得税优惠、降低资源税税额标准等政策，减轻税负负担。发布《东北地区厂办大集体改革试点工作指导意见》，率先开展厂办大集体改革试点。加大对东北国有企业政策性关闭破产的支持力度，分离企业办社会职能，把企业办的公检法、中小学、医院等移交地方政府主管部门。实施国有企业政策性关闭破产，使扭亏无望企业平稳退出市场。推进国有企业公司制股份制改革，建立现代企业制度，鼓励非公经济参与国企改制重组。支持沈阳经济区新型工业化综合配套改革试验，支持辽宁沿海经济带建成东北地区对外开放重要平台。

三是改善民生。完善社会保障体系，率先开展城镇社会保障体系试点，促进国企下岗职工向失业并轨，确保"零就业家庭"至少一人就业；率先在东北地区实施棚户区改造工程，支持东北地区社会事业加快发展。将社会保障试点由辽宁推广到黑龙江和吉林，并对三省社保中"并轨"和"做实"给予财政补助；就业和再就业政策向东北倾斜，重点解决资源枯竭型城市、独立矿区以及军工、煤炭、冶金、森工等行业下岗失业人员的再就业工作。中央预算内投资对东北地区城市供热、供水等管网设施改造、基础设施建设、水利建设、农村公路建设提供资金。

四是实现资源环境与可持续发展。对低丰度油田和衰竭期矿山在不超过30%的幅度内降低资源税适用税额标准。推进资源型城市经济转型，在东北地区率先开展资源枯竭城市转型试点政策并安排中央预算内专项转移支付，全面实施东北地区采煤沉陷区治理改造工程，实行土地使用和矿产资源开发利用优惠政策，支持推进节能减排和环境整治。

四、东北振兴战略的阶段性成果

东北振兴战略实施的十多年来，在各方面的共同努力下，东北振兴取得了重要的阶段性成果。

一是综合经济实力不断增强。东北三省地区生产总值由2003年的不足1.3万亿元增至2015年的5.8万亿元左右，年均增长11%左右，特别是2003—2012年，三省地区生产总值从12700亿元增加到50400亿元，年均增长12.7%，高于全国平均水平2个百分点。公共财政预算收入年均增长22.6%，比前十年年均增速加快14.8个百分点。全社会固定资产投资年均增长高达28.8%，高出全国平均水平4.9个百分点。社会消费品零售总额年均增长 15.6%；外贸进出口总额年均增长 17.8%；实际利用外商直接投资年均增长 15.6%，高出全国平均水平 5.5 个百分点。

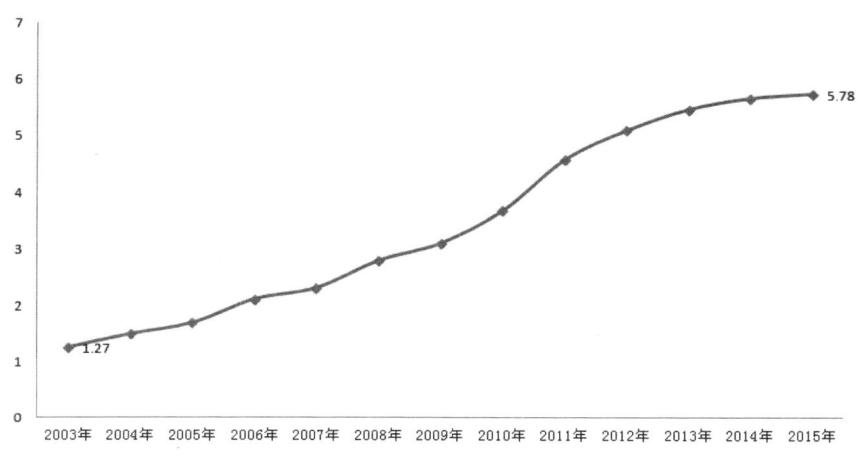

图 2-1　2003—2015 年东北三省地区生产总值（万亿元）

　　二是体制机制改革初见成效。以国企改革为突破口，以产权制度改革为核心，实施增值税转型、国有企业政策性破产、豁免企业历史欠账、中央企业分离办社会职能、厂办大集体改革等一系列政策，使一些国企减轻了包袱，缓解了遗留问题。90% 以上的国有工业企业完成产权制度改革，股权结构多元化格局初步形成，企业活力明显增强。跨地区、跨行业、跨所有制的兼并重组成为东北地区国企改革的一大特色，百余家大型骨干企业实现战略性重组。大连造船和大连新船两大船舶生产厂合并，中钢集团公司重组原吉林碳素股份有限公司，中煤能源集团公司接收哈尔滨气化厂、哈尔滨煤炭工业公司等企业。一批大型企业通过联合重组，实现由大向强的转变。通过政策性破产、核销呆坏账、分离企业办社会、剥离不良资产、豁免历史欠税、处置不良贷款等政策使国企卸下了沉重的历史包袱。10 年间，东北三省累计政策性破产企业 320 户，安置职工 83.3 万人，占全国 1/5 左右。250 多家企业共分离企业办社会 1700 多家，涉及职工 17 万人。通过整合重组、企业上市、政策性关闭破产等形式，剥离不良资产 3110 亿元。非公有制经济快速发展。政府职能加快转变，行政审批权限逐步下放，综合配套改革顺利起步。同时非公有制经济加快发展，成为东北地区经济发展的重要支撑，2013 年东北三省规模以上非公有制企业工业销售产值占比 69.45%，比 2003 年提高 37.31 个百分点。

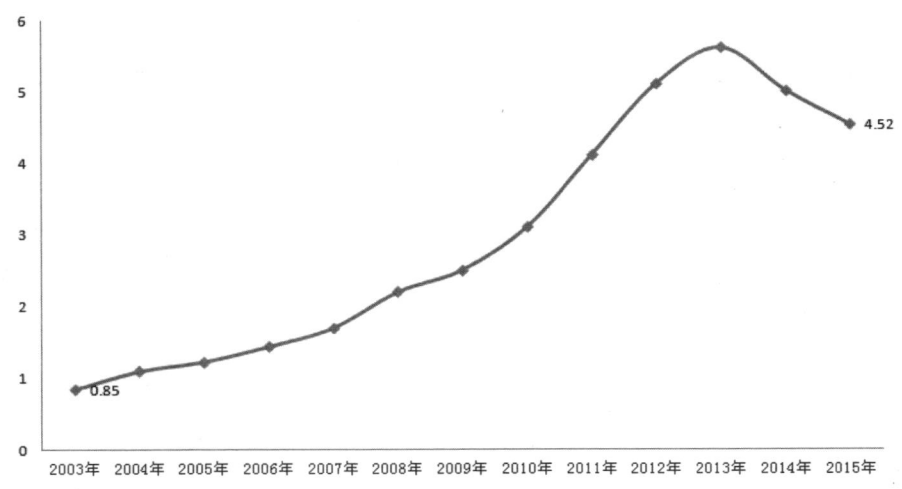

图 2-2　2003—2015 年东北三省地方财政收入（千亿元）

三是优势产业竞争力逐步重塑。国家加大对东北老工业基地重大技术装备自主化的支持力度，十年来，百万千瓦核电、火电机组，特高压输变电设备，大型水轮机组，大型风电机组，大型盾构机，高速动车组列车，先进船舶和海上钻井平台，高档数控加工中心和重型数控机床等一大批重大技术装备在老工业基地研制成功，在重大技术装备和国防科技工业等领域继续发挥着支柱作用。2003—2013 年，辽吉黑三省装备制造业工业销售产值增加幅度较大，其中金属制品业、通用设备制造业、专用设备制造业、交通运输设备制造业和电气机械及器材制造业工业销售产值增加较快，2013 年是 2003 年的 8.11 倍，占全部工业销售产值的 27.8%，分别占全国同行业销售产值的 7.36%、11.93%、10.05%、13.94% 和 4.49%；仪器仪表及文化、办公用机械制造业，通信设备制造产业，计算机及其电子设备制造业工业销售产值是 2003 年的 3.12 倍。从产品产量看，金属切割机床产量增加显著，2013 年约为 2003 年的 2 倍，辽宁约为 2 倍，吉林约为 5 倍，三省产量占全国的 15.21%；汽车产量增加也较快，约为 2003 年的 3 倍，占全国的 12.8%，汽车产业集群化发展态势明显，其轿车约为 2003

年的 4 倍，辽宁约为 17 倍；发电机组产量为 2003 年的 3 倍多，占全国的 15.29%。一批龙头企业在全国同行业中具有较强的竞争力，有些甚至在国际上也具有一定影响力。大连造船厂国内规模最大，产品最全，最具国际竞争力；沈阳机床、大连机床两大集团公司双双进入世界机床行业十强之列；哈尔滨电站设备集团、长春轨道客车有限公司、长春第一汽车制造厂、中国第一重型机械集团公司（齐齐哈尔）、哈飞汽车、齐齐哈尔轨道交通公司、大连重工起重集团、沈阳鼓风机集团等也都享有盛名。

专栏：东北地区装备制造业基地的发展

东北地区是全国重要的装备制造业基地之一。经过十年振兴战略的实施，百万千瓦核电、超超临界火电、800 千伏直流和 100 万伏交流特高压输变电成套设备，70 万千瓦大型水轮机组，30 万千瓦抽水蓄能机组，5 兆瓦大型风电机组，百万吨级乙烯装置，大型盾构机，时速 350 千米高速列车，航空航天军工领域急需的高档五轴联动加工中心和重型数控机床等在东北地区实现自主化，沈阳、大连、哈尔滨、齐齐哈尔等具有国际竞争力的先进装备制造业基地正在形成。其中沈阳和大连的装备制造业产值排名靠前。

沈阳聚集着沈阳机床、北方重工、新沈鼓集团、三一重装、北方交通重工、特变电工沈变集团等众多国家级重型装备公司，产品覆盖矿山设备、电站设备、冶炼设备、轧钢设备、石化设备、水泥设备、起重设备、数控机床、锻压设备、人造板成套设备、散料输送设备、环保设备、工程机械、传动机械、农业机械、金属切削机床、大型输变电设备等，广泛应用于矿山、石化、冶金、电力、国防、科研等领域，素有"东方鲁尔"之称。2008 年 11 月，经装备制造杂志社和装备工业发展研究中心联合评选，沈阳铁西新区入选我国重要的装备制造业聚集区，并居第一位。

大连拥有大连机床集团、华锐风电公司、大连造船集团、大连船用曲轴厂等全国知名的行业龙头企业，在高档数控机床及相关产品，风力发电设备、海洋工程装备、大型船用曲轴、盾构机、核电产品、高端铸锻件等重大技术装备，高端机车和城市快轨车辆，高端轴承产品，高端制冷产品等方面具有较好的技术基础。

齐齐哈尔拥有一重集团、齐重集团、齐二集团等行业龙头企业，在数控机床、轨道交通装备、核电装备等方面具有优势。哈尔滨市拥有哈量集团、哈电集团、哈飞集团等行业骨干企业，在工具量具、发电设备、飞机制造等领域有很强的技术优势。长春市拥有长客集团等行业龙头企业，在轨道交通装备、农机装备等领域具有很强的技术优势。

2012 年，东北三省发电设备产量占全国的 1/3，数控机床产值占全国的 1/3，内燃机产量占全国的 1/5，炼油能力 1 亿吨，接近全国的 1/5，乙烯产量 250 万吨，占全国的 1/6。钢产量占全国的 1/10 以上，汽车产量占全国的 1/7 左右。造船总能力接近 2000 万吨，接近全国的 1/5。东北三省在国家装备制造业和重要工业产品生产中发挥着重要的支柱作用。

资料来源：根据东北地区有关城市提供的公开资料整理。

　　四是科技创新能力不断增强。东北老工业基地的城镇化率较高，三省人均受教育年限高于全国平均水平，仅次于京津沪三地。2013 年初中以上文化程度的人口占总人口比重的 42.79%，比全国平均值高出近 4.78 个百分点。从目前在校生看，每 10 万人中普通本专科学生人数高于全国平均水平，说明其高等教育在全国比较领先。现有普通高校 253 所，占全国 10.16%，为人力资本转化奠定了良好的基础。科研院所技术开发中心也较多，其中研究与开发机构 451 个，占我国同类机构的 12.35%。以中心城市为依托，一批国家重点理工科大学（哈尔滨工业大学、吉林大学等）、重点研究所、实验室集中分布，辽宁在金属、机械、石油、化工、农林土壤、新型材料等方面具有优势，吉林在基础化学、量子化学、运输机械、光电子技术等方面的研究领先，黑龙江则在石化、有色金属、农林、生物工程等技术应用方面有较好基础。高校、科研机构、国企中拥有一支具有较高水平、丰富经验的人才队伍，是东北地区的宝贵资源。国有企事业单位专业技术人员共 210.8 万人，占全国 6.97%，其中以教学人员、卫生技术人员、工程技术人员居多。总之，人力资本存量相对充足，科教基础条件在全国表现出特有的实力，成为人才培养、技术创新、经济转型的重要支撑。2003—2013 年，三省相继出台鼓励创新发展的政策 140 余项，大力促进高新技术产业发展、改善人才发展环境和区域创新环境。现已建成 40 余个高技术产业和科技创新发展基地，包括辽宁本溪生物医药特色产业基地、吉林光电子产业基地、黑龙江国家级火炬计划特色产业基地和国家大学科技园。

　　五是棚户区改造等重大民生工程全面实施。2005 年，棚户区改造工程率先在抚顺、阜新两个资源枯竭城市启动。近年来，发端于东北的棚户区改造全面推进，各级政府已累计投入 1700 多亿元，改造各类棚户区面积超过 2.9 亿平方米，共计 460 万户 1460 万困难群众因此受益。教育、医疗、文化等社会事业加快发展，基本公共服务保障能力进一步增强。社会矛盾大大缓解，东北老工业基地已经从十年前不稳定因素集聚、群体性事件频发、社会治安形势严峻的地区转变成为和谐稳定的新东北。

六是资源枯竭城市突出问题有效缓解。2001 年，国务院将阜新确定为全国第一个资源枯竭型城市经济转型试点市。2005 年，国家确定了东北地区 5 个资源型城市作为经济转型试点城市，分别是阜新、伊春、辽源、白山、盘锦，国家加大力度支持资源枯竭城市发展接续替代产业，加快重大民生工程建设，修复生态环境。近年来，东北地区资源枯竭城市转型的经验逐步推向全国。

七是生态环境和基础设施不断改善。东北地区累计造林 1 亿多亩（1 亩约等于 667 平方米），森林蓄积量达到 25.7 亿立方米，生态屏障作用进一步增强。松花江、辽河等重点流域水质明显好转，全部消灭劣 V 类水体。单位地区生产总值能耗和主要污染物排放稳步下降，完成国家下达节能减排指标。基础设施条件明显改善，高速公路建成通车里程超过 1 万千米，铁路营业里程 1.53 万千米，新增 2080 千米；运营机场超过 20 个，港口吞吐能力达到 10.9 亿吨。第一条高速铁路（哈大客运专线）建成投运，第一座核电站（红沿河核电站）首台机组并网发电。辽宁大伙房水库输水工程、吉林引嫩入白、黑龙江尼尔基水利枢纽等重大水利工程进展顺利。

可以说，从前一阶段的政策整体效果来说，东北振兴已经取得了比较好的阶段性成果。

从总体指标看，东北三省地区生产总值由 2003 年的不足 1.3 万亿元增至 2015 年的 5.8 万亿元左右，年均增长 11% 左右，人均地区生产总值从 2000 美元增至 8000 美元以上，经济综合实力明显增强。

从改革开放看，增值税转型、农业税减免等在东北地区先行先试，沿海沿边全方位开放格局初步形成，与周边国家和地区合作深入推进。

从产业发展看，自主创新能力明显提升，部分重大装备研制走在全国前列，骨干企业的技术装备水平、生产制造能力、产品质量和创新能力显著提高，又创造了很多"中国第一"，辽宁的高档数控机床、新型船舶，吉林的轨道客车、商用卫星，黑龙江的燃气轮机、工业机器人等居全国领先水平，有的达到世界先进水平，粮食综合生产能力显著提高。

从民生保障看，社会保障体系逐步健全，资源枯竭城市经济转型得到有力的政策支持，棚户区、城区老工业区、独立工矿区、采集沉陷区改造全面实施。

实践证明，中共中央、国务院关于实施东北地区老工业基地振兴战略的重大决策是完全正确的，东北老工业基地实现全面振兴的前景是十分广阔的。

第二节　东北新一轮振兴战略的提出

一、新时代东北振兴发展的背景

2003—2013年，东北振兴战略不断取得积极进展，也取得了一些阶段性成果，这一轮东北振兴使东北地区以重工业为主导的国有企业竞争力有了很大提升，产品质量提升，销路也有所扩大，促进了东北地区经济增长。东北地区脱困向好初见成效。但随着近年来经济发展进入新常态后，在周期性和结构性因素的影响下，东北地区经济下行压力持续增大，部分行业和企业生产经营困难，民生问题日益突出，东北振兴出现了一些新问题。

东北地区由于长期形成的深层次体制性、机制性、结构性矛盾，加上周期性因素和国际国内需求变化的影响，2014年以来，东北地区经济下行压力逐渐加大。2015 年，辽、吉、黑三省地区生产总值增速分别为 3.0%、6.5%、5.7%，2016 年三省增速分别为 -2.5%、6.9%、6.1%，工业、财政、固定资产投资、进出口等主要指标增速也低于全国平均水平。

东北地区钢铁、煤炭、油气、化工、建材等行业面临较大产能过剩的问题，东北地区的偏资源型、偏传统型、偏重化工型的产业结构日益不适应市场的需要，再加上国企活力仍然不足，负担仍然较重，民营经济发展滞后，产业结构不够合理，产业链条比较短等因素相互叠加，使得经济增长旧动力减弱和新动力不足的结构性矛盾凸显。结构性问题又反过来暴露了东北地区行政管理体制不活、国有企业活力不足等深层次体制性机制性问题，导致体制性、结构性问题互相交织，长期性、短期性问题互相叠加，历史性、现实性问题相互碰撞，使得东北地区当前发展的矛盾更加复杂。

原因主要在于，一个是我国经济发展已经进入了新常态，经济发展中出现的"三期叠加"所造成的共性影响；另一个原因是东北地区自身特有的体制性、机制性和结构性问题。

东北地区发展的短板主要体现在体制机制僵化、产业结构单一、创新能力较弱、民生问题突出等问题，这些都严重地影响了东北地区新一轮振兴的实现。

在体制机制方面，主要表现在思想观念依旧封闭落后，国有企业活力仍然不足，民营经济发展不充分，市场化程度不高，科技与经济发展融合不够，增长过度依靠投资拉动。

产业结构方面，主导产业依然还是传统产业，偏资源型、传统型、重化工型的产业结构和产品结构不适应市场变化，新兴产业发展偏慢，服务业发展滞后，经济发展的惯性和路径依赖太强。

社会民生方面，居民收入偏低，就业压力增大，养老保险缺口扩大，棚户区、城区老工业区、独立工矿区改造和采煤沉陷区治理有待深入。

在国际经济复苏疲软、国内经济运行压力加大、国内外市场需求不足等多重外界因素影响下，东北老工业基地内生问题凸显，体制性、机制性、结构性问题相互交织，改革与发展问题相互碰撞，长期与短期问题相互叠加，客观与主观问题相互影响，使得东北地区经济发展中问题的复杂程度和解决难度不断加剧。

首先，除了重点领域和关键环节改革还不到位的原因，东北地区产业结构问题仍然较为突出，主要表现在：

一是工业领域重工业比重偏高。2013 年，辽、吉、黑三省重工业增加值占工业比重仍在 65% 以上，能源资源、原材料、装备制造等产业占主导地位，而这些产业具有很强的周期性，大概每十年就会出现一个发展轮回，现在这些"老字号"产业大多处于产业发展周期的低谷期。2013 年，辽宁省冶金、石化、农产品加工三大产业增加值占全省 54%，吉林省一汽集团一家企业占全省工业增加值 19%，黑龙江省能源、石化、装备制造三大产业增加值占全省 72%，而电子及通信设备制造业占比不到 1%，金融业占比不到 4%。

二是新兴产业和服务业发展明显滞后。过去十年，东北地区产业投资主要集中在传统产业改造提升和扩大规模上，新兴产业和服务业发展滞后。2013 年，东北三省服务业增加值占生产总值的 38.7%，比全国平均水平低 7.4 个百分点，且近年来与全国差距逐渐拉大。在服务业内部，餐饮、住宿、交通运输等传统服务业比重偏高，生产性服务业发展缓慢，金融服务业保障实体经济发展功能欠缺。电子信息等一些战略性新兴产业发育不足、规模较小。国有林区、垦区产业结构单一，接续替代产业发展严重滞后。

三是产业链不全。从产业组织看，专业化分工程度较低，东北地区的优势产业呈现"大而全，小而全"的格局，大企业大而不强，对地区经济的发展带动作用不大；小企业小而不专，协作能力薄弱，导致厂房、设备利用率低，维护和生产成本高。产业同构、同质化和无序竞争现象严重，造成边际效益递减的趋势，浪费了大量资源，降低了产业竞争优势。产业间的关联度低，缺乏区域内分工协作，在整机制造、组装、部件制造和检测方面没有形成健全的产业链条，未形成优势产业集群。资源密集型产业多处于产业链上游，而零部件、元器件等中游配套产业跟不上，下游产业不发达，上下游产业链断裂。产品以初级产品居多，深加工、精加工产品较少，产品附加值低，通用、中低档装备产品生产能力过剩，最终产品比东部沿海地区少很多，造成大量价值流失。

其次，东北地区创新能力不强，这也是严重影响振兴的重要因素。主要体现在：

一是创新驱动发展的理念有待进一步深化。东北经济发展仍然主要依赖要素投入，靠投资拉动地方发展。东北地区生产的产品大多数集中在产业链的中上游，面向生产者的产品多，面向消费者的产品少。科教投入不足，东北地区这些年来对教育和科教的投入增加速度偏慢，从财政对教育和科技的投入看，2014 年占全国各省市区合计之比下降到 7.57%，特别是吉林和黑龙江的科技财政投入明显不足，与名列前茅的省区有较大差距；研究与试验发展（R&D）经费投入由 143.45 亿元增加到 730.4 亿元，但占全国各省市区合计之比却由 9.32% 下降到 6.17%，2014 年 R&D 经费支出占地区生产总值比重 1.34%，低于全国平均水平。

东北地区教育经费来源单一，主要依赖国家财政性投入，由于经费有限，其他办学资金来源弱化，不能满足地区教育发展的需求。科教投入相对不足对东北地区人力资本的形成、质量的提升，对地区科技创新能力等都将产生一定限制，影响科教事业持续健康发展，将逐步拉大与经济发达地区的差距。

二是科技成果转化能力弱。东北地区布局了大量的科研院所和高等院校，科教实力很强，大型国有企业中也拥有一大批科研人才队伍，在过去十多年振兴中为经济发展提质增效发挥了重要作用。但是，这些科研队伍大多服务于政府和大型国有企业，成果转化率偏低。人才政策落实不到位或落后于东南沿海地区，导致人才流失严重，"墙内开花墙外香"。东北三省高技术产业规模占比、企业数量占比、主营业务收入占比、利润总额占比等数据均低于全国平均水平，不少产品技术水平属于中低端，附加值还不高，产品仿制的多、原创开发的少，很多关键零部件还受制于人，主要依赖进口，导致产业和产品发展引领能力较弱。

三是部分地区人才外流。东北地区人力资本存量增加速度趋缓，2014年三省普通本专科在校学生占全国比重较2003年下降近2个百分点，以往的相对优势有所弱化。接受高等教育的学生未来将是提高人力资本存量和质量的中坚力量，是科技进步与创新的后备军，而目前东北地区教育发展不充分，人力资本实力不断下降。改革开放以来，东南沿海地区经济快速发展，人才引进机制灵活；反之东北老工业基地经济不景气，研发条件、收入水平较差，人才政策不落实，没有建立差别化激励机制，缺乏公平的用人环境，使大批专业技术人才、大学毕业生等纷纷南迁，"孔雀东南飞"，人才外流现象严重，这也是东北地区人力资本存量减少、人力资本质量降低的重要原因之一。国有企事业单位专业技术人员没有增加而是减少，由2003年的258.27万人减少到2014年的210.8万人。人才结构也存在问题，专业人才多集中于传统领域，而IT、生物工程、新材料、新能源、先进装备制造等新兴产业领域的人才远不能满足需求，多沉淀于政府和大型国有企事业单位，而真正适应市场经济与产业结构调整大势的新型开拓型人才不足，高素质、高技能人才相当短缺，急需企业家、国际化人才、拔尖的技术人才、熟练的技术工人等。人才的流失已经影响东北地区的教育质量、科技研发、成果转化等，影响经济增长水平，并将继续对未来区域发展产生不利影响，人力资本问题的解决刻不容缓。

再次，东北地区城镇化推进滞后，质量不高。

一是城市基础设施建设滞后。老工业基地的"老"一方面体现在产业的"老"，另一方面体现在城市的"老"。由于建成时间早，城市公共基础设施历史欠账多，改造和更新面临较大困难。很多城市基础设施建于"一五""二五"时期甚至更早，有些城市排水管线和供热设施还是日伪时期修建，不少城市城区供水管网已使用超过50年，腐蚀严重，供水漏失率超过50%。东北地处高寒地区，采暖设施老化，"跑冒滴漏"严重，既浪费能源，也是重大民生问题。在反映城市市政基础设施水平的14项指标中，除人口密度外，东北三省用水普及率、燃气普及率、建成区供水排水管道密度、人均道路面积、城市污水处理率等13项指标全部低于全国平均水平。

表2.2 2014年东北三省省会城市市政设施与全国平均水平对比

	人均道路面积（平方米）	排水管道密度（千米/平方千米）	人均日用水量（升）	人均公园绿地面积（平方米）	建成区绿地覆盖率（%）	万人拥有公共汽车（辆）
全国城市合计	12.37	10.46	111.89	10.85	41.44	10.01
辽宁	12.21	7.57	80.18	11.60	42.07	9.87
吉林	12.79	7.64	61.50	11.03	32.66	9.45
黑龙江	11.68	5.37	68.27	10.14	37.95	9.4

资料来源：国家发展改革委振兴司编《东北振兴主要统计指标（2015年）》。

二是棚户区改造剩余任务依然艰巨。东北的棚改起步最早，但目前任务依然艰巨，2013—2017年全国1000万户棚改计划中，东北有298万户，占全国的近30%。与当初相比，现在剩下的大都是难啃的"硬骨头"，土地置换收益低、市场化运作困难，特别是林区、矿区棚户区，改造难度更大。一些已实施的棚户区改造项目则存在公共基础设施滞后、贫困人口集中居住、就业机会少等问题，未来可能出现新的刚性封闭空间，甚至是事实上的新"贫民窟"，带来新隐患。

三是资源枯竭城市和独立工矿区转型发展仍然面临一些突出问题。资源枯竭城市接续替代产业发展仍处于起步阶段，缺乏骨干项目支撑，要素集聚能力较弱。矿山地质灾害隐患多，生态环境治理任务繁重。基础设施建设滞后，支撑保障能力不足。独立工矿区大多数依矿山、沟谷分散建设，城镇功能布局严重受限，公共服务能力严重不足，自然灾害、地质灾害易发多发。

四是城市内部二元结构突出。东北地区城镇化水平一直较高，2014年三省城镇化率60.83%，高于全国平均水平6.06个百分点，但许多城镇是随着资源开发而兴起的，矿区、林区、垦区、油田等城镇人口中包含了大量吃商品粮的农垦林业系统人口。由于城镇化与工业化没有良性互动和协同发展，大部分职工集中居住在厂区，城市的综合服务功能和基本公共服务体系缺乏，出现明显的城市内部二元结构。一些城市新城区与旧城区、中心区与边缘区在基本公共服务、基础设施等方面存在巨大差异，老旧工业区成为城市"锈斑"，制约城市布局优化。许多厂区与居民区的间距已突破安全生产标准，安全隐患极大。产业层次低，企业改革转型难度大。绝大多数是传统企业，装备水平普遍落后，"两高一低"产品较多，一些企业处于停产半停产状态，土地闲置问题突出。许多市政设施仍由企业运营，道路破损，与区外道路衔接不畅，水电气暖管网老化严重，"三废"排放严重超标。区内居民大多数是企业职工及家属，退休和失业人员多，收入水平低，居住条件差，民生问题突出，社会矛盾集中，成为城市内部"二元结构"的典型区域。

最后，东北地区区域发展分化较大。分省份看，辽宁省增速仍然偏低，经济形势依然严峻。吉林省和内蒙古自治区经济增速已高于全国平均水平，但内生动力和可持续发展能力还有待提升。黑龙江省经济增速接近全国平均水平。分城市看，中心城市经济有望率先企稳回升，2017年，除沈阳以外，大连、长春、哈尔滨三市2017年地区生产总值增速分别为7.1%、8.0%和6.7%，均高于各省平均水平；与部分资源枯竭、传统产业比重大和结构单一城市发展形成了较为鲜明的对比。东北4个中心城市经济总量占东北三省近一半，辽中南10个城市加上长春、哈尔滨共12个主要城市区域所占经济比重可达66.25%，而东北东部、辽西、吉林西部、黑龙江北部、蒙东等地，在发展速度与发展质量等方面与哈大轴带都存在较大差距，且逐步加大。

二、新一轮东北振兴战略的提出

针对东北地区在新形势下的严峻形势，中共十八大以来，习近平总书记多次到东北地区调研，召开专题会议，就东北振兴工作发表系列重要讲话，做出系列重要批示指示，提出了新的重大部署。

习近平总书记指出，新一轮东北振兴战略就是要解决东北地区对经济发展新常态的不适应问题，解决东北地区面临的深层次体制性、机制性、结构性问题，促进东北老工业基地提升发展活力、内生动力和整体竞争力，为长远发展奠定良好的基础。2016 年 2 月，中共中央、国务院印发的《中共中央　国务院关于全面振兴东北地区等老工业基地的若干意见》明确提出，当前和今后一个时期是推进老工业基地全面振兴的关键时期，全面振兴东北地区等老工业基地事关我国区域协调发展战略的实现，事关我国新型工业化、信息化、城镇化、农业现代化的协调发展，事关我国周边和东北亚地区的安全稳定，意义重大，影响深远，要求适应把握引领经济发展新常态，贯彻落实发展新理念，加快实现东北地区等老工业基地全面振兴。这标志着新一轮东北振兴战略正式启动实施。

2017 年 10 月召开的中共十九大，深刻分析了国际国内形势发展变化，做出了中国特色社会主义进入了新时代、我国社会主要矛盾发生变化等重大政治论断，确立了习近平新时代中国特色社会主义思想的历史地位，提出了新时代坚持和发展中国特色社会主义的基本方略，明确了决胜全面建成小康社会、开启全面建设社会主义现代化国家新征程的目标，对新时代推进中国特色社会主义伟大事业和党的建设新的伟大工程做出了全面部署。中共十九大明确提出，深化改革加快东北等老工业基地振兴，支持资源型地区经济转型发展，同时在深化供给侧结构性改革、加快培育发展新动能、支持传统产业优化升级、培育若干世界先进制造业集群、加强创新体系建设、实施乡村振兴战略、推进新型城镇化、深化国有企业改革、扩大对外开放等领域也提出了与东北振兴紧密相关的新要求，新一轮东北振兴战略的实施进入了新阶段。

第三节 东北振兴战略的时代意义

东北地区是新中国工业的摇篮和我国重要的工业与农业基地,人口、资源、产业、人才、基础设施、区位等支撑能力都很强,发展空间和潜力巨大。在新的历史时期推进东北地区实现全面振兴,无论从东北地区自身来看,还是从全国发展大局来看,都具有十分重要的意义。

第一,东北振兴是实现中国全面建成小康社会,国内生产总值到 2020 年比 2000 年翻两番的需要。到 2020 年,西部大开发仍主要进行基础设施建设,总体经济实力的增长有限,很难为拉动全国国内生产总值增长做出重大贡献;单靠东部地区支撑,而不把东北地区的潜力发挥出来,也很难实现翻两番的目标。只有实现东北新一轮振兴,才有可能实现中国全面建成小康社会,国内生产总值到 2020 年比 2000 年翻两番的目标。

第二,东北振兴是促进全国区域经济协调发展的需要。20 世纪 80 年代,东部沿海建设经济特区,珠江三角洲成为全国经济发展的领头羊。20 世纪 90 年代,建设上海浦东新区,长江三角洲成为全国经济新的重要增长区域。实现西部大开发战略以来,全国经济社会发展的整体格局发生重大变化。中共十六大提出,促进地区经济协调发展,加强东、中、西部经济交流与合作,实现优势互补和共同发展。加快东北振兴,既是东北老工业基地复兴改革发展的迫切要求,也是实现全国经济社会协调发展的重要战略举措。东北地区由于主客观原因,改革开放以来在全国的经济地位不断下降。基于全国经济协调发展的需要,东北现在迫切需要再度崛起。东北振兴前期,东北已出现新的发展态势。2001 年,东北地区生产总值占全国的比重已经反弹为 9.5%,其中,东北工业增加值占全国的 11%。吉林省地区生产总值在全国的位次由谷底的二十一位，回升为 2001 年的十九位。总的来说，东北振兴早期经济发展态趋好。但是，由于长期形成的深层次体制性、机制性、结构性矛盾，加上周期性因素和国际国内需求变化的影响，2014 年以来，东北地区经济下行压力加大。为促进全国区域经济协调发展，新一轮东北振兴迫在眉睫。

第三，东北振兴是探索新型工业化道路、推进中国制造业发展和提升中国经济竞争力的需要。作为国民经济的物质基础和工业主体的制造业，具有极其重要的作用。特别是 21 世纪初叶中国进入工业化中期阶段后，制造业将成为这一时期需要继续强化的主导产业。东北老工业基地中的装备制造业，特别是重大装备制造业，曾经为中国做出很大贡献，现在仍具有产业优势、科研优势和产业技术工人优势。金属制品、普通机械制造、专用设备制造、交通运输、设备制造、电气机械仪器制造、仪器仪表等行业具有很大产量和生产能力，主导产品的技术水平和生产规模在全国机械工业中占有重要地位。因此，重铸东北制造业优势，是一项关系全局的紧迫任务，也是国家以最低的成本建设新兴工业基地的最佳选择。

第四，东北振兴是推进国有经济结构的战略性调整的需要。东北地区等老工业基地是国有经济结构战略性调整的重点区域。东北地区等老工业基地加快国有经济战略性调整，推动国有资本向关系国民经济命脉的重要行业、关键领域和优势产业集中，继续深化国有资产管理体制改革，继续深化国有企业改革，使国有经济形成合理的结构，将对推进国有经济战略性调整起到重要作用。

第五，东北振兴是提高产业和企业的国际竞争力的需要。东北地区老工业基地的钢铁、石化工业在全国居重要位置，东北地区的装备制造业在全国具有举足轻重的位置，集中了一批关系国家综合竞争力，体现中国产业形象的主导产品。在经济全球化和加入世贸组织的新形势下，通过"引进来、走出去"，在更大范围、更广领域和更高层次上参与国际经济技术合作与竞争，充分利用国际国内两个市场，优化资源配置，拓宽发展空间，将迅速提高产业和企业的国际竞争能力。

第六，东北振兴是解决国家经济安全和粮食安全问题的需要。加入世界贸易组织后，中国面临重大的经济安全和粮食安全问题。粮食作为具有极其重大战略意义的物资，关系国家安全。尽管中国的粮食现在相对过剩，但由于中国的巨大人口基数，确保粮食安全，永远是中国不可忽视的重大问题。东北地区土地资源丰富，作为国家重要的粮食主产区，在国家粮食安全战略中需要继续发挥重大作用。基于中国能源安全和其他战略物资安全及开拓商品市场的需要，东北地区应当成为中国对俄罗斯开放的重点地区。东北是东北亚的地理中枢，历史上一直是地缘政治冲突频发的地带。远东是俄双头鹰战略的重点之一，朝鲜半岛是美日必争之地。不论从中国的全球战略需要看，还是从发展中俄、中朝关系需要出发，都应把东北地区的复兴作为全国的战略重点。

同时，面对全球生态环境日益恶化的情况，中国向国际社会庄严承诺，实施可持续发展战略，优化生态环境。东北地区的长白山、大小兴安岭是东北亚地区的天然屏障，也对中国东北经济区、华北地区产生重大影响。国家已批准吉林省和黑龙江省为生态试点省，因此推进全国生态环境建设，就需要东北地区环境建设率先推进。

第七，东北振兴有助于维护全国政治安定和地区社会稳定的大局。东北地区是全国产业工人的密集区，东北的结构调整是全国经济结构调整的重点和难点之一，关系全国经济发展、体制改革、政治安全和社会稳定的大局。东北振兴是破解国有经济结构战略性调整难题的必然选择。

第八，东北振兴是加强民族团结、保障边疆安全和社会稳定以及提升中国在东北亚战略地位的重要举措。从地缘政治方面看，东北地区处于国家的战略后方地位。从近300年特别是近100年的历史来看，可以得出这样一个基本结论："东北兴则中国兴，东北稳则中国稳，东北地区乱则中国乱。"抓住21世纪头20年的战略机遇期，加快东北地区的发展，进一步发挥其在东北亚地区的几何中心作用，对提升国家地位，处理周边关系，维护国家经济和政治安全具有重大意义。

东北振兴战略对接"一带一路"倡议的逻辑结构

第一节　东北振兴战略对东北三省发展的积极作用

作为新中国工业的摇篮和我国重要的工业与农业基地，东北老工业基地在人口、资源、产业、人才、基础设施、区位等方面支撑能力都很强，发展空间和潜力巨大。在新的历史条件下推进东北地区实现全面振兴，无论从东北地区自身来看，还是从全国发展大局来看，都具有十分重要的意义。

习近平总书记深刻指出，东北振兴现在面临的问题仍然是体制机制问题和结构性问题，但问题的内涵和十年前启动东北振兴战略时已有很大不同。东北振兴战略是从根本上解决东北面临的深层次矛盾和问题，奠定东北长远发展基础的客观要求。东北振兴新战略就是要解决新形势下东北地区对经济发展新常态的不适应问题，促进东北老工业基地提升发展动力、内生动力和整体竞争力，解决东北地区面临的深层次体制性、机制性、结构性问题，为摆脱困局，长远发展奠定良好的基础。

东北振兴战略是缓解东北当前经济下行压力，促进东北在经济发展新常态下经济平稳健康发展的迫切需要。近两年来，在周期性和结构性因素的影响下，东北地区经济下行压力持续增大，部分行业和企业生产经营困难，民生问题日益突出。这些困难和问题如果不尽快加以解决，不仅会影响东北的就业和民生，而且会危及东北振兴事业的根基。在这种情况下，启动实施新一轮东北振兴战略，解决对经济发展新常态的不适应问题，尽快扭转经济增速下滑势头，对于东北经济社会持续健康发展和全国区域协调发展，十分重要而且十分紧迫。

东北振兴战略是促进东北在全国区域发展中担当更重要的使命的必然选择。东北地区能源资源、环境承载、产业基础、科教人才等支撑能力较强，虽然近期发展出现了一些困难，但东北制造业基础好，装备制造业、原材料产业和国防科工产业在全国具有特殊的战略地位。推进新一轮东北振兴，有利于推进经济结构战略性调整、提高我国产业国际竞争力，有利于促进区域协调发展、打造新的经济支撑带，有利于优化调整国有资产布局、更好地发挥国有经济主导作用，有利于完善我国对外开放战略布局、适应引领东北亚地区开放合作新形势，有利于维护国家粮食安全、打造北方生态安全屏障。加快东北全面振兴，对优化我国区域发展格局，在全国区域发展中发挥示范带动作用意义重大。

东北振兴战略是推进我国经济结构战略性调整、提高我国产业国际竞争力的重要途径。东北地区在装备制造、原材料、国防军工等领域拥有一批关系国民经济命脉和国家安全的战略性产业，代表了相关领域制造业的最高水平。目前，东北地区发电设备产量占全国的 1/3，数控机床产值占全国的 1/3，高速动车组产量占全国的 1/3。推进新一轮东北振兴，能为我国产业迈向中高端水平提供重要基础和动力，为加快建设制造强国发挥引擎作用。

东北振兴战略是促进东北地区区域协调发展、打造东北地区新的经济支撑带的主要抓手。东北地区人口有 1.1 亿多，面积占全国的 1/7，沿边沿海优势明显，区位条件优越，发展空间和潜力巨大，沿哈大轴线已初步形成了大中小城市集聚发展的城市群。推进新一轮东北振兴，有助于培育全国新的重要增长极和经济支撑带，为全国经济发展拓展新的空间。

东北振兴战略是优化调整国有资产布局、更好地发挥国有经济主导作用的内在要求。东北地区国有资产存量大，发展基础较好，且多分布于重要行业，长春一汽集团、齐齐哈尔一重集团、沈阳机床集团（新中国第一个机床制造厂）、沈阳飞机工业公司（第一个飞机制造基地）、鞍山钢铁集团（第一个大型钢铁工业基地）、大庆油田（第一个大型石油开采基地）等，这些带"一"字头的大型工业企业，至今在国民经济发展中仍发挥着重要作用。推进新一轮东北振兴，全面深化国资国企改革，做大做强国有企业，有助于增强国有企业内在活力、市场竞争力、发展引领力，使国有企业真正成为东北振兴的重要支撑力量，同时为全国深化国资国企改革做出探索。

东北振兴战略是完善我国东北地区对外开放总体布局的外生动力。东北地区地处东北亚区域的中心地带，与俄、蒙、朝交界，与日、韩隔海相望，大连港、营口港、锦州港是我国北方重要港口，丹东、珲春、绥芬河、满洲里、二连浩特是我国沿边开放的重要口岸，推进新一轮东北振兴，把东北地区建成我国面向东北亚开放的重要枢纽和推进"一带一路"建设的重要支撑，将会进一步优化我国对外开放总体布局，促进我国南北均衡发展、沿海沿边齐头并进，同时也有助于发挥我国在深化东北亚区域合作中的建设引领作用。

东北振兴战略是维护国家粮食安全、打造北方生态安全屏障的助推力量。东北地区是全国粮食生产的"稳压器"，也是国家农业现代化的战略基地。近年来，辽、吉、黑三省粮食产量占全国的20%左右，商品粮占全国的40%左右，粮食外调量占全国的60%左右。同时东北地区生态地位重要，大小兴安岭、长白山等森林，呼伦贝尔等草原，三江平原等湿地，以及黑龙江、松花江、乌苏里江、鸭绿江、辽河等江河和兴凯湖、呼伦湖等湖泊对维系北方生态安全至关重要。推进新一轮东北振兴，将会进一步巩固提升东北地区作为我国"大粮仓"和生态安全屏障的战略地位。

第二节　"一带一路"与东北振兴战略的互动关系

"一带一路"倡议和东北振兴战略是推动我国未来经济发展的两项重要举措。两项举措之间具有密切的联系和许多交叉点，不应孤立割裂发展，而应深入分析和把握其内在联系，探索合作机制，使彼此能够相互促进、相互补充。

按照基本经济规律，改变一个地区经济发展趋势必须有新的机会，或者是内部发生重大调整，或者是外部对其形成比较大的冲击。目前，东北地区实现振兴迫切需要内部深化改革和重大调整，但由于涉及的都是深层次和传统性的问题，因此，在短期内很难发生深刻变化。正是由于这样的原因，东北地区在经历了一轮长达10年的振兴后，不仅振兴的目标没有实现，而且进一步拉开了与其他发达地区甚至是一些中西部发展较快地区的差距。因此，一种来自外部的机遇可能会对东北振兴更有现实意义。"一带一路"设想和建设无疑是一个可能为东北地区带来发展机遇的外部冲击。

"一带一路"将会推进东北地区实现全方位对外开放，进而从外部推动东北振兴。东北地区在改革开放后的经济增长相对缓慢，不仅与经济体制改革滞后有关，而且与对外开放红利少有关。改革开放作为中国经济增长的两大动力，各自都发挥了重要作用，而更有意义的是二者之间存在着相互加强的机制。经济体制改革对开放提出需求，对外开放倒逼改革深化。这种互动机制所发挥出来的作用是呈几何级数增加的。东北地区在改革开放后并没有出现改革与开放互动的局面，使改革与开放发挥的效应大打折扣。实现改革开放的互动，是由改革带动开放，还是由开放倒逼改革，这中间并不存在一种确定的关系。不同的地区，或同一地区的不同发展阶段，改革开放之间的互动关系呈现不同特征。东北地区的体制问题较为突出，推动体制改革的难度比较大，或许扩大开放可以对体制改革带来外在冲击，并形成改革与开放的互动局面。"一带一路"及中蒙俄经济走廊建设为东北地区的全方位对外开放提供了重要机会。东北地区如果能够抓住这一机会，一个开放而有活力的东北将成为中国一个新的经济增长极。

在过去十几年，东北地区通过主动对接，牢牢抓住外贸出口，缓解了经济不利局势，为以改革为主线的东北全面振兴赢取了动力和时间。如今，中央对东北在"一带一路"建设中的定位和作用，提出了新目标和新要求，对东北地区既是挑战更是机遇。《中共中央 国务院关于全面振兴东北地区等老工业基地的若干意见》要求，东北地区要主动融入、积极参与"一带一路"建设战略，努力将东北地区打造成为我国向北开放的重要窗口和东北亚地区合作的中心枢纽。今后，要抓住这难得的历史机遇，深入分析和把握这两大政策的内在联系，探索合作机制，使彼此能够相互促进、相互补充。

总结起来，"一带一路"与东北振兴战略的互动主要体现在以下几点。

一、"一带一路"与东北振兴相结合是在经济新常态下对东北振兴理念的创新

"一带一路"倡议与新一轮东北振兴相结合，是在经济发展新常态下对东北振兴理念的创新，是在新的国际国内经济形势下，体现了习近平新时代中国特色社会主义思想的新要求。

中共十八大以来，习近平总书记多次到东北地区考察调研，召开专题会议，就东北振兴工作发表系列重要讲话，做出系列重要批示指示，对新时期东北振兴工作提出了一系列新的战略判断，做出了新的重大部署，提出了"四个着力"的明确要求，明确要求像抓"三大战略"一样，持续用力，抓好新一轮东北地区等老工业基地振兴战略的实施。2016 年 4 月，《中共中央　国务院关于全面振兴东北地区等老工业基地的若干意见》正式发布，标志着新一轮东北振兴战略正式启动实施，也标志着东北振兴进入了全面振兴的新阶段。

新一轮东北振兴战略作为全面建成小康社会目标的组成部分，既从区域协调发展高度重点振兴东北地区，又从资源型城市可持续发展角度着眼全国老工业城市振兴；既强调工业振兴、城市振兴，又强调文化振兴、乡村振兴；既注重经济发展，又注重文化、社会、生态发展；既要加快全面振兴步伐，又要加快转变经济发展方式；既要推动结构调整，又要推动体制转型，新老矛盾交织，双重目标叠加，振兴的领域更宽、范围更广、任务更重，是具有全局战略意义的全面振兴。

可以说，新一轮东北振兴战略以解决东北地区长期积累的体制性、结

构性矛盾为重点任务，以建设新型产业基地和形成重要增长区域、培育良性发展机制和塑造新的竞争优势为目标，以新型工业化、信息化、城镇化、农业现代化同步发展为基本途径，依靠改革开放、结构优化、创新升级促进经济增长，通过民生优先文化引领、生态保护推动全面发展，从而实现老工业基地全面振兴的发展道路。

在此背景下，"一带一路"倡议的提出恰逢其时，它与新一轮东北振兴相结合就具有了及其特殊与重要的意义。

"一带一路"倡议与新一轮东北振兴相结合是着眼于根本上解决东北面临的深层次矛盾和问题，奠定东北长远发展基础的客观要求。习近平总书记深刻指出，东北振兴现在面临的问题仍然是体制机制问题和结构性问题，但问题的内涵和十年前启动东北振兴战略时已有很大不同。新一轮东北振兴战略就是要解决东北地区对经济发展新常态的不适应问题，解决东北地区面临的深层次体制性、机制性、结构性问题，促进东北老工业基地提升发展活力、内生动力和整体竞争力，为长远发展奠定良好的基础。

"一带一路"倡议与新一轮东北振兴相结合也是缓解东北当前经济下行压力，促进东北在经济发展新常态下经济平稳健康发展的迫切需要。近两年来，在周期性和结构性因素的影响下，东北地区经济下行压力持续增大，部分行业和企业生产经营困难，民生问题日益突出。这些困难和问题如果不尽快加以解决，不仅会影响东北的就业和民生，而且会危及东北振兴事业的根基。在这种情况下，启动实施新一轮东北振兴战略，解决对经济发展新常态的不适应问题，尽快扭转经济增速下滑势头，对于东北经济社会持续健康发展和全国区域协调发展，十分重要而且十分紧迫。

"一带一路"倡议与新一轮东北振兴相结合更是促进东北在全国区域发展中担当更重要的使命的必然选择，体现了习近平新时代中国特色社会主义思想的新要求。东北地区能源资源、环境承载、产业基础、科教人才等支撑能力较强，虽然近期发展出现了一些困难，但东北制造业基础好，装备制造业、原材料产业和国防科工产业在全国具有特殊的战略地位。推进新一轮东北振兴，有利于推进经济结构战略性调整、提高我国产业国际竞争力,有利于促进区域协调发展、打造新的经济支撑带,有利于优化调整国有资产布局,有利于完善我国对外开放布局、适应引领东北亚地区开放合作新形势,有利于维护国家安全、打造北方生态安全屏障。通过东北振兴落实"一带一路"倡议,加快东北全面振兴,对优化我国区域发展格局,建设东北亚开放新高地,在全国区域发展中发挥示范带动作用意义重大。

二、"一带一路"为东北振兴提供新机遇注入新动能

过去十多年东北振兴取得了很大进展,但总体上仍是阶段性的成果。近年来,东北地区经济下行压力加大,东北振兴面临着新挑战。由于长期形成的深层次体制性、机制性、结构性矛盾,加上周期性因素和国际国内需求变化的影响,2014年以来,东北地区经济下行压力加大。2015年,辽、吉、黑三省地区生产总值增速分别为3.0%、6.5%、5.7%,2016年三省增速分别为 −2.5%、6.9%、6.1%,工业、财政、固定资产投资、进出口等主要指标增速也低于全国平均水平。

原因主要在于,一方面是我国经济发展进入新常态,经济"三期叠加"所造成的共性影响;另一方面还是东北地区自身特有的体制性、机制性和结构性问题。体制机制方面,思想观念不够解放,市场化程度不高,国有企业活力仍然不足,民营经济发展不充分,科技与经济发展融合不够,增长过度依靠投资拉动;产业结构方面,主导产业大多还是传统产业,偏资源型、传统型、重化工型的产业结构和产品结构不适应市场变化,新兴产业发展偏慢,服务业发展滞后,经济发展的惯性和路径依赖太强;社会民生方面,居民收入偏低,就业压力增大,养老保险缺口扩大,棚户区、城区老工业区、独立工矿区改造和采煤沉陷区治理亟待深入。

尤其是近几年来,在国际经济复苏疲软、国内经济运行压力加大、国内外市场需求不足等多重外部因素影响下,东北老工业基地内生问题凸显,体制性、机制性、结构性问题相互交织,改革与发展问题相互碰撞,长期与短期问题相互叠加,客观与主观问题相互影响,使得东北地区经济

发展中问题的复杂程度和解决难度不断加剧。这里面有外部因素，也有内部因素，但应该看到，内因是关键。东北地区的短处是比较明显的，特别是体制机制不活、产业结构比较单一、创新能力较弱、民生问题等突出问题越来越严重。

随着我国经济发展进入新常态以及对外开放水平进一步提升，传统产业的市场需求发生深刻变化，东北地区钢铁、煤炭、油气、化工、建材等行业面临较大过剩压力，同时发达国家和国内沿海发达地区装备制造等产业的竞争力不断增强，东北地区的偏资源型、偏传统型、偏重化工型的产业结构日益不适应市场的需要，再加上国企活力仍然不足，负担仍然较重、冗员仍然较多，民营经济发展滞后，产业结构不够合理，产业链条比较短等因素相互叠加，使得经济增长旧动力减弱和新动力不足的结构性矛盾凸显。结构性问题又反过来暴露了东北地区行政管理体制不活、国有企业活力不足等深层次体制性机制性问题，导致体制性、结构性问题互相交织，长期性、短期性问题互相叠加，历史性、现实性问题相互碰撞，使得东北地区当前发展的矛盾更加复杂。

因此，面对严峻的形势，"一带一路"倡议的提出正当其时，是新形势下应对中国经济深度调整，适应区域合作新趋势，扭转东北困境及深化东北振兴的外生动力，通过"一带一路"开展合作，开辟东北地区融入东北亚区域合作的有效路径，"向北开放"推动东北振兴。

首先，"一带一路"带来的是对东北地区经济地缘特征的改变。在"一带一路"规划中，中蒙俄经济走廊是东北地区被纳入"一带一路"的一个通道。对于东北地区来说，中蒙俄经济走廊建设使东北地区从过去国内经济格局中边缘地带变成中国新开放格局中的重要节点、枢纽地区。这种地缘特征的变化，会改变东北地区的经济区位，形成一种新的经济发展形势。

其次，"一带一路"倡议的诸多政策红利可以加大"陆海丝绸之路"区域内的招商引资力度。"一带一路"倡议为东北亚各国产业向东北地区重要的通道沿线集聚提供了新的可能，也为三省承接新一轮产业转移提供了难得的机遇，尤其是吸引一批具有竞争力的日韩等国的大企业参与东北的重点产业项目建设，以重点产业项目落地形成新的经济增长点。

再次，通过政策、资金和项目扶持"一带一路"经济带基础设施，可以加大东北地区产业园区建设的投入力度，吸引生产要素向沿线集聚，形成产业集聚带，这是"一带一路"倡议助推东北振兴的核心内涵和根本支撑。为此，"一带一路"倡议加大基础设施投入的红利，将会提升和放大哈尔滨、长春、沈阳、大连等地处东北经济走廊及重要通道沿线的重要产业园区的园区功能，承接来自东北亚的外向型产业转移，吸引规模较大、带动力较强的重要产业进入，使产业园区切实成为培育东北地区面向东北亚的产业支柱和龙头企业的主要阵地。

最后，"一带一路"倡议所推动的中俄战略合作升级的政策将加大东北亚区域双边和多边的企业相互间投资力度。"一带一路"倡议将与俄罗斯欧亚联盟战略融合，东北地区经济带规划与俄罗斯远东超前发展区等新战略对接，必将极大促进东北地区企业的相互投资与合作，并推动两地产业对接向集群化与俄罗斯企业规模化、品牌化转型发展。同时，可以通过融资合作推动东北地区与俄方企业间合作链条向日、韩乃至欧亚大陆沿线其他国家延伸。

目前，东北地区各个省份已经都将融入"一带一路"、推进区域合作作为扭转东北困境的重要抓手，也都取得了一些阶段性的成果。

黑龙江省在 2015 年 4 月推出了《"中蒙俄经济走廊"黑龙江陆海丝绸之路经济带建设规划》，按照"五通"的总体要求，开始打造可以充分发挥黑龙江连接俄罗斯远东地区，毗邻日、韩、朝、蒙四国的地缘优势，利用国内国际两种资源、两个市场的"黑龙江通道"，开始了以艰难的开放式精神救赎与简政放权等为中心的克难攻坚。

吉林省则将积极推进长吉图开发开放作为主动对接、积极融入"一带一路"的重要载体。吉林省在国家对外开放新格局中，提出了利用与俄、朝两国接壤的 13 个国家级边境口岸辐射俄、朝、日、韩、蒙五国的图们江国际合作机制和长吉图开发开放战略的深入实施，推动与东北亚周边"互联互通"加快发展，建设向北开放的重要窗口的目标，并将利用中国—东北亚博览会，加强区域国际合作、促进经济一体化发展。

辽宁省积极构筑连接亚欧通道和承载"一带一路"倡议的重要载体，并将省内沿海港口与"陆海丝绸之路"对接，作为提升开放合作水平、增强经济发展动力，提升抗风险能力的重要支点。辽宁省先后推进俄罗斯巴什科尔托斯坦石化工业园、中俄尼古拉商贸物流保税园区、哈萨克斯坦远大建材产业园、塞尔维亚汽车产业园、辽宁罗马尼亚麦道工业园等境外工业园区，实现了以境外工业园区建设为抓手，引导企业创新"走出去"模式的突破。同时"走出去"战略呈现了由单一项目向园区化，从单一工程承包向总集成总承包方向，从单纯出口向投资贸易相互融合方向，从单纯海外并购向技术、研发、建立全球营销网络模式的四大转变，同时，提出深耕日韩俄，对接中蒙俄，狠抓中东欧，创建中国—中东欧经贸合作示范区的开发战略。

三、"一带一路"推进东北亚区域合作助力东北振兴

作为中国对外发展合作的顶层战略和宏伟构想，"一带一路"倡议在世界经济低迷、在东北亚区域经济合作迟缓背景下横空出世，为深化东北亚区域经济合作注入了"强心剂"。东北亚地区的经济合作包括双边、多边以及次区域合作等多个层面，在许多领域都与"一带一路"倡议存在契合点。"一带一路"倡议将在多个领域为推进东北亚经济发展及区域内国家的经济合作开辟新的路径。

"一带一路"还会改变东北地区要素流动的现有格局。生产要素净流出是目前困扰东北地区经济发展的一个严重问题。如何遏制生产要素净流出趋势，如何使东北地区成为生产要素青睐的地区，这是东北地区急需化解和解决的难题。对于一个地区的发展来说，主观的努力固然重要，但外部机会有时会变得更加突出。随着"一带一路"的拓展，中蒙俄经济走廊的跟进，东北地区可能成为国内生产要素和产品向俄罗斯和欧洲流动的中转站。如果内地企业向俄罗斯和欧洲出口产品，将生产产区向东北地区转

移,可以节约成本,也可以利用东北地区的资源优势,形成一种多赢的格局。这会大大减弱东北地区生产要素净流出的趋势。

从国际经济合作的类型来看,中国与"一带一路"沿线发展中国家之间的合作多属于南南合作和水平合作,而中国与东北亚国家尤其是与日韩的合作则属于南北合作和垂直合作。就合作前景而言,"一带一路"倡议在东北亚方向更侧重于经贸往来。中日韩三国作为东北亚地区经济的中心,在产业、贸易、金融、投资等领域具有较高的相互依赖性。中国现已成为日韩最大的贸易伙伴,日韩也是中国外资的主要来源地,三国经济具有很强的互补性。

依托"一带一路"倡议推进东北亚区域经济合作。中国东北地区处于东北亚的中心地带,有着与邻近国家开展经济合作的独特地理位置。长期以来,受限于历史遗留问题及现实地缘政治环境,东北亚区域经济合作推进中的中日韩自贸区谈判、中蒙俄经济走廊建设、大图们江合作开发等经济合作项目进展相对滞缓。在"一带一路"国际合作高峰论坛召开、"一带一路"倡议迎来重要发展时机的大背景下,采取措施发挥地缘政治经济优势,将"一带一路"倡议与东北亚经济合作相对接,深度拓展东北亚区域经济合作。

"一带一路"倡议发挥中国东北地区的区位优势,深度拓展东北亚区域经济合作。在经济新常态下,东北地区应以"一带一路"为纽带,发挥联通东北亚的区位优势,在推动东北老工业基地振兴的同时,以基础设施联通、资金融通、贸易畅通、政策沟通、民心相通,带动东北亚周边各国合作包容,求同存异,深化东北亚区域经济合作。

利用亚投行提供的发展契机,逐步完善东北亚互通基础设施。"一带一路"倡议将为亚洲提供一种新型的区域经济合作选择,即以建设基础设施推动东北亚区域经济合作。作为"一带一路"从倡议走向建设的第一步,亚投行与基础设施建设紧密相关,前者为后者提供投融资平台(资金池),而后者成为前者的项目平台(项目池),在现有基础上进一步完善交通枢纽的连通建设,整合区内物流网络,发展互补贸易,促进区域内贸易往来。

积极发挥中国的内蒙古连通俄罗斯、蒙古国的区位优势，完善黑龙江对俄铁路通道和区域铁路网，以及黑龙江、吉林、辽宁与俄远东地区陆海联运合作，推进构建北京—莫斯科欧亚高速运输走廊。疏通经济走廊，创建自由贸易区，实现局部带动整体。此外，"一带一路"倡议正是在东北亚区域经济合作进程迟缓的背景下提出的，它与中日韩之间的自由贸易愿景一脉相承，有利于打通中日韩自贸区构建的经络，在经济共荣的基础上增强政治互信，为双边及多边贸易谈判奠定基础，进而实现东北亚区域经济一体化。

把握辽宁自贸试验区创建新机遇，推进东北亚区域经济合作。2017 年 4 月，辽宁自贸试验区正式挂牌，这意味着辽宁及东北三省经济建设将迎来新的发展机遇。历史上辽宁是草原丝绸之路的重要节点，现今又是"一带一路"倡议下中蒙俄经济走廊建设的重要参与者。同时，辽宁省既有良好的外贸合作基础，又有进一步扩大对外开放的实际需要。因此，辽宁自贸试验区作为辽宁参与"一带一路"倡议的重要载体，有利于构筑中国面向东北亚区域开放合作的战略新高地，使其成为带动老工业基地转变发展方式的先导区，引领东北地区全面振兴的重要增长极。"一带一路"倡议作为辽宁自贸试验区建设的重要催化剂，促进了东北亚地区的经贸合作与交流，而辽宁自贸试验区的建设又将带动"一带一路"倡议在东北亚落地生根。在"一带一路"倡议指导下，辽宁自贸试验区将通过创新开放型经济体制机制，成为推进东北亚区域贸易便利化、对外投资融资、新兴产业合作的重要平台。

四、东北振兴丰富了"一带一路"的外延，为"一带一路"倡议提供了着力点和实验田

通过在东北地区落实"一带一路"倡议，不仅可以促进东北地区抢抓国家战略与区域战略叠加机遇，加快对外开放，实现经济脱困和进一步破解体制障碍的多重目标，促进东北地区朝向区域一体化发展以实现振兴，并且东北振兴的具体实践也为"一带一路"实践提供了着力点和实验田，

两者相互促进、相互补充。

从现实机遇与未来潜力看,东北振兴战略将从以下几个方面丰富"一带一路"实践。

一是通过东北振兴一系列政策促进东北形成"地区开放高地",推动"一带一路"倡议的实际架构落实,用具体实践丰富"一带一路"倡议的外延。

尽管在"一带一路"的官方文件中,没有将日韩等东北亚国家纳入"一带一路"区域范围,但是东北亚国家是建设北方"一带一路"的东方起点。另外,在"一带一路"的愿景与行动文件中,明确规定了建设"一带一路"的基本原则之一为开放性,即任何国家都可以参与其中,这种开放性原则为日韩等东北亚国家参与"一带一路"建设提供了重要的机遇。强化东北地区在我国乃至我国对东北亚合作前沿和桥头堡定位的功能配置,通过深化东北地区对俄及日韩合作一体化的"共建"机制,加强国家级面向东北亚的自贸区建设,实现东北地区自贸区较大发展,直接促进东北形成跨区域的"对外开放高地",用具体实践丰富"一带一路"倡议的外延。

二是通过东北口岸城市群错位发展带动东北形成整体优势。

在推动东北地区合作一体化进程中,东北应成为目标俄罗斯、辐射日韩朝,依托东北地区省会及副省级城市的后方支撑,做好前沿和腹地同步发展的同时,合理确定沿边区域与后方区域的两地分工与合作,形成优势互补、错位发展、特色鲜明的整体优势。东北地区应发挥其整体优势,统筹安排口岸群和口岸经济功能,融合城镇化发展,合理布局口岸规划,使辽宁的沿海港口群、黑龙江的绥满经济带沿线和吉林的长吉图周边地区形成"错位"的合作与竞争关系,同时,强化合作及区域融合总体思维。

三是通过自由贸易园区建设,推动东北形成"板块效应",为"一带一路"倡议提供试验田,两者互相促进,互相补充。

中共十八届三中全会提出,加快沿边开放步伐,允许沿边重点口岸、边境城市、经济合作区在人员往来、加工物流、旅游等方面实行特惠方式和政策。作为中国对俄日韩地缘优势最突出的区域,东北要立足对俄日韩朝蒙通关便利且辐射亚欧的跨境通道、境外产业园区、农牧业开发领先、中俄跨境连锁加工、能源等资源合作形成的沿边合作特色与优势,通过经济申报、参与沿边自贸园区建设形成东北对俄日韩自然禀赋、产业配置和人文及地方公共政策等优势最大化的"板块效应"。

四是借鉴区域内已有的城市共建机制,形成东北地区内部以及边境城市与周边国家城市的"同城意识"。通常来说,从区域和经贸一体化的"同城效应"看,对"同城效应"的"同城意识"和认知度越高越能推动形成同城共同体。"同城效应"不仅可以平衡经贸,最终还可平衡区域转型升级中生产、生活、环境等要素成本的结构,并逐步向社会保障、就医等生活细节扩展。在现实中,从世界各地的同城实践看,边界地区是同城成熟度最高的,正在形成的一些"边界板块",其实就是放大了的梯度与层次平衡的城市"功能群的合理配置",也是"比较优势与比较优势的结合"。东北地区和内蒙古实现了旨在跨区域共建上谋求更大突破的四省区行政首脑协商机制,在大生态、大交通、大电网、大开放等重大领域实现了一体化合作。哈尔滨、长春、沈阳、大连也实现了东北振兴背景下的大城市圈基础设施等的共建协商,四大城市举整体之力,实现了多领域的对接融合。哈尔滨、黑河、伊春与俄罗斯的阿穆尔州还缔结了"3+1"跨境区域旅游联合体,实现了旅游合作的跨国和跨区域资源整合。这些尝试都是"同城意识"和同城共同体效应的现实表现。东北地区要巩固上述成型经验的尝试机制,以加强城际和区域一体化合作,突破行政分割影响生产要素市场化配置,联手打造对东北亚合作一体化大东北为目标,尽快建立区域内的更高的共商共建共享合作机制,从制度上保证东北对东北亚合作一体化实现跨区域的统筹和协调发展,为全国乃至"一带一路"和"陆海丝绸之路"等区域和沿边合作一体化建设树立样板,提供经验。

第三节　东北地区发展与"一带一路"建设的契合点

"一带一路"建设强调和平合作、开放包容、互学互鉴、互利共赢的价值理念，其核心目标是通过促进区域经济要素有序自由流动、资源高效配置和市场深度融合，实现更大范围、更高水平、更深层次的区域合作。东北地区作为东北亚经济发展的桥头堡，其对外开放合作的方针政策、地缘特征、要素流动、经济变革以及人文交流契合了"一带一路"建设实现外向型互惠经济发展的要求。

简要说来，"一带一路"建设方针政策契合了东北外向经济发展的趋势，共同地缘特征降低了东北边境通道经济成本，双向要素流动推动东北资源经济增长，"一带一路"为东北地区产业结构转型升级提供了新动力，文化心理认同和人文交流合作推动了东北地区对外交流与合作。

为推动东北地区经济振兴发展更好地融入"一带一路"建设，要遵循包容性、差异化、开放型三大发展战略，从政策方针制定、生产要素流动、产业升级和人文交流合作等几个方面具体体现出来。

一、"一带一路"建设方针政策契合东北地区外向经济发展的要求

东北地区经济发展规划和战略制定执行直接决定了经济发展的方向和质量。自新中国成立以来，国家先后制定了兴边富民行动计划、西部大开发战略以及东北老工业基地振兴计划等重大战略方针政策，这些战略规划的实施带动了地区经济的飞速发展。如对国家鼓励类产业的内资企业和外商投资企业予以不同程度的税收减免等。在东北地区新一轮振兴的重要时

期,"一带一路"建设正式启动。这一建设构想的实行将推动资金、技术、资源、劳动力、信息等要素跨区域流动,而国家给予东北地区特殊的经济扶植政策使东北区域发展与周边国家发展双边经贸合作具有先天政策优势。为了配合"一带一路"建设的落实,服务东北新一轮振兴,2016年1月国务院颁布了《国务院关于支持沿边重点地区开发开放若干政策措施的意见》。结合"一带一路"建设与"兴边富民"行动实施,重点从体制机制创新、贸易结构调整、差异化产业扶持、基础设施建设以及财政税收支持等角度,加强边境地区开放经济建设。丰富的政策优惠条件契合了东北地区外向经济发展,为经济实现由内向型资源经济向外向型贸易发展提供了政策支撑,为新一轮振兴提供了政策支持。

二、共同地缘特征降低了东北地区边境通道经济成本

当前我国东北地区振兴的关键地域分布区域与"一带一路"建设六大经济走廊的范围不谋而合。"一带一路"建设将东北地区与中蒙俄经济走廊,西北地区与第二亚欧大陆桥、中西亚经济走廊相连接。共同的地缘特征契合了东北地区边境通道经济的发展,使其发展边境贸易具有了得天独厚的地缘优势。首先,东北地区与周边国家的地理邻近性降低了边境工程建设成本。其次,基于地缘位置的交通建设有利于边境地区原料、产品、劳务的双向流动,推动边境贸易的发展。由于自然、历史、社会等原因,相对滞后的基础设施成为制约东北经济向外发展的瓶颈,为了拓宽"一带一路"建设下东北地区对外经济联系的渠道,加强东北地区骨干交通建设,建立东北地区与周边国家或地区互联互通的综合立体交通网络,成为推动东北发展的必然选择。东北地区交通网络建设,一方面将带动东北地区内部自然资源的开发与利用,带动东北地区通道经济和边境贸易的发展;另一方面将催生东北区域内部经济竞争联动效应,拉动区域经济发展,实现区域经济协同进步。

三、双向要素流动推动东北地区资源经济增长

资源跨区域合作是"一带一路"建设的重要目标之一，而我国东北与周边国家经济生产要素禀赋、社会资源互补优势构成"一带一路"背景下实现东北能源外向合作的基础和条件。东北蕴藏着丰富的能源矿产、国土、农牧、水利资源等。

丰富的资源禀赋使得东北可以依托资源开发外溢到经济、社会各领域的潜力，将区域资源开发与"一带一路"建设相结合，拓宽生产要素参与东北振兴的渠道，实现资源利用向高附加值阶段攀升。此外，"一带一路"建设的实行，将密切东北与周边国家地区的资源和能源合作关系，在推动本地区资源、技术、资本和劳务输出的同时，引进周边国家和地区丰富的石油、天然气等能源资源，实现东北能源供应渠道多元化，推动能源储备建设向深加工阶段转变，进而形成东北经济新的增长点。举例来说，"一带一路"沿线国家油气等资源丰富，与我国的四大油气通道相连，成为我国"西气东输"项目的重要来源。目前，在东北亚区域内进行的中蒙俄经济走廊建设，不仅可以缓解中国资源能源短缺的局面，还能够为俄蒙两国提供广阔的市场，同时为两国基础设施建设的改善提供帮助。

四、"一带一路"为东北地区产业结构转型升级提供了新动力

在传统非均衡经济发展模式的主导下，近年来东北经济发展处于中国经济空间格局的外围，物质资本、人力资本和社会资本向东南沿海经济较发达地区聚拢，东北与东南沿海差距迅速拉大。

东北地区以自然资源开采与加工为导向，重化工、钢铁、机械制造为核心产业的经济发展模式，造成区域资源发展的路径依赖。与此同时，东北地区物质资本、人力资本和社会资本累积不足，地区经济发展过度依赖外部投资输血，自身造血能力不足，经济内生增长能力脆弱。此外，从产业结构来看东北地区呈现出第一产业比重普遍偏高和第三产业比重整体偏低的态势。东北地区产业同构和结构固化的弊端制约了其经济社会发展，

要求东北地区摆脱低端经济范式，转变现有资源依赖、结构单一、封闭循环的经济发展模式，主动探寻东北经济结构转型。而"一带一路"建设下的区域经济合作实行内外联动、互利共赢的共生发展模式，强调参与主体之间双向流动，主张"高质量投资引进"和"大规模对外投资"齐头并举，契合了东北经济结构转型需求，为东北经济产业结构调整提供了新思路。

五、文化心理认同和人文交流合作推动了东北地区对外交流与合作

"一带一路"建设下各国间的经济关系发展既需要贸易设施的"硬"支撑，也离不开文化交流的"软"环境。在经济文化交流过程中，不同的文化之间既有"异质性"，也有"同质性"。各国文化的"异质性"赋予了不同民族商品差异化，促进了国家贸易的产生并形成强大的竞争活力，推动了区域间文化繁荣。而不同文化的"同质性"形成了区域间经济合作的文化基础。"一带一路"建设强调，国之交在于民相亲，民相亲在于心相通。东北地区民族众多，与周边国家文化价值观念、风俗习惯、语言文字和宗教信仰的"同质性"，为"一带一路"建设下东北地区与沿线国家和地区的经济融合提供了文化载体。如辽宁的丹东、吉林的延边朝鲜族，黑龙江的俄罗斯族等同质化文化符号及文化工具，降低了东北地区边境贸易的沟通成本，提高了贸易双方的贸易信任度和文化认同感，为东北地区契入"一带一路"建设提供了合作软环境。

第四章

东北融入"一带一路"倡议的基本定位

第一节　东北融入"一带一路"倡议的开放合作定位

　　2020 年是全面建成小康社会的收官之年，也是我国调整开放格局的关键一年。东北地区作为我国面向东北亚、推进亚洲合作地缘战略的集中承载地，将其建设成为对外开放新前沿不仅是东北全面振兴的内在发展诉求，也是东北地区对接国家"一带一路"发展计划、全方位融入世界经济体系的发展使命。从区域协调发展看，东北建设成为对外开放新前沿，要借势国家区域发展战略，推动自身经济体制机制改革，创新自由贸易试验区建设与发展模式，为区域发展战略提供必要的支撑服务。从国际合作看，东北建设成为对外开放新前沿首先要立足于深化东北亚合作，建设面向东北亚的跨境大通道，推动东北地区成为东北亚开放合作高地；其次要立足于深度融入"一带一路"建设，充分发挥向北开放的枢纽作用，探索东北亚区域合作新模式，推动东北地区成为中国对接世界经济体系的"桥头堡"。

一、东北建设成为对外开放新前沿的现实条件与面临的问题

（一）地缘优势加速凸显，但也面临多方掣肘

　　我国东北地区位于东北亚的核心地带，紧邻俄罗斯、朝鲜、蒙古国、日本、韩国，地理邻近特征使东北地区建设国际大通道具有天然基础，是我国面向东北亚开放的重要门户和核心区域。东北三省和内蒙古自治区陆地边境线长达 8676 千米，海岸线长达 2920 千米，有良好的"边海互动"基础，在我国面向东北亚区域开放中处于重要战略地位。辽宁省是我国面

向东北亚的陆海双重门户，是东北地区通往关内的交通要道和连接欧亚大陆桥的重要门户。黑龙江省拥有中俄原油管道、中俄东线天然气管道、黑河公路桥等一批中俄两国重大项目，是亚洲与太平洋地区陆路通往俄罗斯和欧洲大陆的重要通道。吉林省南邻辽宁省，西接内蒙古自治区，北与黑龙江省为邻，东部与俄罗斯接壤，东南部以图们江、鸭绿江为界与朝鲜相望；边境线总长 1438.7 千米，其中中俄边境线为 232.7 千米、中朝边境线 1206 千米。内蒙古毗邻八省区并与蒙古国、俄罗斯接壤，国境线长 4200 千米，是我国向北开放的重要地带，内蒙古的 18 个口岸承担着中俄 65% 的陆路过货量、中蒙 95% 的过货量。

然而，东北地区面临的地缘障碍也很突出，受多方掣肘。一方面，东北亚是大国力量交汇、角力之地，东北亚区域合作的外部环境复杂多变，干扰因素较多。制约东北亚合作进程的主要因素之一是各国间战略意图和利益不同及战略互信关系的缺失，一直以来影响着东北地区对外开放步伐的加快。另一方面，东北沿边地区分布着较多生态敏感地带，中俄、中朝、中蒙间多项双边合作开发项目因生态环境问题而搁置。

（二）"一带一路"建设融入深，但开放前沿的经济基础有待夯实

近年来，经济增速趋缓的东北老工业地区，借助深度融入"一带一路"谋求振兴，努力将东北地区打造成为我国向北开放的重要窗口和东北亚地区合作的中心枢纽。"一带一路"倡议提出以来，东北各地积极响应，在通道建设、经贸合作、人文往来等方面取得明显成效。黑龙江省积极打造横跨亚欧大陆、联结太平洋与波罗的海沿岸国家的跨境运输体系，对俄合作地位加速凸显；2019 年 3 月，中俄首座跨江铁路大桥——中俄同江至下列宁斯阔耶铁路桥全线贯通。吉林省向东借港出海，积极打造日本海航运新通道，向西加强与俄、蒙合作，积极将自身拓展为"一带一路"向东北亚延伸辐射的重要抓手，"一带一路"建设的加快推进使珲春加速实现从中国内陆城市向连接日、韩、俄开放枢纽转变。辽宁省积极融入"一带一路"建设，拓宽与俄罗斯、日本、韩国等国的合作领域，充分发挥东北亚经济走廊的节点作用，借助独特陆海双重门户优势，以沈阳、大连、丹东、锦州、营口为节点，发挥陆海互济优势，蓄势打造东北亚合作新高地。内蒙古自治区对"一带一路"沿线国家的对外贸易持续升温，继蒙古国、俄罗斯之后，越南也成为内蒙古的主要贸易伙伴；2019 年 4 月，内蒙古二连浩特、满洲里两口岸开通了"一带一路"专用口岸，加深与"一带一路"沿线国家的经贸往来。

哈欧班列打开黑龙江对接世界的窗口，强化俄罗斯远东地区和欧洲地区与我国东北地区的合作。2015 年 6 月，哈欧班列从哈尔滨首发，经满洲里、俄罗斯后贝加尔的赤塔，转入俄罗斯西伯利亚大铁路，到波兰布列斯特、马拉舍维奇，最终抵达德国汉堡；截至 2017 年，哈欧班列在中国境内的集货范围覆盖东北和环渤海地区主要城市，主要货物为电子元器件、液晶显示屏零部件、服装等，欧洲集货范围已覆盖德国、波兰、捷克、法国、西班牙、意大利等国家，货物主要为啤酒、生活用品、汽车零部件等。2015 年 8 月 5 日，哈尔滨经绥芬河和俄符拉迪沃斯托克东方港至韩国釜山的铁海联运试运行，标志着黑龙江陆海联运国际大通道的全线贯通。

沈铁中欧班列拓展东北对欧合作新通道。2018 年 4 月 20 日，中欧班列沈阳东至沃尔西诺开始运行。中铁沈阳局自 2014 年 8 月开通中欧班列以来，截至 2019 年 6 月已累计开行 1290 列，覆盖区域进一步延伸，以沈阳、大连、营口、长春、赤峰（通辽）为支点，终至俄罗斯莫斯科、白俄罗斯明斯克、波兰华沙、德国汉堡和杜伊斯堡等欧洲多个城市的开行格局已经形成。班列货物涵盖电子设备、生物制剂、化工产品、服装鞋帽、机械设备、汽车配件等多个品种，由欧洲回程形成以汽车零配件、钢板等机械设备零配件为主的固定货源，实现了"重去重回"。

尽管"一带一路"倡议提出以来，东北地区深度融入，并积极谋划一系列重大国际通道和合作平台建设，但东北地区作为开放前沿的经济基础有待夯实。一是东北地区对外贸易自 2013 年起呈下行态势，且逆差持续扩大。2018 年，三省一区进出口总额占全国比重由 2013 年的 4.51% 下降至3.84%，出口总额占全国比重由 2013 年的 4.15% 下降至 2.57%，进口总额占全国比重相比于 2013 年略有提升，为 5.31%。二是东北三省与"一带一路"沿线国家的贸易额增速加快，2017 年扭转与"一带一路"沿线国家贸易连续两年下行态势，进出口总额达 616.9 亿美元，比上年增长 22%，但从全国份额看，所占比重依然较小，仅为全国与"一带一路"国家进出口总额的 4.3%；东北三省与"一带一路"国家长期贸易逆差的局面并未改善，甚至呈扩大态势，2017 年逆差比 2016 年扩大 75.6 亿美元，达 121.1 亿美元。三是一般贸易仍占据东北地区对外贸易及对"一带一路"沿线国家出口的主导地位，加工贸易、其他贸易及边境小额贸易自 2013 年以来出口额总体呈下降趋势。

（三）东北亚区域合作稳步推进，但成为开放合作高地仍有待时日

进入 21 世纪以来，东北亚地区基于市场机制的双边贸易投资不断扩大，地方政府层面的合作不断加深，中、俄、朝三国跨国交通、通信等基础设施得到不同程度的改善，东北亚地区的国际运输网络和多条国际联运航线初步形成，以地理邻近为基础的边境贸易、跨国物流与人文交流渐趋频繁。如今，与东北亚国家合作已成为东北地区沿边开发、对外开放的重要支撑，也是推动东北地区新一轮开放发展和全面振兴的基础。中国—东北亚博览会成为我国面向东北亚区域及区域外国家开放合作的重要窗口和平台，图们江区域国际合作持续取得新进展。

由中蒙两国主办的中蒙博览会，已成为国际交流合作的重要平台，内蒙古与俄罗斯建立 10 对友好城市关系、与蒙古国建立 20 对友好城市关系。二连浩特—扎门乌德经济合作区作为中国与蒙古国第一个跨境经济合作区，从《中蒙二连浩特—扎门乌德跨境经济合作区圆桌会议备忘录》到《二连浩特—扎门乌德经济合作区的协议》的签署，表明中蒙共建二连浩特—扎门乌德经济合作区逐步走深走实。哈洽会升级为中国—俄罗斯博览会，推动中俄合作从边境地区向腹地延伸。2019 年以来，中俄双边经贸合作规模稳步扩大，全方位、深层次、宽领域的特点更加凸显，全年双边贸易额有望突破 1100 亿美元。2019 年 12 月，中俄东线天然气管道投产，中俄能源合作进入新轨道。2020—2021 年是"中俄科技创新年"，将持续推动中俄各领域务实合作，不断丰富新时代中俄全面战略协作伙伴关系的内涵。中朝两国最高领导人高频会晤，两国不断续写友好合作新篇章，合作步入历史新起点，中国支持朝鲜集中精力发展经济、改善民生。中日关系重回正轨，呈现出改善发展的良好势头；2018年10月，中日双方同意在中日经济高层对话框架下，建立跨部门的"中日创新合作机制"。中日韩三方合作换挡提速，2019年12月24日在成都召开第八次中日韩领导人会议，进一步探索复杂国际环境下的中日韩合作路径，以寻求三方合作最大公约数，对2020年如期签署了区域全面经济伙伴关系协定（RCEP）起到了积极的推动作用。

另一方面，虽然近年来东北亚区域合作稳步推进，但东北地区尚未成为面向东北亚的开放合作高地。一是东北地区对外开放程度偏低，2018年对外贸易依存度不到全国水平的一半，东北地区生产总值占全国的比重约为8.05%，但其进出口总额仅占全国的3.84%。二是基于地理邻近的双边经贸优势不明显，对邻国辐射带动不足。尽管内蒙古满洲里、辽宁丹东分别占据中俄陆路过境货物、中朝双边经贸的绝大部分，但近年来东北地区边境贸易整体呈下滑态势，半岛局势对中朝贸易产生深刻影响，2018年中朝贸易额为24.3亿美元，不到2017年的一半，其中中国向朝鲜出口下降31.7%、进口下降87.5%。三是沿边开发开放略显迟滞。边境城市尚未成长为内外合作的节点，边境城市与腹地城市（如哈尔滨、沈阳、长春、大连等）间的联动不足；边境贸易、加工贸易、服务贸易等新业态集聚态势不显著，边境口岸通关通道及过境运输便利化有待进一步提升；沿边开放城市尚未成为兴边富民的沿边发展示范区，边境经济合作区、跨境经济合作区、出口加工区、互市贸易区等沿边开放合作园区不仅尚未成为先进生产要素集聚的现代产业基地，且其经贸合作形式转型升级迟滞。

（四）区域发展新动能培育快，但尚未迸发强劲增长态势

近年来，随着我国区域战略的深入推进，东北地区迎来新一轮全面振兴、全方位振兴，区域一体化意识增强，区域的互动和联动效应显现，旅游、水利、交通、产业、环保等跨区域合作有序展开，经济发展活力得到有效恢复，区域发展新动能步入快速培育期。一是对外贸易企稳回升，推动开放型经济体制加快构建。东北地区进出口总额由 2016 年的 1333 亿美元逐渐回升至 2018 年的 1774 亿美元，对外贸易额在全国的占比由 2016 年的 3.61% 上升至 2018 年的 3.84%，呈现企稳态势，开放促发展、促改革效应得以初步显现，全方位开放型经济新体制加快构建。二是自由贸易试验区与国家级新区加速迸发经济发展新活力。辽宁自由贸易试验区不断进行"首创性"探索，各项试验任务快速落地，正加速成为开放新引擎；黑龙江自由贸易试验区着力发挥沿边地区优势，在提升跨境贸易自由化便利化水平和创新跨境经济合作模式等方面加快探索；大连金普新区、黑龙江哈尔滨新区和吉林长春新区以三足鼎立之势，推动东北地区整体开放和资源整合，逐步引领东北地区产业结构转型升级和高质量发展。三是中心城市引领开放的空间格局基本形成。呼和浩特、哈尔滨、长春、沈阳、大连五个城市持续凝聚发展新动能，2018 年五市地区生产总值占东北地区生产总值的比重为 40.92%，2017 年五市进出口总额占东北地区进出口总额 62.05%。

然而，东北总体开放水平落后，以开放促发展的强劲增长态势并未迸发，需要通过开放为自己赋能，也为我国扩大开放寻找新的方向和突破口。一是东北地区生产总值在全国占比依然处于下行态势，其全国经济份额于 2012 年开始呈较为明显的下行态势，至 2018 年降至 8.05%；产业经济竞争明显减弱，工业经济由"大而不强"滑向"不大不强"，制造业产品"特而不尖""多而不响""杂而不精"等现象依然存在。二是"走出去"企业逐步增多，但整体依然乏力。以非金融类对外直接投资流量为例，在 2017 年高位滑落之后于 2018 年呈明显回稳态势，由 2017 年的 24.61 亿美元增长至 2018 年的 31.22 亿美元，但其全国占比依然很低，2018 年东北地区非金融类对外直接投资流量仅为全国对外直接投资流量的 3.18%。三是新旧动能转换迟缓，高技术产业发展存在明显短板，高技术产品进出口依然存在巨大提升空间。2012—2017 年，东北地区高技术产品出口额占全国比重常年在 1% 以下（2017 年最高为 0.98%），且绝大部分分布在辽宁省，其余两省一区所占份额极低；高技术产品进口额占全国比重常年在 2% 以下（2017 年为 1.45%），且绝大部分分布在辽宁省，其余两省一区所占份额极低。四是工业对经济发展的支撑作用趋弱。一方面，东北地区工业增加值的全国占比持续下行，至 2017 年仅为 7.83%，远低于全国平均水平；另一方面，工业增加值占地区生产总值比重也由 2012 年的 45.46% 下降至 2017 年的 30.55%，低于 33.91% 的全国平均水平。可见，东北地区已进入快速、过度工业化阶段，工业对全面振兴东北的提振与引领作用急待增强。

（五）体制机制短板加速补齐，但务实合作机制仍待探索

新一轮东北振兴以来，东北各省区加快推动体制机制改革，对外探索跨境合作新模式，稳步推进重点开发开放试验区、综合保税区、跨境经济合作区等建设，次区域合作（如大图们江次区域合作）持续深化并积极探索新模式；对内深化区域协作，城市关系开始由"竞合为主"转向"合作优先"，主要城市间甚至初步绽显同城效应。始于 2017 年的南北对口合作更是为东北加快补齐体制机制短板提供新契机，一系列先进经验通过对口合作的方式在东北快速复制推广。如，深圳哈尔滨对口合作推动"深圳经验""前海经验"在哈尔滨试点持续取得新突破，并逐步向大庆、绥化等地推进；北京沈阳对口合作在智慧物流配送体系建设、产业园区建设、战略新兴产业培育合作、人才交流与引进合作、旅游及农产品对接等方面持续取得新突破；天津长春对口合作以"津长产业合作园"和"津长双创示范基地"为重要载体，天津"放管服"改革经验推动长春全市铺开政务服务综合改革，借鉴滨海新区"一颗印章管审批，一支队伍管执法"的做法，长春新区实现 13 个工作日内办结开工前所有审批手续；上海大连对口合作为大连全方位学习借鉴上海先进经验和做法提供新机遇，如自由贸易试验区建设管理经验，上海国际经济、贸易、航运中心建设先进经验等。

2018 年 9 月，习近平总书记再次实地考察东北并主持召开深入推进东北振兴座谈会，明确指出体制机制是制约东北全方位振兴的四大短板之一，自此东北进入体制机制快速调整期，营商环境加速优化，特别是金融生态环境得到大幅改善，企业资金短缺问题加速破解，中小企业融资服务体系加快建设，亲清新型政商关系逐步建立。

2019 年 8 月，黑龙江自由贸易试验区获批，再次为东北深化体制机制改革注入新活力，以自由贸易试验区为引领的体制机制创新探索再次迸发新动能。

　　然而，无论是从东北地区间的合作，还是从东北地区参与东北亚区域合作看，务实合作机制仍待进一步探索。一是东北亚各国间缺少务实性的双边磋商机制。目前看，东北亚区域合作主要由地方政府、企业及民间机构推动，尽管东北亚各国间也先后达成一些合作协议，但政府间务实性的磋商机制并未构建，双边自由贸易区的制度性合作机制尚未建立，双边合作机制有待进一步突破。二是东北地区行政区经济特征依然明显。东北地区有着共同的产业基础和广泛的地缘认同，在经济发展过程中本应统一如一盘棋，但由于各地利益需求的差异，导致各自为政，使东北地区统一市场建设滞后，行政分割的现象仍将在一定时期内影响东北地区一体化建设进程。

二、东北融入"一带一路"，建设对外开放新前沿的路径定位

（一）大力推动开放型经济体制机制创新

　　以改革促开放，加快政府职能转变。要以优化营商环境为契机，深化"放管服"改革，降低制度性交易成本。加快国有企业混合所有制改革，审慎推进竞争中性原则。一方面，接轨国际经贸新规则，避免"二次改革"；另一方面，使国有企业与民营企业有同等发展机会，优化民营经济发展环境。着力推动政府形象再塑，加快转变政府职能，减少政府对市场的不合理干预和对市场主体的不合理管制。

　　以统一市场建设倒逼改革，加速区域经济一体化进程。强化地方政府治理能力建设，加速推进治理法治化，以制度创新和依法理政最大程度约束短期行为，推动跨行政区合作。各省区联合推动政策一体化，特别是在都市圈、城市群内率先创新性地破除制约要素流动的因素，加快东北地区统一市场建设，以开放和改革打破行政区分割，加速区域经济一体化进程。

　　加快沿边地区跨境合作机制探索。以深化边境经济合作区、跨境经济合作区建设为支点，着力加强沿边地区跨境合作机制建设。深化各省区中心城市对沿边开放城市和沿边口岸发展的支撑作用，拓宽沿边地区开展国

际合作的领域，促进加工贸易和服务贸易发展。充分发挥沿边地区地缘相近、人缘相通的优势，深化人文和经贸交流。以推动跨境经济合作区建设为契机，推动边境地区扩大合作区域，建立地方政府争议协调机制，加强双边人才交流合作，并以此推动边境地区次区域合作。探索逐步将边境经济合作区转型为跨境经济合作区，或将两者进行合并管理，优化边境合作流程，提升边境合作效率。率先探索重点合作机制创新，争取在沿边地区设立金融综合改革试验区，在自由贸易试验区加快探索建立东北振兴金融合作机制。赋予东北边境地区地方政府限定事项的外交自主权，探索建立地方政府外交的定期会晤机制。完善政策协调机制，加强财税、金融、产业、贸易等政策间的衔接，加强不同省区、不同城市间的政策协调。

（二）创新自由贸易试验区建设与发展模式

加大力度推进自由贸易试验区建设，加快"负面清单"的落地实施，全面推行"证照分离"，不断改善营商环境。加快研究制定支持金融创新的政策，进一步优化域外融资环境，创新自由贸易试验区金融机构准入制度，支持在自由贸易试验区设立外商独资或合资银行、证券、保险等金融机构。推动完善人民币跨境结算体系，提升跨境贸易金融服务，探索在东北地区的区域中心城市建立面向东北亚的金融服务中心。

强化辽宁自由贸易试验区与黑龙江自由贸易试验区的联动发展及政策体系协同，深化各片区间的产业协作和开放机制共同探索。深化自由贸易试验区与上海、天津等沿海自由贸易试验区间的经验交流和政策联动，一方面积极引入自由贸易试验区先试经验，另一方面加大力度引入自由贸易试验区企业，加快探索"飞地经济"新模式。充分挖掘黑龙江自由贸易试验区黑河片区和绥芬河片区的沿边优势，着力探索沿边自由贸易试验区建设新模式、新经验。

推进自由贸易试验区与边（跨）境经济合作区、国家级新区、高新技术开发区、经济技术开发区等沿边开发开放平台和国家级产业园区间的联动发展，推动自由贸试验区经验在东北地区更大范围的复制推广，推动自由贸易试验区经验向各类园区复制推广，探索自由贸试验区与园区联动创新。

（三）以特殊政策推动沿边开发开放

加大沿边城市建设与产业扶持力度，着力推动沿边次中心城市建设，探索对部分沿边开放城市进行升格管理或实行特殊政策管理，推动沿边开放城市、边境口岸及边（跨）境经济合作区联动发展，优化边境贸易和边境加工贸易的特惠支撑政策，着重支持在沿边地区发展劳动密集型产业，建设边境特色城市推动边境旅游产业发展。

进一步加大中央和地方的财政支持力度，加快沿边地区路网建设，推动沿边城市与东北腹地城市间的快速路网体系建设，强化沿边地区与东北主要中心城市的联系。探索沿边地区新型融资模式，推动沿边金融体系创新发展，加大对边境贸易的支持力度，提高资金使用效益，优先保障边境（跨境）经济合作区发展所需的建设用地指标。鼓励沿边地区建设特色商贸中心，挖掘双边经贸潜力，拓展边境贸易渠道。优化"互联网＋边境贸易"，推动跨境电商综合服务体系建设，推动新产业、新业态、新模式在沿边地区蓬勃发展。

鼓励沿边口岸城市与毗邻国家探索自由贸易区建设，探索并推进在边境地区建立中俄、中蒙、中朝自由贸易区。加大力度推动长吉图开发开放先导区建设，加快推进图们江区域国际合作开发。

（四）着力建设面向东北亚的跨境大通道

以沿边重点开放城市为基础，以丹东港和大连港为依托，打造面向东北亚的陆海快速通道，加快"三江"（松花江、图们江、鸭绿江）出海通道建设，促进东北开放由沿边、沿江为主转向陆海互济，支持东北地区加快推动陆、江、海联运合作，构建多式联运的跨境快速运输体系，为我国向北推进沿边开放，加强国家间经济合作探索新路径。立足于东北地区密集的口岸群，充分发挥口岸的通道优势，特别是强化航空口岸间的联动，立足建立面向东北亚、面向全球的空港群，强化各类口岸的通关优化与检验检疫协作机制，推动海关口岸监管部门间信息互换、监管互认和执法互助，改善通关效率；创新口岸通关模式，加强口岸交通、仓储配送、电子信息、查验设施等基础设施建设，完善跨国海关监管和检验检疫互认机制建设。

加快中蒙俄经济走廊建设，推动中蒙、中俄、中朝地理邻近优势转变为通道优势，加快推动中日韩大通道建设。加快沿边城市到区域中心城市的快速交通体系建设，完善跨国通道的快速运输体系，进一步拓宽东北地区向蒙、俄、朝等国的开放通道，推动东北腹地进入东北亚各国的综合运输体系加速成型。提升中欧班列（哈欧班列、沈铁中欧班列）常态化运营水平和集货、散货能力，加快在境外设立物流中心节点，扩大境外集货范围。加快推动东北地区主要城市间的快速综合运输体系建设，以深化东北区域中心城市联动促进东北腹地城市对沿边城市扩大开放的支撑。

（五）积极探索东北亚区域合作新模式

多点建设东北亚经贸合作先行区，进一步加强与东北亚各国的交流与合作，强化产业对接，深化经贸往来，积极参与构建东北亚经济圈。加快推进东北地区深度参与东北亚区域合作的价值链整合，以新一代信息技术、工业互联网为基础，大力发展先进制造业，加快发展生产性服务业，推动与东北亚国家的高技术产品交易和服务贸易发展。进一步强化东北亚区域的地方政府合作，突出地方政府合作在次区域合作中的主体地位，以自由贸易试验区和沿边开放城市、口岸为基础，争取更大程度的对外开放自主权和优先权，积极探索东北地区参与东北亚区域合作的新模式；立足于独特的地缘优势，充分发挥毗邻俄、朝、蒙优势，加快推进东北亚地区的地域文化交流和民心相通，推动东北亚文化圈建设。

着力发展以沿边城市为支点的跨境电子商务，加快建设并完善跨境电子商务进出口通关平台服务体系。深化东北地区与东部沿海地区的对口合作，一方面加快与对口省、市的联动发展，另一方面为对口省、市深化东北亚合作提供强劲支撑。如，以深哈对口合作推动哈尔滨成为深圳向北开放新门户，哈尔滨则借助深圳扩大面向粤港澳大湾区的开放合作，强化其向北开放的枢纽地位；以京沈对口合作推动沈阳成为北京面向东北亚开放的新支点，沈阳则借助京津冀打造世界级城市群的机遇成为京津冀向北开放的桥梁。

优先发展生产性服务业，放宽市场准入，推动生产性服务业向专业化和价值链高端延伸。着力推进工业互联网建设，加快先进制造业和生产性服务业融合发展，培育战略性新兴产业，优化工业结构。推动装备制造业和装备制造服务业加快"走出去"步伐，着力并改善对外贸易结构。推动跨境产业合作，一方面引领区域产业转型升级，大力发展加工贸易；另一方面延长跨境产业链，以加工贸易推动国际产业合作，鼓励企业到东北亚各国设立境外产业园区。强化能源合作与能源产业协作，推动中俄能源合作持续深化，积极谋求国际能源贸易的议价权。充分把握中日韩自由贸易区加速推进的契机，推动东北地区扩大开放，以开放倒逼改革，助力东北振兴。

第二节　东北融入"一带一路"倡议的城市规划定位

东北地区的城镇化发展起步较早，起点较高，经过数十年的发展已经达到了一定的水平。但是，近年来东北地区城镇化发展速度放缓，与发达地区的城镇化发展水平已经有了差距。可以说，东北地区的城镇化已经进入了一个机遇与挑战并存的时期。从机遇方面来说，国家实施的新一轮东北振兴战略和新型城镇化发展战略已经使东北地区的城镇化发展站到一个历史新起点上。未来，抓住"一带一路"新机遇，充分利用东北城市优良的资源禀赋，加快构建科学合理的城市发展格局，全面拓宽对外开放通道，大力推进东北城市发展，推动东北振兴。

一、东北地区城市发展现状

东北地区人口和产业高度集中在哈大轴线上附近地域。2016 年，沈阳、大连、哈尔滨、长春四座城市以占东北地区 13% 的国土面积贡献了东北三省经济总量的 53.4%。哈大轴线附近区域集中了 34% 的城市、50% 的城市人口和 88% 的特大城市，1990—2008 年城市人口增量占东北地区的 56%，城市规模成长明显快于外围地域；而占地区总面积 87% 的东西两翼以及北部边远地区城市数量少、规模等级低，仅有一个超过 100 万人的特大城市，人口集聚方向不明，城市规模成长缓慢。东北东部地区国土面积占东北全域的 30%，却仅贡献了东北经济总量的 13%，东北西部地区和蒙东五盟市经济总量也很小。

主要表现在：中心城市集中度高，但缓慢下降；哈大轴线稳定性强，占比回升；辽宁沿海地区增长缓慢，降幅较大；沿边地区降幅较窄，但体量较小；区域差距缩小，发展水平趋于均衡；都市圈扩散驱动的网络化趋势初现。

二、东北地区城市发展存在的问题

（一）中心城市发展缓慢

在人口向沈阳、大连、长春、哈尔滨四大城市不断集聚的同时，区域次级中心城市（鞍山、抚顺、吉林、齐齐哈尔、大庆等）的人口增长较为缓慢，甚至出现在城市规模版图中增长作用有所弱化的趋势。

（二）城镇化速度缓慢

2005—2014 年，东北地区城镇化率由 55.15% 提高到 60.83%，增长 5.68 个百分点，增幅低于全国平均水平 6.09 个百分点。

（三）新增城镇人口少

东北地区新增城镇人口数量较少，城市发展缓慢，老工业基地振兴、资源型城市转型任重道远，2000—2010 年东北三省新增城镇人口 745 万人，城镇人口占全国的比重从 10.55% 下降到 8.91%，下降 1.64 个百分点。其中吉林省城镇化速度全国最低，2005—2014 年共新增城镇人口 83 万人，每年新增城镇人口仅为 8.3 万人，哈长城市群、辽中南城市群的城镇人口规模也增长较慢。

（四）中心城市地位下降

中华人民共和国成立以后至改革开放前，东北地区的主要城市在全国地位突出，沈阳、大连、长春、哈尔滨的经济体量在全国城市中长期位居第四至八位，辽中南地区一度是我国城镇最为密集的地区之一。改革开放以后，沈阳、大连、长春、哈尔滨的位次不断被其他城市超越，也被苏州等地级城市超越。1978 年，长春、哈尔滨、沈阳、大连地区生产总值在我国地级以上城市分列第五、六、七、九位，四市地区生产总值加总超过了北京和天津之和，而 2003 年分别下降到第二十五、二十二、十八、十七位，整体下滑了 10 位以上；2014 年，大连、沈阳、哈尔滨、长春地区生产总值分别位列全国第十四、十八、二十五、二十六位。

（五）城市区域分化明显

东北地区区域发展分化比较明显，在三省层面、在中心与外围之间等多个层面都存在着较为显著的分化，这种分化对东北地区未来发展带来了一些问题。一是三省发展分化明显，黑、吉两省发展相对较慢。实施振兴战略以来，辽、吉、黑三省发展出现分化，黑龙江省发展相对较慢，主要经济指标占东北三省的比重均明显下降。黑、吉两省发展状况与辽宁省差异巨大。二是哈大发展轴内部发展不平衡。

就现状来看，哈大发展轴是不平衡、不连续的，其中沈阳—大连段是传统的强段，哈尔滨—长春段近年来表现为较强的增长性和集聚性，而四平至铁岭一带则始终是哈大发展轴上城镇化和经济增长的低谷区，一定程度上形成了断裂，这也阻碍了辽中南地区向哈长地区的辐射带动，导致哈长地区与辽中南地区相对自成体系，产业合作不够密切。

（六）资源型城市转型艰难

东北地区资源型城市种类多、数量大，超过 1/3 的城市为资源型城市。尽管过去十多年资源型城市转型取得一定成效，解决了企业破产、下岗失业、社会保障、棚户区改造等紧迫问题，资源枯竭城市和独立工矿区转型发展仍然面临一些突出问题。经济发展主要依赖于资源型、劳动密集型产业，污染重、高耗能等行业还占有较大比重，接续和替代产业培育十分缓慢，缺乏骨干项目支撑，要素集聚能力较弱，发展前景存在不确定性。经济转型的内生动力不足，较依赖国家的援助性政策、资金和项目，历史遗留的体制机制问题仍未彻底排除。矿山地质灾害隐患多，生态环境治理任务繁重。基础设施建设滞后，支撑保障能力不足。从各地区横向比较来看，资源型城市仍是经济社会发展最落后地区，与发达地区的差距还在扩大。

三、东北地区融入"一带一路"的城市规划定位

新一轮东北振兴，应通过融入"一带一路"，培育新的经济增长极，打破既有的空间结构，通过增强城市功能特别是中心城市能级，来提升对高端要素的集聚能力，提升新经济形态的发展能力。同时要把对内对外开放放在突出位置，通过多形式、多内容的交流合作，改善东北地区地缘格局。

四、东北地区城市资源禀赋的有利条件

（一）沿海地区仍有很大发展潜力

从东北地区的整个格局来看，辽宁沿海地区的交通区位、要素配比、自然气候等都具有明显优势。从全球范围来看，人口和经济在沿海地区相对集聚分布是较为普遍的规律，而东北地区沿海市县的经济占比尚不高，集聚能力还有进一步释放的空间。目前，辽宁沿海地区的发展已经起步，在新城建设、产业园区、港口设施等方面已投入巨资，正处在由投入向产出转化的关键时期，但本轮经济下行使这一进程停滞，反而政府债务负担较重，巨额投入难以实现效益转化。如果采取适当途径，支持沿海地区渡过难关，可起到"四两拨千斤"的作用。

（二）沿边地区增长较快

近年来，东北沿边地区的经济增速快于整个东北地区，随着"一带一

路"倡议的深入实施，特别是中蒙俄经济走廊等的推进，沿边地区将在基础设施、产业政策、对外贸易等方面得到持续的支持，经济增长的持续性和稳定性将进一步增强。但由于沿边地区人口稀少，从长期看，东北沿边地区的发展在体量上将存在某种上限，不足以扮演支撑东北地区经济发展的重要角色。

（三）中心城市引领作用形式发生转变

尽管近年来沈阳、大连、长春、哈尔滨4个中心城市在东北地区的经济占比有所下降，但在产业层次、服务功能、人才科技等方面仍具有相对突出的比较优势。另外，在行政体制上的优势地位也使得中心城市更容易获得有关政策和投资，因此未来将维持比东北地区基本面略好的经济增长态势。但随着体制机制改革、市场机制深化等大环境影响，中心城市将改变过去的"垄断式"集聚态势，一般性生产部门和功能将会向外转移，腾出笼子专注于相对高端的产业部门或功能，从而在空间上呈现出城市群或都市圈的快速发展。

五、东北地区城市布局的总体思路

未来，东北地区的发展在空间上应由线状向网状发展，要以中心城市为核心，以省级重要经济区建设为支撑，系统集成铁路、公路、水运、空运、管道的东北交通优势，加快构建"一轴三带六组团"的"丰"字形空间发展格局，在此载体上优化复合现代产业、城镇体系、生态文明相融合的特色经济支撑带。这种"丰"字形空间发展格局，就是要发挥哈大主轴线对东北振兴的辐射带动作用，以哈大综合交通走廊为纽带，以辽中南、哈长两个城市群为主体，以沈阳、大连、长春、哈尔滨4个都市圈为重要节点，以若干中小城市为支撑，建设体现东北地区发展高度、具有国际竞争力的制造业产业带和引领周边地区发展、城镇高度密集的核心发展带。其中，哈大发展轴主要发挥强化内部联系、优化经济地理格局的主通道作用，两个城市群主要发挥加强分工合作、释放集聚效应、提高整体竞争力的作用，4个都市圈主要发挥体现区域发展高度、参与全国全球竞争的枢纽作用及向东西方向辐射带动的节点作用。

（一）以一轴为中心，两大城市群为主体

哈大发展轴一直是东北地区经济发展主轴线，涵盖了东北地区主要城镇，工业化城镇化水平总体较高，高速公路、高速铁路等基础设施较为完备。当前，尽管东北地区发展速度放缓，但哈大发展轴在东北地区的经济占比仍有缓慢上升，显示出其在东北地区较强的支撑能力，发挥着"稳定器"作用。

哈大发展轴。一是应进一步提升交通设施水平和现代化程度，增强综合运输能力，降低东北地区内部各板块间的交易成本，促进经济要素流动和产业分工协作。二是考虑到东北地区在我国粮食安全和生态安全中的特殊地位，应进一步促进哈大发展轴人口和产业集聚，为其他地区农业生产和生态保护留出空间。三是应加快哈大发展轴上的后发地区的发展，避免出现断裂点，打造形成经济和人口密集的城市带、产业带，进一步优化东北地区的经济地理格局。

辽中南城市群。强化沈阳、大连中心城市功能，加强综合服务功能和辐射带动能力，强化科技创新、技术研发、金融服务、自由贸易等功能，将沈阳建设成为国家中心城市，将大连建设成为东北亚国际航运中心和国际物流中心，增强节点城市综合实力。把辽中南城市群建设成为东北地区对外开放的重要门户和陆海交通走廊，全国先进装备制造业和新型原材料基地，重要的科技创新与技术研发基地，辐射带动东北地区发展的龙头。

哈长城市群。依托哈长地区重要通道、资源综合承载能力、城镇分布形态和产业基础，强化哈尔滨和长春两个核心集聚功能，沿哈长、哈大齐、长吉图3个发展轴，构建哈大齐绥、吉林中部两大城镇组团，提升中小城市的节点城市功能，促进组团之间、城市之间的分工协作、基础设施互通互联，形成"双核、三轴、两组团"的城市群空间格局，创新城市群发展体制机制，打造成为东北振兴新平台、向东北亚地区开放的重要门户、新型城镇化先行示范区、东北老工业基地转型示范区。

（二）以四个城市圈为支撑带

打造东北经济新支撑带，现阶段应以都市圈为主体形态，推进沈阳、大连、长春、哈尔滨4个都市圈建设，增强都市圈中心城市与周边城市的设施互通、产业协作、要素流动，强化4个都市圈向东西两个方向辐射的节点作用，使4个都市圈成为增强东北经济新支撑带"以带促面"的辐射中心。

1. 沈阳城市圈

以沈阳为中心，以鞍山、辽阳、抚顺、本溪、铁岭、阜新为支撑打造沈阳都市圈。深化沈阳经济区新型工业化综合配套改革，促进工业化和信息化融合。推进沈阳国家中心城市建设，支持沈抚新区建设东北地区改革创新示范区。以沈阳市为核心，推进沈抚同城化、沈本一体化、沈铁一体化、鞍辽一体化，加快城际连接带建设。以国家级开发区为主体，加强主导产业园区建设，创建新型工业化示范区和竞争力、影响力较强的产业集群。

2. 大连城市圈

以大连为中心，以营口、盘锦、葫芦岛、丹东等为支撑，打造大连都市圈。发挥沿海经济带区位和先发优势，突出大连东北亚国际航运中心、国际物流中心、区域性金融中心带动作用，加快建设产业结构优化的先导区、经济社会发展的先行区。推动金普新区建设取得实质性进展，形成有利于增强市场活力、开放动力的制度体系。规范沿海新城区建设，有序引导化解遗留的政府债务。推动港口资源整合，拓展港口物流等服务功能，大力发展临港经济，积极融入"辽满欧"综合交通运输大通道和北极东北航道建设。

3. 长春城市圈

以长吉大都市区为中心，以四平市、辽源市、松原市为支撑，打造长春都市圈。强化长春市核心交通枢纽和经济、金融、科教等综合服务功能，构建组团式大城市、引导城市功能和产业向卡伦、奢岭、合隆、范家屯、米沙子、大岭等周边卫星镇转移，提升农安、九台、德惠、伊通、公主岭等卫星镇服务水平。扎实推进长吉一体化，着力做强北线制造业合作和南线休闲旅游合作，做大做强九台节点城市，加快发展双阳、岔路河、口前等节点区（镇）。

4.哈尔滨城市圈

以哈尔滨为中心，以大庆、齐齐哈尔、绥化为支撑，打造哈尔滨都市圈。强化哈大、哈大齐 T 字形交通通道支撑能力，促进哈大齐联动发展。大力发展外向型产业，打造全国对俄合作服务中心和国际物流枢纽，加快劳动密集型加工业向外转移。加快科技研发和人才教育基地建设，促进生产性服务业专业化、市场化、规模化发展。依托高端装备制造产业园区、科技创新城等，打造制造业价值链的高端产业集聚区。建设东北亚具有重要影响的现代化都市圈，高端制造业、现代服务业集聚区，国家对俄开放桥头堡和枢纽站。

六、东北地区优化城市布局的重点任务

（一）增强中心城市辐射带动能力

以沈阳为重点，加快建设国家中心城市，推动大连、长春、哈尔滨等中心城市依托战略性功能区加快发展，带动东北地区城镇体系能级的整体性跃迁，重塑东北地区中心城市在全国的地位。

一是支持沈阳国家中心城市建设。进一步强化沈阳在全国大的发展格局中的重要地位和作用，大力提升国家综合性门户功能，建成立足东北、服务全国、面向东北亚的现代化大都市。强化交通中心功能。打造东北亚大型航空枢纽，建设全国铁路路网中心、全国高速公路网重要中枢。强化信息中心功能。加快区域信息中心及电子商务服务体系建设，大力发展物联网，建设面向未来的全国智慧城市典范，推动沈阳成为国家重要的大数据中心，打造全国信息枢纽港。强化商贸流通中心功能。积极推进商贸流通业高端化、现代化发展，构建便捷的区域物流和国际物流网络体系，建立功能完备的大宗商品消费和服务市场，建设国际会展商贸城，打造东北地区商品集散中心，加快完善立足东北、辐射全国的要素市场体系，大幅

提高对资金、商品、技术、信息、人才等经济要素的吸引力、输出力和支配力。

加速推进沈阳经济区一体化发展，逐步打破行政区划，构筑统一市场，形成沈抚共同体。加快推进基础设施、产业发展、空间布局、要素市场、公共服务、生态环境等重点领域的一体化，打造快速便捷的城际轨道交通系统，形成沈阳经济区合理的区域分工。加速推进以沈阳为中心的五大城际连接带新城新市镇建设，带动沈阳城市空间布局和城市外围空间形态的优化，将城际连接带建设成为联结8个城市的交通带、城镇带和经济带。优化城市空间布局。深入实施东西南北中主体功能区战略，进一步做优发展空间。大力发展东部生态文化旅游和汽车产业；西部先进装备制造业、汽车产业和现代建筑产业；南部高新技术产业和现代航空产业；北部战略性新兴产业和农产品深加工产业；中部现代服务业，特别是金融产业。

二是发挥中心城市引领作用。充分发挥大连在东北地区对外开放的龙头作用，设立大连国家级新区，增强辐射带动作用。加快大连东北亚国际航运中心、国际物流中心、区域性金融中心和现代产业聚集区建设。充分发挥大窑湾保税港区功能，发展保税贸易和离岸贸易，开展期货保税交割业务试点。建设国家软件与服务外包产业试验区。强化长春的科技创新和综合服务功能，建设成为东北地区重要的中心城市、东北亚区域重要的物流枢纽中心、高新技术产业基地、创新基地和科教文化名城。加快建设长春兴隆综合保税区。提升哈尔滨东北地区重要的中心城市功能，发挥其在对俄合作中的枢纽作用，建设成为东北亚区域重要的商贸中心、交通枢纽和国际冰雪文化名城。推动哈尔滨国家服务外包示范城市建设，支持中俄信息产业园发展。

三是进一步增强中心城市向次级城市的辐射带动。着力培育若干产业基础好、交通区位优、发展潜力大的次级城市，使之成为辐射带动一定区域的区域性中心城市。针对目前中心城市过多集聚产业要素、与次级城市一定程度上存在竞争关系的状况，未来加强中心城市和次级城市的分工定位，促进中心城市向次级城市辐射带动。增强大连对辽宁沿海地区的辐射，提高沿海地区城市发展能力。促进沈阳部分功能向周边城市辐射和扩散，通过一体化发展提升周边城市的发展水平。发挥哈尔滨、长春对哈长城市群的带动作用，加快哈长城市群内部次级城市发展。

（二）拓宽对外开放的平台和通道

一是构建互联互通国际通道。依托经绥芬河、满洲里与俄西伯利亚铁路连接的中俄国际通道，完善境内相关铁路、公路网络，重点建设密山、同江、黑河、洛古河、黑山头、室韦口岸铁路，规划建设建三江—抚远、吉林—黑河、海拉尔—满洲里、洛古河—漠河等公路通道及珲春—圈河、室韦—拉布拉林口岸公路，加快中国同江—俄罗斯下列宁斯阔耶铁路大桥，黑河、洛古河、东宁跨境桥梁，黑河、萝北、嘉荫、漠河等浮箱固冰通道建设。

依托经二连浩特、蒙古国乌兰巴托与俄西伯利亚铁路连接的中蒙国际通道，重点加快推进中蒙"两山"（中国阿尔山至蒙古乔巴山）铁路建设，形成俄罗斯赤塔—蒙古乔巴山—中国阿尔山—白城—长春—图们的俄蒙中通道，建设珠恩嘎达布其、满都拉、甘其毛都口岸铁路，研究推动将瓦窑—吉兰泰—乌海铁路纳入铁路中长期发展规划。以建设大连东北亚国际航运中心为目标，整合辽宁沿海港口资源，全面对接21世纪海上丝绸之路，完善大连至日韩，大连至美洲，大连至大洋洲，大连—东南亚—印度洋、地中海—欧洲，大连—东南亚—印度洋—非洲海上通道。畅通东北地区面向日本海的出海通道，促进陆海和江海联运的常态化运营。开辟珲春（中）—扎鲁比诺（俄）—札幌、神户、横滨（日），珲春（中国）—扎鲁比诺（俄）—摩尔曼斯克（俄），珲春（中国）—扎鲁比诺（俄）—旧金山（美）等北极航线。进一步培育沈阳机场的区域枢纽机场地位，增强哈尔滨机场面向远东地区、东北亚地区的门户功能，提升长春机场和大连机场辐射能力。新建抚远、绥芬河、霍林郭勒等支线机场。建设一批通用机场，与支干线形成有效衔接。增加主要枢纽机场远程国际航线和班次，支持沿边重点城市建设航空口岸，开通国际航线。

二是提升重点沿边城市的支撑能力。发挥沿边、沿海、沿江的区位优势和东北东部地区出海通道的作用，提升城市功能，推进丹东市区与东港市一体化，建设商品生产、商贸物流和出口加工基地，发展边境旅游。依托珲春国际合作示范区建设，打造集出口加工、境外资源开发、生产服务、国际物流、跨国旅游等于一体的经济功能区。推进延（吉）龙（井）图（们）一体化。研究设立绥芬河重点开发开放试验区，强化绥芬河的对外开放窗口作用，增强对俄的贸易集散地功能，大力发展国际物流业和旅游业，利用境外资源发展加工产业，建设出口加工贸易基地。推动绥芬河、东宁一体化发展，重点发展绥芬河综合保税区、经济开发区，以及东宁经济开发区。推动建设中俄黑河—布拉戈维申斯克"双子城"，发展旅游业和物流业，促进文化教育交流与合作，将黑河建设成为东北北部沿边生态宜居城市和中俄友好示范城市。重点推动界江桥梁建设，提升口岸功能。发展边境经济合作区、俄电贸易加工区等。加快建设满洲里重点开发开放试验区，完善口岸功能，扩大与俄商贸物流合作，利用境外资源发展加工产业，发展商务休闲旅游，建设特色城市，提升综合实力，将其建设成为欧亚大陆桥上的重要枢纽。巩固二连浩特对蒙古国合作中的桥梁和平台作用，拓展口岸综合贸易，发展进口资源加工产业，提升服务功能，将其建设成为我国北方重要的国际贸易物流、进出口加工和跨境旅游基地。

论证大连—烟台跨海通道建设，缩短东北地区与山东半岛经济和人文交流的时空距离，降低运输成本，促进各类要素和市场合作，促进哈大发展轴向山东半岛延伸对接，共筑腹地广阔、支撑力强、跨海联动、合作密切的经济区，形成支撑我国北方地区的重要的制造业密集带。

（三）加大对特殊类型城市的支持力度

一是增强老工业城市综合承载能力。优化老工业城市功能，合理布局产业、生活和公共服务功能区。统筹地上地下市政公用设施建设，加大给排水、供气、供热、雨水收集管网和道路等更新改造力度，完善污水垃圾处理设施。鼓励利用特许经营、投资补助、政府购买服务等方式，改善城市基础设施的薄弱环节。加强城市综合管理，提高信息化和精细化管理水平，建设智慧城市。引导全国特大型、综合性老工业城市加快转变发展方式，提升综合服务功能，增强中心城市辐射带动作用。支持其他大中型老工业城市加快调整改造，完善城市功能，提高综合经济实力，构建区域协调发展的重要支点，扶持其中发展潜力大、地理位置重要的老工业城市建设省域副中心。支持沈阳等地打造成为老工业基地调整改造示范城市。

二是推进城区老工业区搬迁改造。加强指导和支持，积极稳妥推进城区老工业区搬迁改造。统筹考虑城区老工业区发展定位和区内企业清洁安全生产水平、经营状况，对企业分别实施异地迁建、就地改造和依法关停。老工业区搬迁改造要与加快棚户区改造和加强城市基础设施建设相结合，企业搬迁要与技术改造和改制重组相结合、与老工业区更新改造和产业承接地建设相结合，促进城区老工业区调整产业结构、完善功能布局、修复生态环境和改善民生。落实好城区老工业区搬迁改造指导意见，通过相关投资专项和财政资金予以倾斜支持，积极拓宽筹资渠道，加大土地政策支持。

三是促进资源型城市可持续发展。加快完善资源型城市可持续发展长效机制，促进资源产业与非资源产业、城区与矿区、经济与社会协调发展。深入推进资源枯竭城市转型，大力发展接续替代产业，加快解决民生和生态环境方面的历史遗留问题，鼓励富余生产能力和人员向资源环境综合承载能力较强的新兴资源开发地区转移。完善资源枯竭城市转型绩效年度考核评价制度，完善分类指导、滚动推进的转型政策支持机制，支持转型成效显著的城市创建可持续发展示范市。促进资源富集地区可持续发展，选择典型资源富集地区开展可持续发展试点。研究建立资源开发与城市可持续发展协调评价制度，重大矿产资源开发要与城市空间布局、民生改善、生态环境保护、接续替代产业发展、地质灾害防治等进行协调性评价。加快资源型城市可持续发展立法工作。

四是大力支持独立工矿区改造转型。统筹规划，积极稳妥地推进独立工矿区改造搬迁工程，切实改善矿区基本发展条件和居民基本生活条件。对发展基础和承载力相对较好的地区，实施就地改造，重点加强基础设施和接续替代产业发展平台建设，带动居民生活条件改善和收入增加。对地处偏远、资源枯竭、不适人居的地区，有序实施异地搬迁安置，配套建设基础设施和公共服务设施，从根本上改善生产生活条件。支持独立工矿区开展转型试点，积极探索格局特色的转型模式。建立和完善中央、省、市三级改造搬迁投入机制，引导和带动社会资本参与独立工矿区转型。力争用 10 年左右的时间基本完成独立工矿区改造搬迁任务，大幅增强自我发展能力，显著改善公共服务水平和居民生活水平。

第三节　东北融入"一带一路"的产业定位

实施振兴战略以来，东北地区的产业发展，特别是制造业无论从生产规模方面，还是从技术创新及加工配套能力建设方面都取得了一定的成绩，但与全国比较，仍面临着突出的结构性问题，发展的质量和效益有待进一步提升。

一、东北地区产业发展存在的问题

一是产业结构偏重、产业链条偏短，受经济发展周期性影响明显。装备制造产品特别是煤炭、石化、冶金等行业专用设备，随着全国固定资产投资下滑，市场空间减少，行业利润下降明显。能源原材料产业缺乏下游加工产品，以石化行业为例，东北乙烯产能占全国的约 1/4，但下游化学纤维、化学农药产能不足全国的 1%。钢铁、煤炭、化工、石油和天然气开采等能源基础原材料行业，受大宗商品价格波动影响，是导致近年来东北经济增速下滑的主要行业。

二是制造加工能力低，产业配套能力不强。目前东北制造业产业链短，精深加工度低，核心竞争力不突出，产品配套能力弱。辽宁装备制造业中的一些国有企业仍延续自我封闭的产业链模式，在组织生产配套和设备成套上缺乏广泛的开放性协作。在部分行业，零部件的自制率在50%以上，但产业链协作程度只达到日本同行业的25%。以汽车产业为例，上海一辆整车的2000多个零部件，90%可由江、浙等邻近省份获得，而东北的长春、沈阳、哈尔滨虽然在提高整车的生产能力，但区域内汽车零部件的配套能力弱，如吉林省为长春一汽的配套不足50%，严重影响了企业整体竞争力。

三是技术差距仍是发展最大制约。在装备制造业领域，技术上的差距仍是制约我国装备制造业发展的瓶颈。以辽宁省为例，不仅一些如数控机床控制系统等重大技术装备需要进口，而且一些如电气设备制造中的开关、套管、纸板等基础零部件也依赖国外资源。国外供应商从这些产品的供给、价格、供货期、规格等多方面对本土企业进行限制，约30%—70%的行业利润被进口部件吃掉，影响产业的做大做强。

四是高新技术产业总体规模依然相对偏小。从企业的单体规模、高技术产业的总产值占全国比重、高技术的企业数占全国比重等指标来看，东北地区的高技术产业表现出总体规模偏小的特征。据统计，东北三省高技术企业数量及主营业务收入占全国比重不足5%，远低于经济总量在全国的地位。二是缺乏龙头企业。沈阳新松机器人自动化股份有限公司近年来一直保持两位数增长，但2016年产值仅约20亿元。东软数字医疗系统有限公司2016年业务同比增长30%，但产值仅10余亿元。近10年来，东北地区的高技术产业在全国的地位还有不断下滑的趋势。

五是与制造业配套的生产性服务业升级缓慢。东北地区现代物流、服务外包、金融保险、商务会展等生产性服务业总体上呈现起步晚、规模小、增长慢的特征。以金融业为例，2015年吉林省金融业占服务业增加值比重仅为10.35%，居全国倒数第二位；黑龙江为11.08%，居全国倒数第四位。东北地区发达的工业体系对生产性服务业具有巨大的潜在需求，由于东北地区服务业内部结构层次低，远未形成对工业核心竞争力提升的支撑引领作用。

二、东北融入"一带一路"的产业定位

2016 年 5 月，习近平总书记在黑龙江考察调研时强调，老工业基地要抢抓机遇、奋发有为，贯彻新发展理念，深化改革开放，优化发展环境，激发创新活力，改造升级"老字号"，深度开发"原字号"，培育壮大"新字号"，扬长避短、扬长克短、扬长补短，闯出一条新形势下老工业基地振兴发展新路，这为东北产业转型升级明确了重点、指明了方向。东北地区争取再用十年左右时间，建成具有国际竞争力的先进装备制造业基地和重大技术装备战略基地，国家新型原材料基地、现代农业生产基地和重要技术创新与研发基地。

（一）调整传统产业结构

综观世界主要发达国家老工业基地的改造，并不是单纯地淘汰传统工业，也不是单纯地发展新兴工业，而是根据比较优势，加强对传统工业的技术改造，实现传统产业生产现代化。东北地区以深化供给侧结构性改革为主线，要坚定不移推进供给侧结构性改革，提高传统产业转型升级的质量和效益。按照中共中央、国务院统一部署，有力、有度、有效落实"三去一降一补"工作任务，重点抓好去产能、降成本工作，努力提高东北地区供给体系的质量。

积极承接先进产业转移。抓住当今国内外区内外、大城市与周边小城市间产业转移的机遇，创造优良的投资环境，积极主动地接纳域外资金和技术。当前，东北地区与周边日韩等国的产业发展处于不同层次，相互之间存在着产业转移的基础。随着面向东北亚开发开放水平不断提高，东北地区可借助融入东北亚发展契机，承接外部先进生产力转移。

对接"中国制造 2025"，提高东北装备制造业的国际竞争力。把产业集群作为重要的发展形态，把系统集成和成套能力作为核心竞争力，把绿色和可持续作为装备制造业的发展理念。做大做强数控机床、通用石化装备、重型矿山和建材机械、输变电设备、工程机械、汽车和零部件等优势产业；加快培育新能源装备、轨道交通装备、环保和资源综合利用装备、

农业机械等潜力产业;大力发展铸锻件、模具、仪器仪表、传动装置等基础产业。在装备制造业领域,努力在东北地区培育形成世界级先进制造业集群。

进一步提升原材料产业精深加工水平。加强行业组织、资产、技术及产品等方面的结构调整,淘汰工艺技术落后、产品质量差、安全隐患大、环境污染严重的落后产能。严格控制钢铁、煤炭等产能过剩行业新增产能。对能耗、环保、安全生产达不到标准和生产不合格产品或淘汰类产能,依法依规有序关停退出。钢铁产业要以去产能为抓手,控制产能总量,调整结构,发展钢材深加工。加快推进龙煤集团、阜矿集团、吉煤集团等煤炭企业深化改革,积极推进企业兼并重组,依靠市场化的方法推动"僵尸企业"有序退出市场。石化产业要积极延伸产业链,提高炼化一体化和精深加工水平,大力发展化工新材料、工程塑料、精细化学品。加快推进大连长兴岛等重点石化产业基地建设。

加快促进以粮食深加工、医药为代表的轻工业发展,不断扩大产业规模。要科学规划轻工业发展战略,对区域特色优势产业予以政策和配套支持,提高竞争意识,改善环境,加强配套,在土地资源、资金配置、人才技术、行业标准、发展产业集群等方面给予适度的支持和鼓励,创造良好的政策环境。抓住全国产业转移的机遇,招商引资,实现轻工业的转型升级。

(二)培养发展高新产业

要培育发展新兴产业,加快构建新的产业竞争优势。积极支持东北地区因地制宜发展新产业、新产品、新业态,特别是高技术制造业和服务于制造业转型升级的生产性服务业,发展"互联网 + 现代农业",推动东北地区加快形成多点支撑、多业并举的产业发展格局。以加快东北地区新旧动能转化为目标,推动"新字号"产业加快发展,为产业转型升级提供全新动力来源。

一是确定重点领域和方向,实现科学发展。进一步解放思想、开拓创新,推动东北地区战略性新兴产业和高技术产业实现新跨越。首先是强化战略引导，站在东北地区的全局和战略高度审视，更加尊重科学规律，注重产业发展各环节"技术可行、经济合理"的基本要求，并结合发展基础和优势，重点考虑新材料、新能源、节能环保、海洋工程、航空航天、生物医药、新能源汽车等高新技术产业。这些产业在国内发展方兴未艾，正处于行业发展的上升期，东北地区基础相对较弱，需努力培育，着力于创新发展，应完善投资环境，筑巢引凤，创新产学研结合途径，培育创新型中小企业群，实现跨越式发展。

二是优化财税政策和投融资环境，培育壮大产业规模。以重大投资项目为切入点，加强产业示范作用。积极申请并充分利用国家战略性新兴产业发展专项基金，重点用于支持重大产业创新发展工程、重大市场培育工程。大力发展创业投资，促进中小创新型企业快速发展。在金融支撑政策方面，完善多层次的资本市场体系，大力鼓励发展天使投资、创业投资、柜台市场以及债券市场等，支持融资性担保机构发展，推动各类金融机构采取创新贷款模式、贷款工具等方式支持战略性新兴产业和高技术产业发展。在税收激励政策方面，结合税制改革方向和税种特征，综合运用各种手段，从激励自主创新、引导消费、鼓励发展新业态等角度，针对产业的具体特征，制定优惠支持政策。

三是提升产业创新能力，增强产业核心竞争力。强化自主创新的支撑平台建设，夯实创新的物质技术基础，构建社会化的创新服务体系。继续加大国家有关战略性新兴产业和高技术产业专项资金对东北地区的倾斜力度，提高中央预算内资金支持比例，支持区域创新能力建设。重点引导和支持创新要素向企业集中。

（三）推动现代服务业发展

积极转变发展观念，把推动服务业大发展作为东北全面振兴的战略重点。坚持生产性服务业与先进制造业融合发展、生活性服务业与扩大居民消费相互促进、现代服务业集聚区与工业集中区配套建设，实现东北地区服务业增速加快、比重提高、结构优化、集聚增强、竞争力提升。

一是强化规划引领，科学编制服务业发展规划。统筹谋划东北地区服务业深层次融合发展路径，加快构建统一开放的基础设施网络、生产要素市场、科技支撑体系和产业合作平台，积极引导服务业发展从行政区划经济的竞争模式转变为区域分工协作的合作模式。东北地区相关城市服务业发展规划要加强与当地城市总体规划、土地利用总体规划、相关产业发展规划的衔接。

二是扩大对外开放，加强面向东北亚地区的服务业交流与合作。充分发挥东北地区地缘、人文和资源优势，将东北亚国家作为东北地区服务业对外开放的战略区域。把承接国际服务外包作为东北地区扩大服务贸易的重点，加快推进大连、哈尔滨、大庆等服务外包示范城市建设，培育一批具有国际竞争力的服务外包企业。加快推进东北亚区域物流一体化进程，重点支持大连大窑湾保税港区，沈阳、绥芬河和长春兴隆综合保税区等进行服务业对外开放创新试点。大力发展文化旅游、对外承包工程等特色优势领域，积极扶持出口导向型服务企业参与国际竞争。突出重点区域和重大项目引领作用，实现产业转型升级的集聚效应。加快推进中德（沈阳）高端装备制造产业园、哈尔滨新区、长春新区、大连金普新区等重点区域建设，集中打造一批新兴产业集群。深化国际产业合作，研究在东北地区设立中以、中日、中韩经贸和产业合作平台。在老工业城市和资源型城市设立一批产业转型升级示范区和示范园区，打造国际化、智能化、绿色化高端产业发展平台。

三是完善网络节点，提升中心城市服务能级。重点培育功能完善的区域性服务中心，促进沈阳、大连、长春、哈尔滨等有条件的大城市率先形成服务经济为主的产业结构，引领带动和改造提升周边区域服务经济网络节点，积极引导东北地区不同等级规模的城市加快形成各具特色的现代服务业主导产业。加快推进哈尔滨、大连高新技术产业园区、沈阳市铁西区、长春市净月经济开发区服务业综合改革试点，积极建设国家服务业集聚发展示范区。切实加强服务业发展用地保障，鼓励利用工业厂房、仓储用房、传统商业街等存量地产兴办现代服务业。

四是突出重点，优先发展面向工农业转型升级的生产性服务业。扶持发展新型农技和农机服务、种子种苗和农资供应服务、农产品检测认证和现代物流服务、农业信息和会展服务等农业生产性服务业，加快推进东北地区农业现代化进程。加快构建社会化、专业化、信息化、标准化的现代物流服务体系，推动粮食、煤炭、钢铁、石化等重点领域物流发展。鼓励发展研发设计和知识产权服务等高技术服务业，增强工业领域自主创新能力。积极拓展服务业融资渠道，支持符合条件的服务业企业上市融资或者发行中长期企业债券、短期融资券、中小企业集合票据等。

（四）建设现代农业体系

围绕建设现代农业生产基地和维护国家粮食安全的战略基地，切实加强粮食综合生产能力建设，以优势农产品区域为重点，逐步形成规模化、专业化、集约化的农畜产品产业带。

一是优化种植业布局。稳定发展水稻生产，提高大豆亩产、品质和效益，调减非优势区玉米种植。重点建设好三江平原、松嫩平原、辽河平原、吉林中部、大兴安岭的优质水稻、专用玉米、高油大豆等优势产区，巩固粮食生产的战略地位，提升加工转化增值能力。在大中城市郊区大力发展蔬菜、水果、花卉等设施化生产，丰富消费品种，满足市场需求，增加农民收入。在东部山区、南部山区大力发展水果、食用菌等林业特色产品，形成特色资源产业带。

二是加快发展畜牧水产业。以农区特别是玉米产区为重点，围绕饲用玉米生产，大力发展生猪养殖，建设生猪生产基地。在列入全国肉牛优势产区的县市（旗）建立肉牛标准化生产体系和产业化经营体系，提高肉牛产品档次和产品的安全性。在内蒙古的锡林郭勒盟、赤峰市、通辽市的大部分区域及兴安盟东部呼伦贝尔草原西部、吉林省、辽宁省西部地市、黑龙江省齐齐哈尔市等地区加大肉羊优良品种的繁育和推广力度，全面提高单产和质量水平。在辽宁省沿海发展高效海水养殖，扶持优势水产品养殖品种深加工，形成以辽东半岛近海水域养殖带为中心的东北区"海上牧区"。

三是推动发展"互联网＋现代农业"。推动互联网与农业生产、经营、管理、服务各环节加速融合，培育一批网络化、智能化、精细化的现代种养模式，加快完善新型农业经营体系，建立健全农产品质量安全保障、农业信息监测预警体系。鼓励建设东北优质农畜产品展示展销中心，积极开展网上经营，加强农产品全程冷链物流体系建设，实现线上线下融合发展。

第四节　东北融入"一带一路"倡议的文化定位

　　"一带一路"倡议旨在通过沿线国家经济和市场的全方位融合，以共同利益推动沿线各国合作与繁荣，促进世界和平发展。如何推动东北融入"一带一路"，推动与"一带一路"沿线国家的文化交流与合作，引领东北振兴，是迫切要解决的问题。

　　文化流动是推动世界文明进步的重要方式，文化流动促进了人类文明的存续与发展，流动是世界文明交流的重要方式，身处今天这样一个变动不居的全球化时代，需要深入、全面思考人类社会发展所面临的新机遇和新挑战，提出并锻造一种新的文化流动理论，以此来理解与回应世界、国家、地区和城市发展的处境与问题，为人类命运共同体的构建贡献智慧。

　　从世界发展历程看，"一带一路"沿线国家的交流与往来，最初都是文化的交流合作。因此，全方位推进"一带一路"建设，不仅要依靠经济"硬力量"，还要关注文化交流"软力量"。通过美术、音乐、影视、动漫、旅游等文化交流传承丝路精神，使之成为相关各国人民心灵相通的桥梁。近几年，东北地区通过"引进来""走出去"培育文化传播与交流品牌，利用富有内涵、形式多样的文化论坛、演出、展览、贸易、旅游等活动开展文化交流，取得了一定的效果。目前，利用网络等新媒体手段，通过戏剧、舞蹈、影视、动漫、网游、手工艺和文学等传承"一带一路"沿线国家的特色文化，提升沿线国家文化交流与文创产品的吸引力，助力东北振兴。

"一带一路"建设的核心内容是"五通"，即政策沟通、设施联通、贸易畅通、资金融通、民心相通，其最终目标是构建人类命运共同体。它不仅是经济共同体，更是文化上的共同体。不难看出，在"一带一路"建设中，经济合作与文化交流是其双轮。"一带一路"要持久开展，需要经济与文化协同推进。长期以来，东北地区对外文化交流始终落后于经济合作。为了保持经济合作与文化交流两只轮子平衡发展，当前尤其要加快中国文化"走出去"步伐。

《"一带一路"文化发展行动计划（2016—2020年）》提出，要建成"一带一路"文化交流合作机制，打造"一带一路"文化交流品牌，推动"一带一路"文化产业繁荣发展，促进"一带一路"文化贸易合作等任务。通过中国文化节、文化交流年、图书互译出版、文博会等多种多样的形式，落实"一带一路"文化交流与文化产业合作发展。

东北地区沿边国家拥有丰厚的经济资源和发展潜力，几乎每个国家和地区都拥有代表性较强的文化资源。未来，应不断优化完善国家间文化交流与共享发展模式。要高度重视文化交流合作在东北振兴融入"一带一路"建设中的地位和作用，把"一带一路"建设成为文明之路、交流之路。

一、"一带一路"文化交流对于东北振兴的重大意义

（一）推进东北振兴与"一带一路"中国文化"走出去"是相互促进、相得益彰的关系

首先，中国文化对外传播将有利于"一带一路"的顺利开展。东北地区沿边国家跨度大、地域广、人口多、文化差异大，多民族、多宗教集聚，政治立场、利益诉求、行为模式都存在差别。这种差异性既不利于东北地区沿边国家间开展经济合作，也不利于各国共同构建人类命运共同体。而文化传播与交流合作产生的向导力、融合力、创造力、想象力、感染力，可以全面反映相关各国的历史文化、政治现状及利益诉求，从而起

到消除偏见、化解歧见、增进共识的效果。

（二）"一带一路"是东北地区中国文化对外传播的最佳载体

不同于传统的丝绸之路，如今的"一带一路"建设，借助现代经济、科技、交通等手段，实现了"陆上海上天上网上"四位一体的相互联通。这不仅极大扩展了沿线国家的投资贸易潜力，同时又是世界文化的一次空前流动。作为区域经济合作框架，"一带一路"以经贸为中心，通过共商、共建、共享的平等互利方式实现共同繁荣。但与此同时，"一带一路"建设同样需要把文化交流合作当作其中最为重要的战略举措予以积极推进。其原因就在于，"一带一路"沿线国家的国情不同、文化多样、社会复杂、诉求各异，同时国际风云瞬息万变，在"一带一路"建设过程中，必然有很多的风险和潜在的对抗因素，有些现在没表现出来，但是随时随地都可能爆发。这里既有经济、文化的因素，也有政治、宗教、种族的因素，都有可能导致世界的动荡变化，并对"一带一路"的实施和全球化的发展造成冲击。因此，如何化解这种风险和冲突，是至关重要的。而文化本身具有润物细无声的力量，其柔软身姿是化解分歧、增强互信的重要手段。因此，要高度重视文化交流合作在"一带一路"建设的地位和作用，保持平等、开放、包容的文化气度，加强与沿线国家的文化往来，把"一带一路"建设成为文明之路、交流之路。

"一带一路"倡议带来的大规模基础设施建设，有助于深化东北地区沿边国家之间的文化交流与贸易往来，促进区域深入合作，实现共商共建共享、优势互补、互利共赢、合作发展、造福人民，培养沿边国家对中国文化认知和认同，推进各国文明交流互鉴。当前中国在全球化中的地位以及在移动互联网时代占据的领先优势，也为中国文化产品"走出去"打开了想象空间。

二、借助"一带一路"文化交流，加速东北振兴

（一）优先实施急需文化项目发展模式

随着东北地区与"一带一路"相关国家经济和贸易的纵深发展，众多

的企业落地，需要用文化交流加强民族理解和文化理解教育，力促民心相通。文化交流教育项目正是最急缺的，需要"一带一路"实际工作的人员等提供历史、地理、语言、文化、宗教等方面的普及性知识培训，有效实现政策沟通，实现民心相通。在人员交流互助方面，东北地区可以组织研究机构、高校一起合作举办研修班、讲座、论坛等活动，还将邀请汉学家、翻译家来华交流、研修，要为落后地区与国家输送先进人才。积极落实我国文化教育领域的佼佼者组建助力"一带一路"人才交流的志愿团体，帮助相关国家培育为社会建设所需要的人才，从而为"一带一路"沿线国家的发展输送人力资源，使沿线人民真正在"一带一路"的发展中获得益处。

（二）实施文化互助发展模式

东北地区沿边国家的文化底蕴各有所长，通过文化交流可以使各国的资源得到共享与互补，互帮互助是一个民族持续发展的必要条件，东北的发展离不开沿边国家的帮助，中国也正在向文化发展基础薄弱的国家伸出援助之手，通过缩小文化距离，促进沿边国家的文化产品和服务贸易的发展。当前我国提出发展"一带一路"也正是源于自我发展与促进世界发展的双重动力。

（三）打造文创产品贸易互补共赢发展模式

中国文化"走出去"的目的是让其他国家的人们理解和接纳中国文化及其承载的价值观念，也就是文化对外传播要入脑入心，这就要求中国文化"走出去"，要注重融合共生，不应固执地强调单向输出，否则会适得其反。围绕"入脑入心"，需要探索文化"走出去"的方法路径。

东北地区与"一带一路"沿线国家应重视文创产品贸易互补共赢，实行本土文创产品"走出去"，与外来文创产品"引进来"相结合的策略，促进东北与沿线国家的文化软交流和文化产品、产业等方面的商贸往来，共同进步。借助"一带一路"倡议，积极共建区域文化交流合作的基础设施与平台，例如文化创意产业合作平台、文化传播服务平台和文化产业投融资平台等，为文化及其产品的输出和引进提供物质保障。从"一带一路"

演出院线联盟到丝绸之路博物馆联盟，从丝路智库联盟到丝绸之路国际总商会，从丝绸之路（敦煌）国际文化博览会到文博会，等等。区域文化交流合作平台能把各国分散的文化资源整合起来，"抱团儿"发展。

（四）发挥亚洲基础设施投资银行和丝路基金的功能和作用

要以创新思维积极利用亚洲基础设施投资银行和丝路基金，为相关国家的基础设施建设提供资金支持，促进经济合作。通过合作投资兴建跨境铁路、公路，开通更多沿线国家的国际航线等方式，完善沿线国际交通网络，为人员往来、文化流动提供交通便利。

（五）充分挖掘现有文化产业优势，加强东北地区与"一带一路"国家文化科技领域的合作

科技自古以来就是文化流动的核心动力，借助目前 5G、人工智能、大数据等新技术，中传云、文旅中国等新媒体的发展浪潮，积极推动东北与各国在科技尤其是文化科技领域的广泛合作，包括完善现代信息技术基础设施建设、加强新媒体软件的国际市场开发应用等，使"文化＋科技"成为加速文化流动的最大助推力。在移动互联网时代，文化产品可以进行数字化，并且可以通过移动终端接收，让中国传统文化"潮起来"，并以几何级的速度传播。

（六）加强东北地区与"一带一路"国家文化领域的项目与产品交流

东北地区可以通过举办"一带一路"文旅发展论坛、"一带一路"国际电影节等活动，推动中华文化走出去，增进相关国家和地区与东北地区间的了解，促进不同国家、地区文化和旅游交流合作，加强对彼此文化的了解和体认；联合举行博物馆、表演艺术、非遗展示等国际文化交流活动，认识和欣赏各个国家最为独特优秀的民族文化，促进国际文化贸易发展，不断拓展彼此在文化产业领域的合作空间。

（七）强化经贸关系，促进人员流动，加强以城市为主体的国际交往

积极促进各自的市场开放，通过签订多边、双边投资贸易与旅游协议，为促进各国人员往来提供制度上的保障，增强文化流动的经济推力。

城市是文化的容器，是文化发展最活跃的主体，也是国家对外文化交往的主体。东北应积极探索以"国际友好城市"为主要形式的城市交往模式，以哈尔滨、大连、沈阳为龙头，广泛开展政治、经济、科技、教育、文化、卫生、体育、环境保护和青少年交流等各个领域的合作，增进友谊、共促发展，使之成为促进文化流动的纽带。

第五章

东北振兴战略对接"一带一路"建设的路径方向

2003 年，中央出台了关于东北老工业基地振兴战略，使东北地区的对外开放出现转机，并取得了喜人成果。特别是中央根据东北地区近些年来的发展实际，从科学发展观和以人为本出发，在"十一五"规划中对东北老工业基地振兴做出了更加符合实际的规划，使东北地区的对外开放再次迎来历史性新机遇。东北作为中国的老工业基地，在改革开放以后对外贸易发展很快，并仍有许多有利于加快对外开放的潜力，但与全国先进省区相比差距悬殊，存在许多制约对外贸易的障碍因素。

因此，要克服不利因素，深入挖掘对外开放潜力，使东北尽快融入世界经济的大潮之中，加快重振昔日雄风的步伐。实施全面振兴东北老工业基地战略后，东北地区出现了经济快速增长，对外贸易大幅增加，吸引外资不断创新高的局面。东北地区尽管在对外开放中还存在着许多亟待解决的问题，但从总体上看发展势头是良好的。明确指导思想，制定战略目标，选准重点领域，采取得力措施，东北地区的对外开放将会迎来飞跃性的发展！

第一节　依托对俄口岸，打造沿边开放新窗口

一、东北地区开放现状

东北地区从一系列对外开放指标，如外贸依存度、利用外资比重、外贸出口占地区生产总值比重来看，东北地区与沿海发达地区还存在很大差距，开放对经济增长的支撑作用还远远没有发挥出来。

一是对外开放程度偏低。同东部沿海发达地区和全国平均水平相比，东北地区对外经济贸易总量仍然偏小，外贸增长速度相对缓慢。

　　首先，加工贸易规模小、发展缓慢，没有形成完整的产业链。东北地区总体上在利用外资发展外向型经济方面较为滞后，加工贸易产业链条不发达，甚至存在部分外资向南转移的现象。加工贸易企业所需配套产品主要依赖进口和国内其他地区，整个加工过程多在单一企业内部完成，加工制成品自行出口核销，使进出口的物流成本大部分由单一加工企业承担。其次，潜在优势发挥不够。近年来，东北三省外贸依存度虽然逐年上升，但远远低于全国平均水平。东北地区的产业优势、生产优势还没有真正转化为市场竞争优势，装备制造优势还没有全面转化为产业集聚优势，资源优势还没有转化为经济优势。特别是口岸优势没有充分发挥，港口建设缺乏总体规划和资源整合，对腹地的辐射和拉动作用没有得到充分发挥；环渤海内支线业务有待进一步拓展，内外贸集装箱同船运输政策没有得到充分利用；海铁联运的发展还处于起步阶段，内陆中转站的软、硬件环境建设相对滞后；临港工业发展缓慢，保税区、出口加工区的建设水平滞后。

　　二是国际贸易和外资利用的结构还不尽合理。从出口的产品结构看，农副产品等资源型、原料型、劳动密集型初级产品依然占有很高的比重，虽然近几年有所改善，但即使工业制成品（包括机电产品）也大多是技术含量低、加工程度低、附加值低的一般制成品，技术含量高、精深加工、附加值高的产品所占比重偏小。加工贸易规模小、发展缓慢，加工贸易企业所需配套产品主要依赖进口和国内其他地区，加工贸易产业链条不齐备。除辽宁省稍好外，东北地区总体上在发展外向型经济方面远落后于沿海外贸发达省份。这说明，东北地区在全球化和区域经济一体化进程中，在国际分工中处于较低层次，没有形成完整的产业链。从各省情况看，辽宁省出口商品主要是机电产品、纺织品和钢材，吉林省出口以低附加值的劳动密集型产品为主，主要商品是服装和胶合板及多层板；黑龙江省出口商品主要是机电产品、服装和纺织纱线。进口方面，辽宁省进口商品主要是钢材和原油；吉林省进口产品比较单一，对汽车产业的依赖性强，一汽集团整车进口仍是吉林省机电产品进口的主要增长源；黑龙江省进口商品以资源性和战略性物资为主，主要包括原油、粮食和大豆。

　　东北地区实际利用外资来源地以我国港澳地区和东亚国家为主，投资分散度低于全国平均水平。如 2015 年辽宁省吸收外来投资最多的是中国香港地区，占 79.59%，新加坡、日本紧随其后，前五位国家和地区的投资占总投资额 91.12%，其中只有比利时属于欧美发达国家。2015 年黑龙江省吸收外来投资最多的同样是中国香港地区，占 51.36%，前五位国家和地区的投资占总投资额的 68.84%。此外，外来投资的劳动密集型特征明显，如中国香港地区和维尔京岛的投资大多属于劳动密集型投资，而欧美跨国公司的高端技术投资相对较少。从产业分布看，辽宁省实际外商直接投资额主要集中在第三产业，尤其是房地产业，2015 年房地产业实际利用外资的比重达到 52.12%，而其他服务业比重偏低；其次是第二产业，其中制造业占比最高，达到 23.36%。这都反映了东北地区引进外资的质量和技术含量仍有待提高。此外，还应看到，近年来东北地区外商独资化的倾向严重，跨国公司与东北地区企业进行合作研发或结成技术联盟的情况较少，外商直接投资企业的技术溢出效应减弱。

　　三是对外开放的地域分布不平衡。从地域分布看，虽然东北地区整体对外开放水平在不断提升，但东北腹地及沿边地区对外开放发展仍相对缓慢，沿海地区发展明显优于腹地及沿边地区，外贸和实际利用外资主要集中在沿海及省会城市。就整个东北地区而言，东北地区的外资流入主要集中在辽宁省，失衡的情况比较严重。东北振兴战略实施以来，辽宁省外商直接投资（FDI），占东北三省的比重最高时是 2003 年，达到 78.43%，最低的 2015 年也有 40.59%，大多数年份在 70% 左右。近年来，吉林省利用外资在东北三省中的比重总体上表现为上升的态势，黑龙江省利用外资总额在稳步增长，但增长较为缓慢。

　　就辽宁省内部而言，沿海城市及省会城市的开放程度也远高于内陆腹地，2015 年，沈阳和大连两市实际利用外资金额占当年辽宁省的 72.58%。同时，辽宁沿海区域经济一体化格局尚未形成，沿海地区城镇化进程较慢，区域、城镇间经济联系不强，以大连为龙头的沿海经济带还没有实现优势互补、联动发展的局面。以沈阳、鞍山为核心的中心城市经济区开放型经济发展缺乏有机联系，对周边城市的辐射带动作用还有待进一步发挥。辽西北地区的开放水平有待提升。各类经济园区因区位不同而政策不一，未能实现政策"洼地"效果。开发区在快速发展过程中，不同程度地受到土地瓶颈、资金瓶颈的困扰，发展空间和发展速度受到制约。

四是周边地缘环境更趋复杂。改革开放以来，我国对外开放的软硬环境不断优化，各种制约因素也在逐步消除，但周边国家或地区，或是还没有改革开放，或是开放的力度不够，加之东北亚地区历来是局势不太稳定的区域之一，这些都对东北地区与邻近国家的经贸往来造成了一定影响。

五是区域内部合作尚待进一步深化。就目前而言，东北地区内部开放合作的主要问题是区域合作的深度和广度还不够。例如，自 2009 年《东北东部十二市（州）区域合作框架协议》签订以来，东北东部经济带被视为促进东北地区区域协调的重要部分，然而信息交流、经验沟通一直是每年当地党政领导圆桌会议的主题，相比之下，务实、高效的决策机制和一些重点项目却迟迟没有推行和落实。究其原因，主要是行政壁垒对经济合作起到了一定的分隔、阻碍作用。东北地区作为我国的老工业基地，受计划经济体制的影响相对较深，政府在经济事务中的主导作用相对较大，区域合作主要靠政府推动，而区域内各地政府各自为政的现象比较普遍，导致区域协作不紧密。具体表现为：生产要素受行政导向流动，同时又受各种形式的地方保护主义的羁绊，生产要素的配置以行政区划而不是市场分布为基础；基础设施建设缺乏整体协调，交通、通信、环保等设施的建设速度和建设水平不能完全适应各地对区域经济一体化的需求；区域内部的产业缺乏优化布局，低水平重复建设现象突出，没有形成优势互补的产业链，相关配套建设滞后，恶性竞争时有发生。此外，生态建设和环境保护的协调机制还不够完善，长远来看也会对经济发展产生不利影响。这些都弱化了东北地区内部各地之间的经济联系，增加了统筹协调、合作发展的难度。

二、东北沿边地区发展现状

（一）黑龙江

黑龙江省是国家沿边开放大省，与俄罗斯有约 3000 公里的边界线，同俄罗斯远东的滨海边疆区、哈巴罗夫斯克边疆区、犹太自治州、阿穆尔州和外贝加尔边疆区相邻。随着中俄经贸合作和边境旅游的发展，黑龙江省已获准对外开放口岸 25 个 [其中河运口岸 15 个（哈尔滨、佳木斯、桦川、绥滨、富锦、同江、抚远、饶河、萝北、嘉荫、逊克、孙吴、黑河、呼玛、漠河）、公路口岸 4 个（东宁、绥芬河、密山、虎林）、航空口岸 4 个（哈尔滨、齐齐哈尔、牡丹江、佳木斯）、铁路口岸 2 个（绥芬河火车站、哈尔滨内陆港）]、边境经济合作区 2 个（1992 年黑河边境经济合作区、1999 年绥芬河边境经济合作区）。开放区域优势明显，经贸合作基础坚实。多年来，俄罗斯一直是黑龙江省的第一大贸易伙伴。据海关统计，2013 年，黑龙江省对俄进出口完成 223.7 亿美元，同比增长 5.8%，占全省进出口总额的 57.5%，占全国对俄进出口总额的 25.1%。其中，对俄出口完成 69.1 亿美元，占全省外贸出口总额的 42.5%，占全国对俄出口总额的 13.9%；自俄进口完成 154.6 亿美元，同比下降 3.3%，占全省外贸进口总额的 68.2%，占全国自俄进口总额的 39%。2002—2013 年，全省对俄贸易额合计为 1189.7 亿美元。2013 年，全省口岸货运量完成 2662 万吨，同比增长 5.4%；全省客运量完成 298 万人次，同比下降 13.7%。黑龙江省沿边地区由大兴安岭地区、黑河、鹤岗、伊春、佳木斯、鸡西、牡丹江等所辖的沿边地带组成。土地面积约为 13.4 万平方公里，人口为 1100 多万人，包括密山、绥芬河、东宁等诸多沿边开放县市。目前，黑龙江省沿边开放地区已经形成了依托沿边城镇，以对俄进出口为主的沿边开放格局。但从整体协调的角度来看，黑龙江省沿边开放地区依然是一个空间结构上分隔、封闭的地区，各开放口岸在社会、经济、文化等方面存在较大的差异。各沿边口岸之间、口岸与腹地中心城市之间，还没有形成有机互动的发展模式。2600 公里的中俄水界上，至今没有一座永久性桥梁。总之，黑龙江省在口岸建设的统筹发展、合理布局方面还存在诸多不足，这些都不利于沿边地区与腹地的联动发展。

（二）吉林

吉林省沿边地区是由珲春、图们等构成的区域经济发展带，包括3个地级市辖区内的多个县市，人口约为558万人，占全省总人口的22.4%。在1300多公里的边界线上，分布着各类口岸15个，其中7个为国家一类开放口岸。吉林省的经济总量占全国的比重较低，2013年实现地区生产总值（GDP）12981.46亿元，占全国的比重仅为2.28%。因此，要充分利用东邻俄罗斯和朝鲜、地处图们江国际开放合作区核心位置的区位优势，加快东部沿边地区发展，促进省内腹地中心地区与沿边地区协调联动发展。2009年11月，国家正式将长吉图开发开放先导区上升为国家战略，成为我国首个沿边开发开放先导区。从2013年全省各市州出口总额的增幅看，辽源、延边和长春的增幅分别达到63.7%、28.8%和13.3%，高于吉林省的平均水平，体现出"长吉"对吉林省出口增长起到了积极的拉动作用。这一战略的特点是强调沿边地区的开发开放要有强大的腹地做支撑，吉林省参与图们江流域国际合作必须依靠以长春、吉林为主的腹地地区，与延吉、龙井、图们等前沿地区实现密切互动、有机联动的发展。但结合实际分析，目前这一地区的联动发展水平还有待提高。

（三）辽宁

辽宁省有13个口岸，其中最重要的是丹东口岸，丹东是铁路、水陆一类口岸，也是东北地区唯一的沿海、沿边、沿江"三沿"城市，其区位重要性不言而喻。

整体来说，辽宁省沿边地区经济社会发展的水平要强于东北其他沿边地区。原因在于丹东本身就是辽宁省重要的经济中心城市，经济发展条件较好，从而带动沿边地区实现了较好的发展；另一方面，以丹东为主的沿边地区与辽宁省的经济中心区域—沈阳经济区和辽宁沿海经济带密不可分。

丹东是辽宁沿海经济带的东部起点，沿海经济带的开发需要腹地的支撑，而腹地的发展更需要沿海经济带的强力牵动，因此，陆海联动发展是必然选择。沈阳经济区于 2010 年成为继浦东、滨海等之后的第八个国家综合配套改革试验区，包括沈阳、鞍山、抚顺等 8 个城市在内的辽中南城市群逐渐形成集交通、电信、产业集群、商贸物流、金融投资、旅游服务及现代化管理于一体的经济区域，地区发展呈现巨大的活力，对周边地区的带动作用越来越大。以两大战略为依托，辽宁省在沿边地区发展上将取得较大进展。

三、东北沿边地区发展存在的问题

综上所述，东北沿边地区拥有良好的发展条件，也具有强烈的发展愿望，但是多数沿边地区存在制约其发展的各种问题，这些问题尤其体现在广大沿边地区与广阔的经济腹地之间协同发展的不足上。总结起来，这种不足可以归纳为以下几个方面。

第一，东北区域内整合不足，区域综合发展程度与区域整合程度较低。具体而言，沿边地区与腹地之间往往存在较大的经济、社会发展差距，腹地经济发达地区的辐射力尚不能对沿边地区产生综合性、及时性的影响，沿边地区大多仍处于发展滞后的阶段。

第二，产业地域协同发展有限。不同地区之间在区域分工、产业协作上缺乏科学的规划和布局，地域间的产业联系不足。人为的区域分割以及地方保护主义的存在，也制约了产业的协同发展。

第三，基础设施建设不足。沿边地区与腹地之间的距离较远，缺乏现代化的交通运输网络体系。物流设施、信息网络等各种配套设施的建设缺乏整体协调。

第四，地区合作交流机制流于"务虚主义"，缺乏实质性的区域联动发展政策支持。各自为政、地方保护主义仍然存在，合作的机制不足，区域内信息、市场、资源分割，区域管理各自为政，利益协调、补偿机制不健全。

我国东北沿边地区发展的不足有多方面原因。既有客观自然方面的原因，又有历史和现实因素的影响；既有经济社会方面的原因，又有民族和文化等方面的影响；既有国家和地方政府决策的原因，又有国际环境和地区形势的影响。东北沿边地区发展不足的原因，可归纳为以下几个方面。

（一）区域经济发展严重不平衡

发展的不平衡是影响沿边地区与腹地有效联动的重要基础性制约因素。沿边地区自然地理、社会文化等区位条件复杂，多数分布在山区、林区以及大江大河流域沿线，人口分布稀疏，民族结构复杂，文化差异大。同时，沿边地区的生态环境脆弱，地区经济社会发展的环境承载力不足，最终导致沿边地区与腹地之间发展差距巨大。根据区域经济极化理论等相关区域经济理论，这种发展的不平衡仍处于要素集聚阶段，集聚效应大于扩散效应。如果不采取相应的政策措施加以引导，这种发展的差距可能会进一步拉大。

对于东北沿边地区与腹地经济的联动发展而言，区域内部存在发展不平衡的现象，沿边地区与腹地之间存在不同程度的经济差距是一种客观的现实。根据区域经济发展不平衡理论，首先，经济差异使得资源要素向增长极过度集聚，欠发达地区的发展条件进一步恶化，循环累积效应的结果使得二者的协同发展越来越难。其次，沿边地区与腹地在发展水平上的差距使得促进二者协同发展的措施难以发挥有效作用。不相配套的发展环境、基础设施、产业结构、技术资本等条件，不仅不利于消除二者的发展差距，反而会导致沿边地区与腹地的发展差距进一步拉大。

（二）中心城市的增长极作用不足

沿边地区实现发展，必须有强大的动力支撑。腹地中心城市的辐射能力、沿边经济中心城市的增长极作用、沿边地区外国经济中心的带动作用是区域协同发展的三个主要动力源。在我国东北地区，这三大动力源都存在动力不足的问题。

腹地中心城市的辐射能力对于沿边地区与腹地的联动发展非常重要，是最主要的驱动力。但我国东北地区腹地中心城市对沿边地区的辐射力还不足，增长极作用没有得到很好的发挥。哈尔滨、长春、沈阳三个中心城市是东北地区腹地经济的核心，在与沿边地区的协同发展上，都存在不同程度的问题。第一，作为中心城市，它们在经济辐射力上对远在边疆的沿边地区的影响力不大。第二，虽然三者都是各自省域内首屈一指的大城市，但三大城市的产业结构相对单一，在地域分工合作体系中的作用没有得到很好的发挥，与地方经济的联系程度仍有待提高。第三，以特大城市为中心的基础设施、物流网络建设有待完善，这也制约了它们在促进与沿边地区协同发展中作用的发挥。

沿边地区的中心城市存在增长极作用不突出的问题。我国东北沿边地区缺少具有重要影响力的经济中心，以吉林省的延边州为例，作为大图们江流域国际开发合作的核心区域，这里并没有一个强大的经济中心。延吉市经济总量过小，而图们、龙井等更不能承担起这样的功能。黑龙江省漫长的边界线上分布着众多口岸，但大多规模太小，经济发展水平低，不能很好地起到国内与国外发展纽带的作用。

与我国东北沿边地区接壤的外国地区也缺少较大的经济中心。如俄罗斯的哈巴罗夫斯克、布拉戈维申斯克以及朝鲜的罗先特区等都是较小的经济中心，区域经济影响力不大。

（三）产业结构、发展方式的差异影响经济关联度

根据经济学的区域分工与合作理论，不同区域之间产业结构的关联性越强、产业联动越多，区域经济的发展联系就会越密切。这一点适用于沿边地区与腹地的协同发展研究。不同地区之间经济联系的纽带是产业关联，以及各类生产要素包括资本、技术、人力、信息等的充分流动。只有不断提高沿边地区与腹地之间的产业关联度，二者的协同发展才成为可能。我国东北沿边地区与腹地的产业关联仍处于较低水平。这从各自的产业结构中可以看出，产业结构的差异进而造成不同地区之间生产要素的流动受到很大的限制，不同区域间缺乏经济交流，很难建立全方位、深层次的协同发展关系，也就很难推进沿边地区发展。

除了产业关联和要素流动的限制外，沿边地区不同的发展方式也影响其进一步发展。如满洲里、黑河等口岸是能源资源进出口专业型口岸，延吉地区围绕朝鲜族聚居特色建立起消费型经济社会，辽宁丹东依托海陆两

型口岸的优势大力发展临港工业、建设"大丹东",等等。沿边地区不同的发展方式意味着其与腹地的协同发展呈现不同的特点,同时也提出了不同的要求。

(四)不同主体的目标多元化

一般来说,在区域合作交流中,不同主体的利益协调至关重要。推进沿边地区发展必须有相应的利益协调、补偿机制,而目前这种机制仍然不足。

现实中,在沿边地区发展中,参与的区域主体较多,目标多元化限制了发展的进行。例如,辽宁省以发展"大丹东"为目标,突出丹东在辽宁沿海经济带东半部分的核心地位,同时谋求在东北"东边道"中发挥关键作用,将丹东建成东北沿边经济发展的龙头区域;吉林省则着力打造长吉图开发开放先导区,将其发展成为我国沿边开发开放的重要区域、面向东北亚开放的重要门户和东北地区新的增长极;黑龙江省也提出了沿边发展的主要目标,将最具对俄合作潜力的地区打造成外向型的"东北北部沿边经济带"。由此,在东北振兴战略和辽宁省、吉林省、黑龙江省各自发展战略的大背景下,三省已经出现互不相同、各自为政的"混战"局面,而在不同省区内部,各级市区之间的利益诉求更是各不相同。由于区域经济合作的主体在目标设定上存在诸多差异,经济较为发达的地区倾向于强调保持自身发展优势,经济相对落后的沿边地区则强调加快本地发展,这些无疑都增加了发展的难度,使多边合作机制难以形成。

(五)"行政区经济"长期存在

"行政区经济"不同于利益主体的目标多元化,"行政区经济"更多的是通过行政手段强制实施,阻碍资源的合理流动,为了自身的发展利益而采取非市场经济行为,从而影响其他区域经济利益的实现,影响区域"帕累托最优"的实现。

东北地区的经济发展水平存在明显的梯度特征,哈尔滨、长春、沈阳等中心城市处于发展的较高阶段,而沿边地区仍处于发展的初级阶段,要通过鼓励和促进区域产业梯度转移实现区域协调发展。但"行政区经济"

制约了产业梯度转移目标的实现。如在经济相对落后的地区，政府发展本地经济的意愿强烈，往往越过市场经济原则采取行政手段发展地方经济，更关注自身利益而忽视区域整体利益的改善。"行政区经济"的广泛存在影响了我国东北沿边地区的发展。

（六）企业主体发育不完善

区域经济发展的微观主体是不同所有制、不同规模、不同组织形式和不同生产类型的企业。只有通过将各种生产要素进行优化配置，企业之间加强联系与合作，实现产业关联互动，才能真正实现沿边地区发展。而目前我国东北沿边地区发展的企业主体发育不完善。

第一，东北地区的产业组织形式以国有企业为主，尤其是中央直属的大型企业在一定程度上主导着东北区域经济的发展。以国有企业为主的装备制造、能源化工等产业基本上形成了比较固定的产业分工体系，其他企业难以参与到这种分工体系之中，垂直产业链条没有在东北区域内广泛建立。第二，部分国有企业尚未建立现代企业制度，现代市场经济主体发育不完善，跨地区的产业布局经常受行政力量的干预。第三，民营经济在东北地区发展不足，吉林省民营经济占经济总量的比重远低于全国平均水平，民营经济融资困难、实力有限、投资领域狭窄等问题阻碍了民营企业的成长。第四，行业协会等行业组织缺乏，影响力不足。以企业为主体的民间组织的协调程度不够，不能承担起协调区域经济发展的作用。这些都不利于推进沿边地区的发展。

（七）国际区域经济合作有限

我国东北沿边地区主要与蒙古国、俄罗斯东西伯利亚及滨海边疆区、朝鲜北部接壤，这些地区的发展水平相对较低，发展条件复杂多变，与我国的经贸合作基本处于较低级阶段。因此，国际区域经济合作不足是制约沿边地区加快发展的重要外部因素。

国际区域经济合作总量不足主要表现在以下几个方面。第一，缺乏较大的经济中心。如与黑河相对应的俄罗斯的布拉戈维申斯克、比罗比詹、哈巴罗夫斯克等都是规模较小的城市。第二，通道建设不足，有限的通道运输能力制约了双边贸易的发展。黑龙江省 10 多个沿边口岸大多为公路口岸和水路口岸，铁路口岸缺乏，在一类口岸中，仅满洲里、绥芬河为铁路口岸。黑龙江上永久性桥梁建设不足制约了货物通关能力的提高。第三，初级贸易结构和单一贸易方式决定了大的经济中心难以形成，缺乏综合性、区域性的经济中心。

（八）传统的沿边开发开放观念与模式

我国东北沿边地区在对外开放中对国际贸易中的比较优势理论、要素禀赋理论有着充分的运用。但是，守土固边的传统视角、特殊政治经济环境下的区域限制开发、沿边城市缺乏长远准确的自我定位和单一的沿边地区发展模式，导致沿边地区的开发开放不足，对沿边地区发展的重视不够。

我国东北沿边地区在对外开放中存在的问题主要有以下几个方面：第一，开放的形式单一，结构雷同，缺乏大经贸的结构框架。第二，口岸商贸是主要的贸易方式，小额贸易与"旅游倒包"占较大比重。第三，对外开放的其他形式和制度安排缺乏，跨国直销、自由经济贸易区和边境贸易的财政、税收配套政策仍不完善。第四，口岸地区主要发挥"二传手"的作用，城市本身的发展壮大进程缓慢，缺乏适度超前的发展规划和长远目标，沿边地区自身的经济发展较慢。

四、东北地区深化开放合作的思路与重点

要充分发挥东北地区既沿边又沿海、地处东北亚区域中心、与周边国家和地区的经济互补性较强的独特优势，努力推进沿海沿边全方位对外开放，全面提升对外开放的层次和水平，使供给与需求条件得到优化，使东北工业化进程得到推进。

一是以辽宁省自由贸易试验区为核心推动东北地区沿海开放体系构建。随着辽宁自贸试验区和国家级新区——大连金普新区的获批，将构筑起东北地区面向东北亚区域开放合作的战略高地。

二是以沿边强市重镇为核心推动东北沿边开放体系构建。东北地区的沿边开发开放，需要以一批沿边重点城镇的崛起和发展壮大为基础，形成

与周边的俄罗斯、蒙古国具有对等地位的沿边强市重镇，从而形成东北沿边开放的完整体系，构筑向北开发开放的重要节点。

三是以贯通沿海和沿边通道为载体构建东北沿边地区与沿海地区及腹地区域的互动开放合作体系，充分实现各区域之间的优势互补和良性互动。

四是以开放平台建设为抓手实施更加积极主动的开放战略。切实融入"一带一路"，借助上海合作组织、亚太经济合作组织（APEC）等国际组织机制，加强东北亚博览会、中俄博览会等东北域内开放合作平台载体的建设，打造东北亚国际经贸合作平台。

具体到每一地区，黑龙江基础设施建设成绩明显，吉林探索了跨境运输新模式，辽宁全域加入了"一带一路"建设。

（一）黑龙江：全面加强对俄合作

在互联互通、经贸、人文交流方面全面加强对俄合作。第一座与俄罗斯相通的跨境铁路大桥——同江中俄铁路大桥中方段工程2018年10月全部完成；黑河黑龙江公路大桥中俄双方累计完成投资18亿元，占项目总投资72.8%，2019年5月合龙，2020年1月通过验收；中俄原油管道二线正式投入运营，管道输油量达到每年3000万吨；与俄有关州区就跨境合作区达成共识，并签署了多份合作意向书，中俄双方正在加快推进申报工作。

2018年，黑龙江省对俄贸易184.53亿美元，同比增长68.6%，位列国内第一位。中国在俄罗斯的境外园区有40多个，黑龙江省参与建设的就占到近一半，又由于农业生产存在互补关系，所以农牧业园区占比较大。中俄博览会已连续召开，成为推动"一带一路"建设的10个主要区域平台之一。黑龙江还在俄建立了3所孔子学院，连续举办中俄文化大集、中俄文化艺术交流周等活动。

（二）吉林：探索跨境运输新模式

2018年，吉林除了积极参与对俄合作还加强与东北亚之间的联系。2018年9月，吉林与浙江携手开通珲春—扎鲁比诺港—宁波舟山港内贸货物跨境运输航线，开创了中俄跨境运输合作的新模式。

吉林省跨境电商延续了近些年快速增长的势头，并完成东北地区首单保税备货进口业务，全年出口额增速更是高达30%。长春市被批准成为国家第三批跨境电子商务综合试验区，珲春出口加工区升级为综合保税区，珲春经俄罗斯扎鲁比诺港至中国南方城市港口内贸货物跨境运输航线实现首航。

（三）辽宁：全域加入"一带一路"建设

2018年，辽宁全域参与到对外开放建设中来。2018年8月，《辽宁"一带一路"综合试验区建设总体方案》发布。这是国内首个在省级层面全域建设"一带一路"的路径拓展和实践创新。

在交通运输领域，辽宁积极建设东北亚国际航运枢纽，2018年6月底，国际运输大通道——"辽海欧"开通第二条北极航线。同年12月，吉林和辽宁提出合力推进一条新的通道，即长白通（丹）大通道和沿图们江鸭绿江开发开放经济带建设，它将吸引跨国企业投资，利用朝鲜的劳动力，可以促进加工贸易等发展。

五、未来东北沿边地区的发展策略

在沿海开放上，加强以大连为核心的自贸先导区建设，既能够带动东北沿海及其腹地全面扩大开放，也能够服务于大东北地区面向东北亚的开放合作，推动国际次区域开放合作。以大连先导区为主体的沿海区域合作，关键是推动以大连东北亚国际航运中心为龙头建设东北沿海港口集群，构建东北沿海增长带，发挥对外开放的先导和示范作用，推动沿海地区的互动合作。在更大范围、更深程度上带动东北沿海、腹地乃至整个东北地区经济的发展，实现沿海与腹地经济的良性互动，加快东北开放发展及海陆联动发展步伐。

沿边开放方面，大力实施兴边富民工程，建设繁荣和谐稳定的新边疆。支持沿边地区建设一批综合实力较强的中等城市及具有独特功能和发展优势的新兴城市，集聚人口和生产要素，增强对周边地区的吸引力和影响力。打造三级中心城镇结构：绥芬河、满洲里、丹东、黑河和珲春5个集国贸、省贸、边贸和民贸四位一体的综合性一级城市作为辐射核心；二级城市有延吉、东港、阿尔山、漠河和同江等8个集省贸、边贸和民贸三位一体的综合职能城市；三级城市有龙井、东宁、科尔沁右翼前旗和鸡东等，分布在一、二级城市紧密经济腹地区域内，支撑一、二级城市的发展。以沿边地区三级中心城镇结构为基础，强化产合、增强辐射带动功能，提高沿边开放支撑能力，带动周边地区加快发展，打造沿边经济带：发展面向俄罗斯、蒙古国开放合作的内蒙古东部沿边经济发展与俄罗斯等国开放合作的东北东部沿边经济带。统筹推动东北东部经济带与长吉图经济区和辽宁沿海经济带发展战略的协调和互动。

互动发展方面，东北沿边地区和沿海地区及腹地区域基于区域间的差异性和互补性，为市场机制发挥作用提供有效的环境，推动企业的专业化分工协作。垂直和水平的产业分工体系。通过产业在区域间转移、产业集群化和产业融合，推动实现沿海、沿边与腹地经济互动发展，以及区域经济合作，区域产业分工协作，区域资本、技术、劳动和信息等要素的流动与优化配置。以东北沿海港口、沿边口岸为依托，以腹地中心城市为关键节点，推动基础设施软件、硬件方面的互联互通，形成沿海—腹地—沿边联动综合运输网络体系。基于辽宁沿海经济带、沈阳经济区、长吉图经济区、哈大齐经济区、东北东部沿边经济带与内蒙古东北沿边经济带，共同组成东北区域产业网络布局，按照点、线、面的网络布局体系，构建沿海港口—沿海经济带—沿边口岸—沿边经济带—内陆腹地经济带为主线的沿海到沿边经济走廊，推动沿海、沿边和腹地的联动发展。

开放平台建设方面，以大连金普新区、哈尔滨新区、长春新区、中德（沈阳）装备制造产业园等重大对外开放平台为核心，发挥示范作用，形成开发开放的主要支撑。在政府职能部门管理和服务的基础上，积极吸收民间组织和成员参与国际科技合作相关工作，形成分工明确、管理得当、服务优质的国际科技合作管理和服务平台，加强科技交流与合作，加快建设国际科技合作人才队伍。扩大合作、强化功能、集聚产业，提升现有边境经济合作区、综合保税区、跨境经济合作区、互市贸易区和高新技术产业开发区、经济技术开发区的功能，打造面向东北亚开放的产业合作平台。

积极与东北亚物流信息服务网络这一国家平台对接,推动物流企业、物流园区信息共享,与海关、移动通信等部门实现互联互通,打造国际信息网络平台。以开放平台为着力点,坚持"引进来"与"走出去"相结合,着力加强交通运输网络和口岸设施建设,着力提升重点区域的引领带动作用,着力深化重点产业合作,着力扩大对外投资合作,着力提高对外贸易发展层次和水平,着力加强人文等领域的交流与合作,推动经济发展方式转变和综合实力提升,努力把东北地区建设成为我国面向东北亚区域开放的重要枢纽和东北亚区域最具发展活力的地区之一。

1. 构建协同发展的产业体系

东北沿边地区发展关键在于区域内的产业协同发展,把腹地产业优势转化为区域整体产业优势,通过产业转移,拉长产业链,实现区域内资源的优化配置。由于历史原因,沿边地区的产业发展滞后,与腹地中心城市存在巨大差距,要缩小这种差距,必须建立沿边地区与腹地协同发展的产业分工体系。丹东要利用临港产业园区的优势,重点发展汽车及零部件、装备机械制造、食品饮料、生物医药、仪器仪表、纺织服装、电子元器件等支柱产业,逐步与辽中南腹地建立优势互补的产业分工合作体系,为园区大发展打下基础。

吉林省的沿边地区目前设有珲春出口加工区、中朝罗先经贸区等发展园区,要注重发展农产品加工、木制品加工、服装加工、电子产品加工等特色产业,加快发展汽车零部件、农产品深加工、石化、化纤、生物制药等优势产业。

黑龙江省在"哈牡绥东""哈大齐满""哈牡佳黑"等经济规划带的产业发展规划中应突出其优势产业和对俄贸易的传统重点领域,主要加强跨境贸易、对俄劳务合作、服装与家电出口、汽车和建材出口等方面的合作。

提升产业竞争力、优化产业结构是实现产业联动的另一个重要方面。我国东北沿边地区目前仍处于工业化的初级或中级阶段,过度依赖资源开发和加工制造,产业结构层次较低,产业外向度也不高。如大兴安岭、伊春、鹤岗、牡丹江、黑河等地区多以石油化工、电子机械、能源生产加工、装备制造等资金密集型企业为主，产品多为初级和中级产品，技术水平低，更新换代缓慢，国际竞争力不足。因此，要重视优化产业结构，提高区域整体产业竞争力。

构建产业协同的布局体系。辽宁沿海经济带、长吉图开发开放先导区和黑龙江东北沿边经济带应充分进行地域产业分工协作。丹东要以辽宁沿海经济带为依托，充分利用港口优势，建设面向东北亚的生产、储运和销售中心；长吉图开发开放先导区要以延吉、珲春等为龙头，重点发展能源合作、新能源汽车和生物产业等，打造东北地区新的增长极；黑龙江省要利用沿边口岸众多的优势，发展高新技术产业和先进装备制造业，加快推进农产品加工、新能源、装备制造、生物医药等产业的发展，吸引腹地产业向沿边地区梯度转移，优化产业结构。

2. 促进经济要素自由流动，优化资源配置

资源要素充分流动是区域经济发展的基础。东北沿边地区与腹地之间在人力、资本、技术等生产要素的充分流动方面严重不足，主要原因有：沿边地区与腹地存在巨大的发展差距，极化作用使得要素向发达地区集中；交通、通信等基础设施不完善，资源流动的成本巨大，流通不畅；地区间发展思路不统一，协调统筹不足，存在资源要素的恶性竞争现象。要实现东北沿边地区发展，必须大力促进人力、资本、技术等要素的充分流动，实现资源要素优化配置。

具体的措施有：建立区域间人员交流和人才培养机制，鼓励人力资源服务机构发挥作用，建立人力资源信息共享平台；加大金融、资本政策扶持力度，发挥市场机制的基础性作用以改善资本流动，建立融资平台，鼓励本地和外地金融机构参与区域内资本市场；加强科学技术交流合作，鼓励科技型企业、研发机构、高等院校、科研院所等开展产学研合作，设立研发基金，联合研发重大项目，建立高端科研平台，等等。资源要素的充分流动是沿边地区发展的推动力。

3. 推动现代服务业建设

现代服务业是伴随信息技术和知识经济的发展而产生的，要用现代化

的新技术、新业态和新服务方式改造传统服务业，创造需求，引导消费，向社会提供高附加值、高层次、知识型的生产服务和生活服务。发展现代服务业能够进一步挖掘沿边地区发展的潜力，拓宽发展的渠道，加深发展的程度，加快发展进程。要充分利用信息技术、互联网等要素，建立互动发展的信息平台和网络体系。沿边地区与腹地要共建信息网络，充分发挥政府、企业及民间信息平台的作用，推进信息一体。

4. 建立地方政府间联动制度

政府是推动区域联动发展的关键主体。实现东北沿边地区发展，最有效的推动力来自政府。要充分发挥和依靠政府的宏观调控职能，通过中央政府和各级地方政府的有力推动，加快沿边地区发展。我国区域经济的重要特征是"行政区经济"广泛存在，地方政府担当行政主体和市场主体的双重角色，为了局部利益，限制跨地区的要素流动，这是我国区域经济发展不平衡、不协调的一个重要原因。

沿边地区发展，需要各级政府的共同推动，逐步建立区域间统筹联动的互动机制、互助机制和利益补偿机制等。互动机制是实现区域联动发展的基本机制。互动机制要求充分发挥各区域的比较优势，进行多层次、全方位的区域合作，通过制度化的区域合作，实现区域优势互补、协调发展和互利共赢。为此，要鼓励沿边地区与腹地企业开展多种形式的合作，建立跨区域的企业合作机制与平台。互助机制是实现区域联动发展的必要保障。建立发展的互助机制，就要做好腹地发达地区对沿边落后地区的对口支援和协助工作，搞好资金、技术、项目各方面的互助合作，充分发挥腹地对沿边地区的示范、辐射作用。

利益补偿机制是实现区域发展的重要保证。利益补偿机制从区域发展的整体性出发，对区域内各地区间的分工合作进行利益协调。在充分发挥市场机制作用的基础上形成完善的价格机制，建立沿边地区与腹地之间合理的生态补偿机制，建立"谁污染谁治理、谁开发谁保护"的生态保护制度。对跨区域的项目给予相关政策倾斜，对跨区域的产业布局给予优惠扶持，对积极推进区域间合作的部门和人员进行表彰，等等。

政府间的合作机制和合作平台是上述各种机制发挥作用的有效载体。沿边地区与腹地之间可以建立跨区域的经济调节委员会，以一些专项领域合作为突破口，如煤炭、风能合作开发等，逐步拓展区域合作领域。建立"城市联盟"制度，深化目前"4+4"城市合作、丹东"1+12"合作模式等。建立东北区域内部跨省区的地方干部交流轮值制度，通过官员职务调动，增强官员对东北地区的整体认知，培养协调发展的理念。鼓励和扶持各种非政府组织（NGO）、企业协会等发挥协调作用，为沿边地区发展创造条件。

5. 统筹区域城镇化建设

城镇化既是区域经济发展的结果，也是区域经济快速发展的动力和契机。从一定意义上讲，沿边地区发展，就是沿边地区中心城市与腹地中心城市之间的协同发展。提高东北沿边地区与腹地的城镇化水平，有利于提高区域经济协调发展的水平。我国东北地区城镇化水平整体较高，尤其是在腹地地区，城镇化水平要高出全国平均水平近10个百分点。但在广大沿边地区，城镇化水平仍然偏低。另外，东北地区的城镇化质量偏低，只是完成了初级的城镇化，在向城市现代化过渡方面落后于国内沿海发达地区。

加快东北沿边地区与腹地的城镇化建设需要从三个方面着手。第一，提高腹地中心城市的现代化水平，增强城市的现代化服务功能，优化产业机构，促进产业升级，逐步向沿边地区及周边地区转移落后产业和劳动力密集型、资源密集型传统产业。第二，大力提高沿边地区的城市化水平，提高沿边城市的对内窗口作用和对外商贸作用。提高沿边地区城市化水平的重点在于完善沿边城市基础设施、改善沿边地区居民生活水平、提升沿边城市资源集聚能力、扩大沿边城市对外贸易影响力等。第三，实现沿边城市与腹地中心城市的协调统筹，提高区域城镇化效率。从沿边地区与腹地联动发展的高度推进区域城镇化建设，使沿边地区与腹地在基础设施对接、产业优化布局、企业跨区发展、要素流通平台共建等方面开展完整性合作，制定城镇化发展的联动协议框架。在省级政府的主导和支持下，建立跨区域的城镇化建设指导委员会，积极开展研究论证，做好城镇化协同发展先行先试及推广工作。

6. 加强国际合作与调整对外开放战略

对外开放是沿边地区经济发展的重要内容，扩大和完善沿边口岸地区的经贸功能，能够为沿边地区发展提供强大的动力支持。

东北亚国际开发合作环境的不断改善，要求我国进一步提高东北地区对外开放的层次和水平，进一步优化东北地区对外开放的布局和方向，进一步推动我国东北地区对外开放战略的调整，适度超前，先行先试，提高沿边地区发展的水平。

目前，小额边境贸易与"旅游倒包"是沿边口岸城市共同的基本贸易形式，这对振兴地方经济、增加地方财政收入具有积极意义，但这种开放形式过于单一。各类边境经济合作区基本没有形成良性发展的能力，对区域经济的支撑作用不强。因此，应拓展口岸经济的内容，实现商品贸易、技术贸易和服务贸易一体化发展，加快中俄黑龙江流域的合作，推进中蒙铁路接轨与内蒙古东部地区开发，全面参与图们江流域多国合作与开发，抓住机遇进行中朝图们江流域与鸭绿江流域的综合开发，全方位提高东北沿边地区的对外开放水平。

进一步优化东北沿边地区对外开放的布局。发挥区域优势，减少沿边口岸地区的盲目竞争和重复建设。黑河是重要的河港口岸，应积极拓展黑（河）—布（拉戈维申斯克）两市的互市贸易，加快外向型加工业出口基地建设，推进黑河公路铁路大桥项目，建设国际枢纽城市；绥芬河作为中俄国际大通道与国际商贸城，面向俄罗斯滨海边疆区及东南港口群，应重点发展出口加工基地，建设好综合保税区；图们江地区的珲春、圈河口岸位于三国交界处，邻近俄朝港口群，应加快招商引资，发展出口加工业，大力发展珲春边境经济合作区和延吉外向型产业基地，发展交通运输业和跨国旅游业，与"长吉"地区的优势产业对接互动；满洲里承担了60%以上的中俄贸易运输量，是最重要的中俄贸易口岸和中俄、中欧国际大通道，应依托中俄互市贸易区建立立体化、综合型的贸易体系，发展特色旅游服务业；丹东是对朝经贸往来最重要的铁路、公路口岸和港口口岸，同时还是输油管道口岸，应借助辽宁沿海经济带战略的规划实施，推动中朝边境地区的开发与建设，抢占未来中朝经贸合作的先机。推动我国东北地区对外开放战略的调整。这是促进东北沿边地区与腹地联动发展的要求，也是我国参与国际竞争的必然要求。

应参照沿海地区对外开放政策，结合东北老工业基地振兴的要求，给予东北沿边开放更多政策优惠和先行先试权。应鼓励省级政府和地方政府通过科学的评估，向国家相关部门申请，将有条件的互贸区向边境自由贸易区转化；建立综合保税区，建设保税工厂，发展转口贸易等；海关、税收、金融、土地管理等部门要给予更多的政策支持；开展外商从事商业零售和金融业务的试点，促进区域性金融市场的发展，拓宽投融资渠道。例如，吉林积极推动珲春出口加工区升级为综合保税区，与长春长东北综合保税区在政策、物流和项目等方面加强协作与联动。黑龙江省积极推动"哈牡绥东"对俄贸易加工区建设和对俄开放经济带建设。

具体到黑、吉、辽三省，应采取不同战略，实现协调发展。

（1）辽宁省沿边口岸建设与发展战略。

2009年7月1日，辽宁沿海经济带开发上升为国家战略，并且明确了"立足辽宁，依托东北，服务全国，面向东北亚"的战略定位。

辽宁沿海经济带作为东北地区唯一的沿海区域，是东北地区对外开放的重要出海通道。辽宁沿海经济带开发的国家战略推进，有利于东北地区的综合运输体系建设，保障东北地区对外贸易加快发展，进一步推进区域经济一体化进程，实现沿海与腹地之间的良性互动和优势互补。同时，还有利于促进东北地区产业结构的优化升级，全面提升东北区域经济的整体竞争能力，加快东北老工业基地全面振兴的步伐。

拓展东北地区产业结构调整空间。邻近港口的沿海区域是适宜重化工业布局的良好区域。目前，东北地区石化、钢铁等企业所需的铁矿石、原油等原料的33%，以及成品油和钢材等产品的50%左右，需经辽宁海港调入和运出。辽宁沿海已成为东北腹地石化、钢铁等产业发展的重要依托。开发建设辽宁沿海经济带，既可以推动石化、冶金等原材料工业以及重型装备制造业向沿海地区布局，也可以有效承接国际重化工业产业转移，使辽宁沿海经济带成为国家新型产业基地的主要承载地。而东北地区作为辽宁沿海经济带的广阔腹地，可以进一步加速海陆联动进程，通过"以内促外、以外带内"的有效形式，进行产业升级调整，淘汰落后产业，更新传统产业，引进高新技术产业，大力发展现代服务业，促进产业结构优化升级，优化东北地区经济布局，加快国家新型产业基地建设。

构筑东北地区全方位开放新格局。从某种意义上讲，区域经济发展空间的大小取决于其开放的深度与广度，而开放水平的高低，也同样决定了区域经济发展的程度。辽宁近年来虽然利用外资保持高速增长，开放型经济建设呈现良好发展态势，但潜在优势并没有得到充分发挥，特别是濒临日韩的区位优势还没有充分利用。辽宁沿海经济带的开发建设，既可以提高辽宁对日韩资本的吸引力，又可以发挥辽宁工业基础雄厚的优势，促进外向型加工业发展，拓展腹地产业发展空间。同时，辽宁沿海经济带的开发建设，有利于发挥沿海地区利用国内国外两种资源和两个市场的地缘优势，进而提高整个东北地区经济的外向度、国际化水平和国际竞争力，有利于形成全方位对外开放的新格局，全面提升东北地区对外开放的质量与效益。

形成沿海与东北腹地间的良性互动。东北老工业基地的振兴离不开对外开放，而对外开放的重要手段之一就是实现沿海与腹地的互动发展。辽宁沿海经济带开发作为国家战略的实施，就是要通过沿海地区的交通、能源、供水等基础设施建设，加强沿海各县市的经济合作与交流，推进辽东半岛沿海经济区、辽西沿海经济区和辽宁中部城市群经济区建设，进而把沿海开发融入辽宁省域经济乃至东北老工业基地振兴进程中。这样既有利于形成"点—轴—面"模式，又有助于充分发挥沿海经济带对广大腹地的辐射带动效用，进而形成沿海与腹地良性互动的对外开放新格局。

（2）吉林省延边口岸建设与发展战略。

随着《中国图们江区域合作开发规划纲要》被国务院批准实施，吉林省延边州作为长吉图开发开放先导区中的重要战略地带，其各口岸的窗口作用更为瞩目，在畅通对外通道工程中的地位更为凸显。延边州位于中、朝、俄三国交界处，面临日本海。东与俄罗斯滨海边疆区接壤，南隔图们江与朝鲜咸镜北道、两江道相望。边界线总长 787.7 公里，其中中俄边界线长 246 公里，中朝边界线长 541.7 公里。全州有 5 个边境县市（珲春、图们、龙井、和龙、安图），边界线上有 12 个对外开放口岸（其中临时口岸 1 个、航空口岸 1 个、对俄口岸 2 个、对朝口岸 8 个），口岸数量占全省对外开放口岸总数的 60%，在全国少数民族自治州中位列第一。

改革开放以来，延边州政府坚持积极扩大对外开放方针，实行"开放带动"，坚持依托大口岸、建设大通道、形成大开放、促进大发展战略，紧紧抓住图们江下游地区暨珲春对外开放和国际合作开发机遇，十分重视口岸建设，口岸建设取得了一定的成就。为进一步加强口岸建设，提高口岸效率，全面贯彻落实《中国图们江区域合作开发规划纲要》，发挥口岸在长吉图开发开放先导区建设战略布局中口岸集群的窗口作用和前沿作用，提升延边州口岸的基础设施建设水平，完善口岸功能，形成全州口岸统一谋划、重点建设、协调发展的综合服务体系，促进延边州及周边地区经济和社会更好更快地可持续发展。

（3）黑龙江绥芬河沿边口岸建设与发展战略。

绥芬河市是我国滨绥铁路和 301 国道的东端起点，西距牡丹江市 156 公里，哈尔滨市 460 公里；东面有两条公路和一条铁路与俄罗斯相通，其公路口岸与俄罗斯波格拉尼奇内公路口岸相对应，距离仅为 26 公里，距乌苏里斯克市 120 公里，距俄滨海边疆区首府符拉迪沃斯托克市（海参崴）230 公里，距俄远东纳霍德卡自由经济区 369 公里。近年来，绥芬河口岸进出口运量已经占黑龙江省对外贸易总运量的 70% 以上。绥芬河市投资 4.6 亿元，对公路口岸进行了整体改造，口岸设计年通关能力为人员 600 万人次、车辆 55 万辆次、货物 550 万吨。

绥芬河市处在中俄两个市场辐射面的交会点，具有重要的区位优势。对国内，绥芬河市依托的是腹地经济基础和自然资源都较好的黑龙江省东部地区，东面是牡丹江、哈尔滨，北面是佳木斯、七台河、鸡西，区域性中心城市分布比较密集，而且交通网络十分发达；对俄方面，俄远东地区不仅资源丰富，而且拥有发达的路网和极富开发潜力的南部港口群，并有滨海边疆区的腹地经济做支撑，十分接近东北亚和亚太地区的国际市场。1996 年，途经绥芬河口岸的陆海联运正式开通。经俄罗斯符拉迪沃斯托克、纳霍德卡、东方港港口群，国际陆海联运可直接到达日本的横滨、新潟，韩国的釜山，朝鲜的清津、罗津，美国的西雅图，是连接中国、俄罗斯、日本、韩国、朝鲜、美国等国家或地区的黄金通道，也是中外陆海联运大通道的关键点，更是中国参与东北亚和亚太地区国际经济合作的窗口与桥梁。

今后，应从以下方面入手，推进绥芬河市跨境经济合作：

第一，共同加强基础设施与合作平台建设。广泛开展各种交流活动，以官方或社会团体组织、民间商会与俄方进行友好交流的方式，加深中俄双方的了解和沟通。建立政府经济管理部门与俄地方政府对应部门的沟通协调机制。

第二，给予外向型企业政策支持。绥芬河市对外贸易企业整体实力不强，导致企业缺少专业化和规模化生产、企业难以参与重大项目竞争、从事转口贸易企业居多等问题。所以，从管理部门角度，应给予政策支持。同时，营造一个良性的企业竞争环境尤为重要。

第三，转变贸易方式，优化贸易结构。在转变贸易方式方面，要加快建设对俄出口商品加工产业体系，支持加工贸易发展。在优化贸易结构方面，应集中专家学者研究调整贸易品种和投资合作项目的可行性意见，研究上下游产业链，衔接和培育进口商品国内市场，为企业实际经营做好前期工作；要加大对资源性进口产品的调研力度，提高下游加工企业的衔接配套能力。

第四，完善境内园区功能。加快推进绥芬河边境经济合作区建设，解决绥芬河边境经济合作区在管理体制、政策配套及土地面积等方面的问题。要致力于开发配套服务功能，主要有贸易采购、物流服务和其他商务服务功能，尽可能放大境外园区的效应。

第五，加快综合保税区建设。以综合保税区为龙头，整合市内园区、互市贸易区（综合贸易体），增强绥芬河市国际中转及转口贸易、展示研发、保税深加工结转、出口机电产品进境维修、产品和技术展示等功能，推进绥芬河市跨境经济合作的发展，建成区内外配套完整的加工制造业链和产业体系。

第二节　完善内陆联运，构建国际交通新枢纽

东北地区建设内陆联运，应依托经绥芬河、哈尔滨、满洲里与俄西伯利亚铁路连接的中俄国际通道，完善境内相关铁路网络，重点建设密山、同江、黑河、洛古河、黑山头、室韦口岸铁路，改造提升相关支线铁路。加快建设区域中心城市到重点沿边城市的快速铁路。依托经二连浩特、蒙古国乌兰巴托与俄西伯利亚铁路连接的中蒙国际通道，重点建设珠恩嘎达布其、满都拉、甘其毛都口岸铁路。加强与周边国家的沟通协调，推动跨境铁路通道建设。加快建设黑河—布拉戈维申斯克口岸大桥。

加快国家高速公路网建设及扩容改造，积极推进国省干线公路建设。强化省区间干线公路互联互通，打通东北地区与其他省之间的交通瓶颈，升级改造拥堵路段，提升道路技术等级，加大对高寒地区和交通末端干线公路建设支持力度，提高公路网络化水平和畅通能力。建设哈尔滨至吉林段高速公路；有序推进本溪至集安、赤峰至绥中高速公路等项目前期工作；推进哈尔滨至长春和绥中至锦州至盘山段、吉林段国道等改扩建。

进一步强化沈阳机场的区域枢纽机场地位，支持哈尔滨建设面向东北亚的航空枢纽，提升长春机场和大连机场辐射能力。新建抚远、绥芬河、霍林河等支线机场。建设一批通用机场，与支干线形成有效衔接。加强和

完善东北地区主要枢纽机场功能，增加远程国际航线和班次，提升国际竞争能力。支持沿边重点城市建设航空口岸，开通国际航线；发展国际包机业务，培育定期航班新航线；支持支线机场之间开通航线或形成环线。

以建设大连东北亚国际航运中心为目标，整合辽宁沿海港口资源，优化功能布局，加快港口基础设施建设，提高信息化水平，逐步建成结构合理、功能完备，分工协作、便捷高效的现代化沿海港口群。加快黑龙江、松花江等高等级航道和额尔古纳河、嫩江等重要航道以及码头等基础设施建设，打造黑龙江、鸭绿江、图们江水上战略通道，促进江海联运发展。鼓励企业参与周边国家港口资合作，促进陆海和江海联运的常态化运营。

巩固和发展满洲里、绥芬河、二连浩特、甘其毛都、策克等口岸基础设施，扩大和完善丹东、黑河、同江、抚远、珲春、图们等口岸综合服务功能，培育和推动圈河、长白、室韦、黑山头、阿尔山、满都拉、珠恩嘎达布其等口岸发展。

加快推进东北地区与东北亚周边国家的互联互通工程，加大东北地区内部高速铁路、高速公路、支线机场的建设，加快推进中俄输油管线、天然气管线、输电线路建设，提升边境口岸基础设施条件和通关能力，改造和提升陆路口岸边境桥梁，扩大空中国际航线和陆海联运航线的建设。这些互联互通工程，将为中韩地方政府合作提供新的机遇。

首先，吉林省实施"一带一路"建设要以大图们江通道建设为核心。大图们倡议（GTI）是东北亚区域合作的重点项目，贯穿中、俄、蒙、朝的大图们江国际通道是东北亚多国一直推动建设的国际通道，这条通道包括向西与西伯利亚大铁路连接直通欧洲的陆路国际运输大通道和向东利用俄朝港口联结日本、韩国和欧洲北美的海上大通道，这两条大通道与"一带一路"在战略意义上、目标指向上、推进路径上高度契合，东北亚地区是融入我国"一带一路"建设的核心载体，也是国家"一带一路"建设的重要组成部分。

从陆路来看，陆路大图们江通道是一条连接中、俄、朝、蒙的国际通道，即俄罗斯赤塔—蒙古乔巴山—中国阿尔山—白城—长春—图们—朝鲜罗津、清津（以及珲春—俄罗斯扎鲁比诺），这条铁路经俄罗斯赤塔与西伯利亚大铁路连接，能够形成一条把中国东北、蒙古国、朝鲜（未来包括韩国、日本）与欧洲连接起来的国际大通道。

从海上来看，图们江地区开通了多条环日本海国际航线，这些国际航线的开通使图们江地区的区位优势得以初步显现，这些航线经韩国釜山等港口中转，已经形成了连接欧洲和北美的国际运输通道。从未来发展来看，世界各国都在关注北极地区开发和北极航线，我国从战略高度已经开始研究北极航线等问题。

加快大图们江国际运输通道建设，加强同俄罗斯、朝鲜港口合作，开通跨过陆海联运航线，形成起始于中国东北地区的北方"丝绸之路经济带"和"21世纪海上丝绸之路"，实现我国东北地区与"一带一路"建设的完美对接，为我国的"一带一路"建设提供新的战略支点。

其次，为了推进"一带一路"建设实施，吉林省应积极参与中俄蒙经济走廊建设，把大图们江通道纳入中俄蒙经济走廊，提升到三国政府首脑会谈，推进铁路、旅游、物流、人文、通信、口岸等互联互通项目建设。加强中俄蒙政府间高层磋商与对话，深化中俄蒙全面战略合作。通过中蒙两国间的高层互访机制，推动矿产资源开发、建筑、铁路、旅游、农业、金融、劳务、过境运输等关键性问题，建立制度化磋商和解决机制。

鼓励大企业赴蒙古投资，也可以通过注册海外公司、组织跨国企业等方式赴蒙古投资。探讨中国"一带一路"建设与蒙古"草原之路"倡议的有效衔接，确定中蒙铁路、公路连接项目建设问题。采取优惠政策扶持中蒙大通道建设。中国应当在过境运输、贸易便利化等方面予以蒙古国政策支持。扩大文化交流与合作。举办形式多样的民间文化交流活动，扩大蒙古国公派在华进修、留学人员的规模，增进中蒙民间的相互理解与信任。扩大对蒙古国的社会公益性援助，通过建设学校、修筑街道、医疗援助、人员培训等援助方式，扩大中国在蒙古国的影响力。

第三，利用中俄关系良好的有利时机，把"一带一路"与俄罗斯欧亚铁路连接起来，推进中俄能源、高铁等大项目合作，积极鼓励企业走出去，扩大对俄资源开发、港口、农业、旅游等合作，夯实中俄关系的经济基础。

第四，加强中韩合作，把中国"一带一路"与韩国"欧亚倡议"有效对接。韩国提出的"欧亚倡议"是通过欧亚地区国家之间的经济合作，扩大韩国的对外贸易。"一带一路"与"欧亚倡议"两者方向一致，"都是往西走"，方式都是扩大经济合作，而没有对参与者的限制。同时，充分利用中韩自由贸易协定扩大中韩双边经贸合作。

第五，以跨国通道、边境口岸、跨国旅游、人文交流等互联互通工程为重点，扩大吉林省与朝鲜以及日本的双边合作，建立民间的、地方性的多边合作机制和合作平台，以互联互通为纽带把周边国家纳入"一带一路"建设，促进吉林省与东北亚国家的交流与合作。

完善综合交通运输网络，加强边境基础设施建设，为深化东北亚区域合作创造有利条件。

1. 铁路

依托经绥芬河、哈尔滨、满洲里与俄西伯利亚铁路连接的中俄国际通道，完善境内相关铁路网络，重点建设密山、同江、黑河、洛古河、黑山头、室韦口岸铁路，改造提升相关支线铁路。加快建设区域中心城市到重点沿边城市的快速铁路。

依托经二连浩特、蒙古国乌兰巴托与俄西伯利亚铁路连接的中蒙国际通道，重点建设珠恩嘎达布其、满都拉、甘其毛都口岸铁路。研究推动将瓦窑—吉兰泰—乌海铁路纳入铁路中长期发展规划。

加强与周边国家的沟通协调，推动跨境铁路通道建设。加快建设中国同江—俄罗斯下列宁斯阔耶铁路大桥。

2. 公路

规划建设建三江—抚远、吉林—黑河、海拉尔—满洲里、洛古河—漠河等公路运输通道，以及珲春—圈河、室韦—拉布拉林等口岸公路。改扩建室韦—莫尔道嘎、嘉荫—萝北—同江等公路。

促进黑河、萝北、嘉荫、漠河等浮箱固冰通道建设，加快鸭绿江新桥建设，推动黑河、洛古河、东宁跨境桥梁建设和珲春、图们、长白、集安等跨境桥梁改造。

加强与周边国家合作，改造建设中国圈河—朝鲜罗津等国际公路运输通道。

3. 航空

进一步培育沈阳机场的区域枢纽机场地位，增强哈尔滨机场面向远东地区、东北亚地区的门户功能，提升长春机场和大连机场辐射能力。新建抚远、绥芬河、霍林郭勒等支线机场。建设一批通用机场，与支干线形成有效衔接。

加强和完善东北地区主要枢纽机场功能，增加远程国际航线和班次，提升国际竞争能力。支持沿边重点城市建设航空口岸，开通国际航线；发展国际包机业务，培育定期航班新航线；支持支线机场之间开通航线或形成环线。

4. 港口以及江海联运、陆海联运

以建设大连东北亚国际航运中心为目标，整合辽宁沿海港口资源，优化功能布局，加快港口基础设施建设，提高信息化水平，逐步建成结构合理、功能完备、分工协作、便捷高效的现代化沿海港口群。

加快黑龙江、松花江等高等级航道和额尔古纳河、嫩江等重要航道以及码头等基础设施建设，打造黑龙江、鸭绿江、图们江水上战略通道，促进江海联运发展。

鼓励企业参与周边国家港口投资合作，畅通东北地区面向日本海的出海通道，促进陆海和江海联运的常态化运营。

第三节 加强人文交流，建设中华文化传播新高地

　　"一带一路"所涉国家与中国人文合作交流历史悠久，一直是中国开展人文领域合作、传播中华文化、扩大国家软实力影响的重要对象。"一带一路"沿线国家由于地缘、文化的近邻性，国家之间人文交流具有较好的基础。然而，目前，"一带一路"沿线国家在与中国的区域合作过程中，最担心的是合作可能造成其对中国形成资源出口型依赖，以及中国物美价廉的商品对其加工业的冲击。他们更关注与中国在非资源领域的合作。因此，在与"一带一路"沿线国家进行交流与合作时，应实施人文先行战略，包括文化、教育、科技、卫生、旅游、扶贫等诸多方面。人文合作对于沟通民心，建立各国人民之间的理解与共识，传播中华文化意义深远，是夯实"一带一路"建设民意基础和社会根基的重要举措。

一、文化交流与合作的现状

1. 政府间文化交流日益频繁

　　基于历史和地缘政治因素，中国与"一带一路"沿线国家保持着长期、广泛的联系。近几年来，中国与"一带一路"沿线各国政府间文化交流不断加深，与各国分别签署了多份文化领域的合作协议。目前，中国与巴基斯坦、菲律宾等多国签订了领事条约，与哈萨克斯坦、乌兹别克斯坦、吉尔吉斯斯坦、塔吉克斯坦等国签订了《文化合作计划》《广播电影电视合作协定》《体育合作协议》等政府间文化合作协定和年度文化交流执行计划，为国家之间的双边文化交流活动确定了基本内容与合作方向；与中东欧国家主要是基于中国—中东欧国家合作框架，广泛开展在教育、文

化、旅游、新闻等领域的交流。

蒙古国与中国内蒙古过去同属一个民族，语言相通、民俗相近，自然条件、文化背景、历史传统等较一致，毗邻地区往来频繁，边民关系融洽，民间交往密切，双边外交关系良好。中国与俄、蒙两国公务护照互免签证，进一步促进了政府间人文交流。同时，政府团、演出团、展览团、部长论坛、文化政策圆桌会议以及其他文化部门和团体的互访互动也日益频繁。中国电影周、中国艺术展、中国文化日等活动多次在国外举办，国外文化节等活动也在中国开展，为"一带一路"文化交流合作不断注入新的活力。

2. 对外文化交流平台逐步完善

在上海合作组织、中国—中东欧国家合作框架、亚欧会议、"金砖"机制等多边合作平台下，文化交流与合作的内容不断丰富，合作领域不断拓展，合作机制不断完善。中蒙、中俄地方政府间的人文交流活动日益频繁，内容更加丰富多彩。如黑河的中俄文化大集已连续举办五届，并上升为两国国家级文化交流项目，成为中俄文化品牌活动。

3. 汉语教学国际推广成绩显著

孔子学院是中国在世界各地设立的推广汉语和传播中国文化与国学的教育和文化交流机构，给世界各地的汉语学习者提供规范、权威的现代汉语和最正规、最主要的汉语教学渠道。自 2004 年开始至 2014 年 12 月，全球已建立 475 所孔子学院和 951 个孔子课堂，分布在 126 个国家（地区），成为汉语教学推广与中国文化传播的全球品牌和平台。目前，我国已在"一带一路"相关国家建设了 95 所孔子学院和 50 个孔子课堂，均运营良好。

4. 留学生教育规模不断扩大

近年来，通过国家来华留学生计划、国家和政府奖学金等项目，来华留学生规模不断增加。东北地区许多省市也设立了相应的奖学金。如：黑龙江省实施"留学龙江"计划，充分发挥中国政府奖学金和来华留学黑龙江省政府奖学金的作用，吸引优秀俄罗斯青年来黑龙江省攻读硕士和博士学位；许多优秀的俄罗斯留学生获得辽宁省自主招生的中国政府奖学金和辽宁省政府外国留学生奖学金；内蒙古自治区利用"中国政府奖学金""内蒙古政府奖学金"，积极为俄、蒙学生提供留学教育。2013 年，中国为"一带一路"相关国家提供中国政府奖学金 11201 个，占当年来华留学中国政府奖学金总数的 34%。国家在 2015 年 3 月发布的《推动共建丝绸之路经济带和 21 世纪海上丝绸之路的愿景与行动》中承诺每年向"一带一路"沿线国家提供 10000 个政府奖学金名额。在来华留学生中学语言的多，学专业的少。

由于历史文化的差异，国内各地的留学生来源地存在一定的国别差异。2014 年，俄罗斯在华留学生总数达到 17202 人，蒙古国在华留学生总数达到 7920 人，其中，黑龙江省的俄罗斯留学生总数为 3469 人，是中国接受俄罗斯留学生最多的省份。截至 2014 年 4 月，内蒙古自治区高等院校在校俄罗斯留学生 102 人，高等院校在校蒙古国留学生 1557 人。2010 年至2014 年五年间，中方每年全额资助蒙古国留学生 100 名到内蒙古高校接受本科学历教育，学制五年。

5. 国际友好城市成为文化交流与合作的重要载体

友好城市是各国地方政府增进了解、发展友谊、促进合作的重要方式，通过友好城市关系可以促进城市人民之间的了解和友谊，开展文化、教育、科技、经贸、人才等方面的实质性的交流与合作。它是增进人民之间的相互了解和友谊，开展交流与合作，促进世界和平的最有效方式。中国自 1973 年开展友好城市活动以来，对外缔结友好城市工作不断取得进展，初步形成了国际友好城市网络。与中国结交友好城市最多的前十名国家多为发达国家，在美国、日本、韩国、俄罗斯之后分别为澳大利亚、法国、德国、意大利、英国和巴西。"一带一路"沿线国家中，由于历史、政治、文化等因素，俄罗斯与中国的友好城市数量最多。其中，东北地区的友好城市基础良好，发展稳定，沈阳、大连的国际友好城市超过 20 个，哈尔滨多达 30 余个。

二、存在的不足和问题

1. 社会不稳定因素增多，文化安全形势严峻

我国与"一带一路"沿线国家的文化交流和合作一直受到西方文化渗透、国外民族分裂、东突等敌对势力的各种干扰。"一带一路"沿线国家由于地缘文化的近邻性，相互之间文化交流具有较好的基础。东北地区相邻国家，除传承中华文明外，都留下了伊斯兰文明和俄罗斯文明的烙印，多种文化力量并存竞争，加之西方强势文化掌控世界的话语霸权及其文化帝国主义的全球扩张渗透，相关国家内仍存在"三股势力"及其他大国因素等的干扰，严重影响了相互之间文化的友好合作。近年来，敌对势力、民族分裂势力和暴力恐怖势力，严重影响了国与国之间、民族之间正常的文化交流和信任。

2. 民间交流与合作开展有限

由于民间文化意识形态和经济发展水平等的差异，目前"一带一路"沿线国家、地区间的人文交流仍以正式的政府交往为主，并且存在集体主义与个性自由、崇尚节俭与推崇消费、道德至上与功利主义、公平与竞争等方面的冲突，民间外交、公共外交较松散且无序，未形成整合和集聚效应。加之有些国家尚处于转轨时期，公民社会发展还不够成熟，民间友好组织的发展数量少、规模较小，而原有的友好组织又遇到了缺乏资金等困境，难以聚合力量推动民间交流的深化，特别是更多受西方文化的影响，中国的民间文化交流与影响在该地区仍然很小。

3. 缺乏中长期文化交流与合作机制

虽然我国与"一带一路"沿线各国签订了文化合作协议，但由于各种原因，相互之间文化交流与合作尚未构建起中长期文化合作机制，文化政策相对零散，缺乏连续性。同时，文化合作效果也不明显，影响力也不够广泛和持久，一些文化交流活动难以持续展开。具体到东北地区，目前，各个省还都是各自为政，零散作战，缺乏一个具有广泛共识与持久影响力、常态化的文化平台或品牌。

4. 文化交流形式有待深化，现代交流方式缺乏

目前，相关各国与我国文化交流的主要形式为举行艺术展、互派艺术团体演出、旅游等，而在媒体、出版、学术等领域的交流与合作相对较弱，相关国家的中文出版物数量有限，相互之间的传媒影响力较小。在电视广播覆盖方面，俄罗斯，蒙古国等当地居民只有通过卫星电视才能看到中国节目，节目内容缺少吸引力。其他各国的报纸、杂志、电视广播在中国民间也比较少见。西方媒体对他们影响力很大，而中国传媒很少，缺少中国声音。目前的文化交流方式也多以传统形式为主，基于互联网的新媒体、网络化文化交流与合作较为缺乏。

5. 汉语教学国际推广成绩显著，但阻力仍然较大

我国在俄罗斯、韩国、蒙古国等国都设有孔子学院。但目前一些国家对中国外设孔子学院持谨慎态度，少数国家甚至设立新的障碍，阻挠孔子学院的建设和发展，对推广汉语教学制造一定的障碍。

同时，国内缺乏小语种（包括俄语）教育授课人才，影响来华留学生数量和质量。相对于来华留学生规模和支持力度而言，东北地区派出的留学生大多去往欧美发达国家，派往"一带一路"沿线国家的留学生和进修人员数量相对较少，双向交流明显不平衡，影响了面向"一带一路"沿线国家战略人才的培养。

6. 国别国情战略研究优秀人才缺乏

教育部 2012 年开始在全国部分高校部署设立了 37 个区域和国别研究基地，如兰州大学"一带一路"研究中心、北京师范大学俄罗斯研究中心等，这些区域和国别中心为我国开展相关国家研究奠定了基础，但开展国别研究的人才明显不足，特别是缺乏相关国别研究的非通用语言人才。同时，开展国别研究的规模仍然不够，突出成果和有影响的专家很少。

7. 国际化专业性人才和国外技术工人缺口较大

随着全球化的发展，走出去的企业越来越多，但目前企业的国际化人才，特别是既懂专业、又懂外语（小语种）的专家型人才缺口较大。同时，"一带一路"相关国家，特别是蒙古国，虽然劳动人口数量较多，但人

口受教育水平普遍不高，加之多以农牧业为主，缺乏高素质的产业工人，难以满足我国驻外企业对技术工人的需求。

三、未来应重点推进的人文交流与合作

东北地区要补齐短板，积极推动人文领域的务实合作，通过教育、科技、文化、旅游等领域的务实合作建立综合人文交流网络，助力东北振兴。文化交流与合作的重点与举措主要有：

（一）开展多种形式的文化交流与合作

利用"一带一路"各国民间、民族文化相连相通的优势，通过特色节庆、文化周等形式，广泛开展丰富多彩的文化交流；加强在影视、出版、印刷、演艺和文化服务等文化产业领域的合作；发展会展业，共同举办具有国际影响力的会展活动。打造报纸、广播影视、文艺展演、互联网四位一体的文化交流体系。

（1）充分利用网络等多媒体渠道扩大宣传和影响。与相关国家合作拍摄一批具有"一带一路"特色、历史和气魄的影视剧，以丰富多彩的文化作品展现"一带一路"的魅力风貌和丰厚的历史文化底蕴。同时，推动和加大与相关国家的文化团体互办展览、演出、电影节、文化艺术节等活动，促进专业文化交流和融合。加强民间文化（草根文化）交流，鼓励和培育发展非政府组织（NGO），活跃民间往来，促进更多的民间文化机构加入对外文化交流与合作中，充分发挥民间力量在文化交流中的重要作用，扩大人文交流的影响力和宣传力，支持与相关国家互办文化年、艺术节、电影周、电视周、图书展以及重大体育赛事等活动，通过广大民众参与增加人文交流的机会。国家在友城之间给予互派留学生等优惠支持。

（2）积极推动成立"一带一路"国际旅游合作联盟，重点推进跨境精品旅游线路建设，以跨国旅游合作示范区为契机，建立旅游安全合作机制。简化和理顺出入境旅游相关程序和手续，逐步建立沿线国家的凭护照入境或减免签证费的制度。

（3）完善和发展人文合作平台，建立政府，企业与非政府组织多层次

人文合作组织平台网，进一步发挥组织等现有机制的作用，丰富机制框架下的人文合作内容。

（二）建立健全多层次文化交流平台

东北地区可以尝试建立定期开展的政策交流和省市长对话机制，打造国际文化交流长期合作平台，培育具有世界影响力的"一带一路"历史文化品牌，在国内各种区域性文化交流平台的基础上，逐步建立常态化文化交流平台。用好大连"夏季达沃斯论坛"等平台，扩大宣传，打造东北地域有影响力的国际论坛。

（三）加强"一带一路"友好城市建设，拓展文化合作领域

目前与东北地区结为友好城市的多为欧美和东亚的发达国家，与"一带一路"相关国家的结对相对较少。随着东北棚户区改造和城市化水平的快速发展，需要不断扩大友城数量。一方面，在巩固与发展周边近邻国家、西方发达国家友城关系的基础上，重点推动与"一带一路"中的相关国家的友城关系建设；另一方面，不断完善友城发展的区域内布局协调，加快较落后地区国际友好城市的发展，形成以中心城市带动落后地区国际友城发展的良性循环态势。

（四）利用多种媒介手段，加强宣传和引导

更加重视新媒体的作用，支持在"一带一路"沿线建立媒体网络，利用网络平台和新媒体工具，塑造良好的舆论环境。在节目互换、媒体合作、资源共享上加强互动，要特别重视媒体的共同开发，利用互联网、社交媒体和各种新闻客户端加强彼此之间的交流与合作，支持媒体从业人员之间的合作，在现有各国媒体基础上，组建"一带一路"媒体协会和媒体从业人员协会。

利用省市报纸等对外媒体加大宣传力度，加快广播电视落地覆盖；组织策划中外媒体联合采访跨境驾车采访等活动，有效吸引境外主流媒体参与。推动与境外媒体联合制作以"一带一路"为主题或背景的电视节目，推动电视台开设"一带一路"宣传系列节目，加强东北地区电视台等新闻媒体与俄蒙合作；鼓励和引导国内民企或非政府组织与国外媒体联合在相

关国家建立网站等新型媒体平台，促进各方交流与合作。

（五）针对不同国家和地区布局不同的文化交流重点

由于历史、政治及语言文化的原因，目前在文化交流方面与中东欧国家和中亚地区的交流较多，加快与相关国家友好城市的建设，促进民间交流。俄罗斯、中东欧长期与中国文化交流较为密切，继续保持全方位发展。

（六）扩大双向留学生教育规模，提高留学教育的专业化水平；加大人员培训，扩展职业培训

东北地区高校应扩大对"一带一路"沿线国家留学生规模，加大针对"一带一路"沿线国家留学生的奖学金额度。重点倾斜相关国家学生来华留学或进修。设立专项教育基金，重点面向"一带一路"沿线国家的留学生，使他们从单纯的汉语言学习逐渐向适合于相关国家市场需求（如农学、医学、电力、石油开采等）的专业教育转变，与此同时，增加中国派出到相关国家的外出留学人员数量。通过设立"一带一路"目标国家专项留学奖学金，鼓励赴相关国家小语种人才的培养和留学进修，加快培养一批精通小语种，熟悉周边国家政治体制、经济社会状况、文化背景和法律制度的综合素质高的国别研究专业人才，加强对周边国家政治、经济、文化及对外开放政策等方面的深入研究和交流；借鉴英国 BP 公司经验，鼓励大中型企业外出合作办学，设立企业留学教育奖学金。支持企业与国内大学合作办学，通过国外留学生定向培养，国内高校定向招生（针对目标国家、目标专业），解决企业急需的国际化专业技术人才。

同时，东北地区可以借助科技部"发展中国家技术培训班项目"平台，加大对"一带一路"发展中国家的技术和管理人才培训力度。同时，鼓励和支持高校对"一带一路"沿线国家的管理人员实施培训项目。扩大公务人员交流，资助相关国家政府管理人员交流。加大职业技术培训。利用改革开放 40 多年来的职业教育经验和师资力量，支持对相关国家工人的职业技能培训，满足海外企业对当地工人的技能需求。特别是要增加对俄罗斯和蒙古国等有关国家的职业技术教育援助。支持企业建立海外技术培训中心，提高当地就业人员的基本工作技能。

（七）加强高校共建，鼓励合作办学和学者交流

探索与"一带一路"相关国家建立大学联盟，支持合作办学。通过开展教学合作、研究交流、暑期项目、培训项目、学生交换等，推动相互了解和资源共享；同时，通过提供更多的奖学金、讲习教授，联合建立实验室等，为沿线国家大学合作创造良好的条件和环境。支持科研院所共建实验室、研发中心、技术转移中心等，为科研人员合作交流创造条件，加深友谊。

应加强与"一带一路"沿线国家的高校共建，设立适合双方市场急需的专业人才培养，如能源、旅游、环保。积极开展各级各类合作办学，鼓励高校走出去与国外大学合作办学，或者引进来与国内大学合作办学；在高等教育综合基础较好的学校，如哈尔滨工业大学，或者地方特色突出，并已与国外具有良好合作基础的地区（如大连等）开展合作办学的试点。鼓励高校开展与国外知名高校的合作与交流，重点做好联合培养本科生、硕士生和博士生工作，选择独具特色的学科和优势学科与相关国家开展强强联合。举办"一带一路"高校校长论坛，开展双边教师、学者交流。继续实施杰出青年科学家来华工作计划，加强与有关国家科技人员交流。用好周边友好交流基金，开展相关国家的政府官员、社会精英、智库、媒体、青少年等交流。

（八）加强国际科技合作，推动科技交流

整合科技资源，做好统筹设计，规划国际科技合作；结合相关国家科技发展需求，研究提出合作重点领域和方向；引导设立双边或多边的科技园区和科技研发中心，发挥科技的引领和示范作用；加强人文科学与民生领域的科研合作；加强科学技术服务，推动技术与设备输出，增强各国企业间协作沟通，建立专业化的科技合作中介机构；逐步解决科技合作中出入境体制和制度障碍，加强知识产权规范管理。

第四节　加大改革力度，推进执政模式新探索

近几年，东北地区各级政府强化社会管理和公共服务职能，积极从全能型、管制型向管理型、服务型、法制型转变，政府职能发生了多方面的积极变化，取得了很大的收效。一是培育、规范、监管市场体系取得一定进展，在不断发展商品市场的基础上，逐步培育生产要素市场，努力建立统一开放、竞争有序的市场体系，市场配置资源的基础性作用日益显著。二是政企分开迈出较大步伐，政府各部门解除了与所办经济实体和直属企业的行政隶属关系，不再直接管理企业。三是在管理涉外经济方面逐步向国际惯例靠拢。四是政府促进经济和社会协调发展的职能有所加强。五是政府自身改革取得一定进展，确立了依法治省、依法行政的方略，提出建立廉洁、勤政、务实、高效政府的目标并努力付诸实施，政府机构改革逐步深入，政治民主化进程不断向前推进。

东北地区新一轮振兴，制度环境是关键因素。近年来，随着国家行政体制改革持续推进，东北地区在行政体制改革进程中取得了相当的进展，简政放权工作得到持续推进。但当前改革仍存在概念不清、配套不够、放权不足等问题。

东北地区政府和市场的关系，扭曲得比较严重。相比珠三角、长三角这些地区来说，东北地区在政府直接干预资源配置方面问题更突出，而且地市之间的地区生产总值竞争造成的重复建设也是非常严重。东北地区经济之所以落后，其根本原因就在于未能让市场在资源配置中起决定性作用。从总体上看，东北地区政府管理体制改革仍然落后于经济体制转轨的进程，政府职能转变力度也慢于市场经济发展要求，在政府与企业、政

府与市场、政府与社会的关系上，一系列深层次的矛盾尚待解决。行政管理体制存在的问题已经成为制约经济社会发展的瓶颈，影响振兴政策的落实。

深化经济体制改革，要认清现行经济制度中存在的束缚市场主体活力，以及干扰、阻碍市场和价值规律起决定性作用的体制弊端。进一步放权让利，对现有的管理方式做出调整，减少政府的不当干预，推动市场按"企业民营化""价格市场化""竞争自由化""管理法制化"原则运行。

东北地区应紧跟政策要求，结合自身实际，走得更快、改得更深，推动精简化、一体化、标准化、网络化、公开化改革，切实改革政府机构设置、规范行政权力运行，形成良好制度环境支撑，为东北新一轮振兴增强动力、激发活力、凝聚合力。

一、东北地区政府管理模式存在的问题

近些年，尽管东北地区政府的管理服务水平不断提升，改革在近年来取得诸多进展，但在改革过程中也同样浮现出诸多新问题、新麻烦，依然存在政府守信意识差、不依法行政和政策执行效率低等一系列问题。这些问题是东北地区振兴所面临的严峻问题，必须认真对待。这些问题具体体现在以下方面：

1. 政府过于强势、对企业干预过多

政府对微观主体特别是国有企业的直接干预依然过多，有效的国有资产管理体制尚未形成，政府的公共管理职能和国有资产所有者职能混淆不清的状况没有根本改变。政企不分，政府兼具裁判员与运动员的双重功能，包揽企业的管理与运作。政府还没有完全从企业活动中超脱出来，行政干预在某些领域依然存在，如行政管制、用财税返回及贴息的办法支持国有企业等。计划经济时期形成的、经济转轨时期又有某种扩展的行政审批制依然广泛存在，特别是企业设立、领导人任免、投资、外贸等领域的行政审批亟待清理、削减。在推进国有企业改革的过程中，某些政策的实施又产生了强化行政审批和个案处理的副作用。在国有企业股份制改造、

股票发行以及兼并收购等资产重组活动中，一些部门和地方政府往往出于部门利益、地方利益甚至长官意志，对企业进行不适当的行政干预。用财政返还及贴息的办法，而不是以国有资本投入、运作的办法来支持国有企业。强行要求效益好的企业在投资、担保贷款、资产重组等方面照顾劣势企业，甚至向企业摊派政府的行政性支出。企业干部与政府干部具有同样行政级别，可以互相对调。作为微观经济细胞的国有企业，包揽大量的社会事务，企业急于瘦身，不堪重负，无法应对激烈的市场竞争。国企一方独大，民企严重弱小。对非公有经济的限制依然过多，公平竞争环境尚未形成。强政府、弱企业的结果是，政府、企业、百姓三方都陷于困境：国企由于体制性矛盾没有解决，市场化程度低、发展活力不足，无法与市场接轨，日益陷入困境。而民企始终长不大，致使大批下岗工人无法分流安置，地方经济难见起色。

2. 政府干预市场过多

东北地区地方政府长期以来习惯于自上而下的行政权力管理，有着指令性偏好和行政命令干预经济的习惯，缺乏现代市场管理的理念。没有真正理解和相信市场机制的作用，仍然过分迷信行政权力，坚持行政主导，偏好直接组织企业的生产经营活动，直接组织招商引资和项目实施，直接下达指令性经济指标和产品指标，直接通过行政命令干预经济事务。

市场能够发挥作用的地方，政府行政干预最为集中；而市场失灵的地方，却是政府管理的盲区。区域经济发展，处于"人工干预"状态，从对外招商引资（招商已经成为政府的主要工作），推进企业合资合作，到上项目、铺新企业甚至举办展销活动和经贸洽谈活动，都由政府来主持和推动。在投融资领域，存在着政府以直接干预微观投融资活动达到宏观调控目标的倾向，其结果往往达不到宏观调控的预期目的，同时又加强了政府对投融资活动的不正常的干预。不少部门和地方政府仍然过多地承担着投融资主体的职能，花费大量精力争资金、争项目，投资决策依赖于行政机关的层层审批，不按科学严谨的、市场化的投资决策程序办事，缺乏严格的投资风险责任机制，屡屡造成重大的投资失误。政府成为配置资源的主体，市场机制发挥的作用太小或是说没有发挥作用。有的企业家说："东北给外界的印象是政府主导的市场，不是企业家的市场。"许多本来不该由政府干的事，政府在干着，而有些本来该由政府干的事，政府又由于没有精力和财力，干得不够或是没有干。

在市场监管上，一方面是规范市场秩序的法律法规仍不健全，法规不统一、不透明，依法管理的体系还很不完善，还有很多空白点。立法落后于现实，执法落后于立法。对有法不依、执法不严甚至违法不究的行为缺乏有力的监督制约，"人治大于法治"的现象在许多地方时有发生，严重损害司法独立和司法公正。部门、地方政府的法规甚至内部文件与国家法律存在矛盾。在行政执法实践中，出现内部文件的权威大于部门法规，部门法规的权威大于国家法律的现象。另一方面是地方保护主义和部门分割不断变换手法，阻碍区域统一市场的形成。这些因素导致了市场秩序比较混乱，突出表现为假冒伪劣商品泛滥，偷税、逃税、骗税、骗汇和走私活动猖獗，社会信用关系紊乱，逃废债务现象相当普遍，建筑领域弄虚作假、工程质量低劣的问题严重等。这种"人治经济"观念和"指挥式"的管理模式与市场经济多元化的结构已不相适应。

3. 政府包办社会事务过多，社会治理落后

从政府与社会的关系看，政府包办大多数社会事务，社会治理不发达，政府放权不够，中介机构依附于政府部门，弄得中介机构四不像，真正的适应市场经济发展要求的社会中介组织发育不全面。政府在行使职能过程中一定程度地存在着越位、缺位和错位的问题。"越位"就是政府直接管理经济事务；"缺位"就是政府公共服务功能没有充分发挥；"错位"就是政府微观事务繁忙、宏观统筹不力。在政府与中介组织的关系上，一方面培育并发挥中介组织的作用不够，另一方面对其依法实施监管不够。科研单位转制停滞不前，事业单位改革滞后，履行大量的行政职能，往往是一个大委办厅局，有几个甚至是十几个事业单位。

4. 政府守信意识差

讲诚信是政府执政的基本要求，但政府管理服务中存在诚信不足、司

法公信力差、商务诚信体系脆弱等一系列问题。在管理实施层面存在不严格执行合同规定、不兑现与项目有关的承诺、在合同之外增加义务和有失所有权公平等歧视性行为。例如，在建筑行业中，合同规定政府的验收审计环节一般不超过完工后的 30 个工作日，但有的甚至拖至 3 年。政府的不及时验收审计完工工程、拖欠工程款等失信违约行为严重影响了企业的投资意愿。

5. 政府不依法行政、政策执行效率低、行政权力概念模糊

政府作为外力促进民间投资，存在产权保护和合同法执行不到位等行为，"权大于法"现象突出，民营企业在与地方政府博弈时永远处于弱势地位，民告官鲜有胜诉的案例。故此，产权和合法收益不能得到有效保障，使民企不敢投。

基层政府存在简政放权、放管结合和优化服务的政策落实时间慢、走样、变形、不到位等现象。尤其在土地转让、资格审批、证照办理和工程验收等关键环节，依然存在行政审批时间长、盖章多、收费多、中介多等突出瓶颈问题。据此，民企未切实体验到中央"放管服"政策的获得感，政策执行"最后一公里"的短板严重束缚了民营企业的投资意愿。

从东北三省行政管理改革数据及对全国其他省份的统计可以看出，各地行政权力清单中所列出的行政权力事项差距极度悬殊。从根本上说，出现这一情况的原因在于各地对"行政权力""权力事项"的概念界定不统一、口径不清楚，从而出现地区间差异极大、难以有效把控改革进程的突出问题。

6. 改革配套联动仍不足

在深化行政体制改革进程中，李克强总理曾多次强调改革配套联动不足的问题。具体而言，即各地在推进行政体制改革的过程中，部门之间、地区之间、层级之间改革不配套，群众完成审批过程常需多部门、多地区奔波，审批许可证离开所在地即"失效"的问题频繁出现。归根到底，这些问题的出现是行政体制改革过程中改革配套联动不足所导致的。

7. 后置审批仍繁杂、审批行为不规范与法律法规滞后并存

后置审批繁杂是行政体制改革现存的重要问题。以工商登记为例，减少的审批项目有很大一部分实质上进行了后置，形成了"注册容易生存难"的怪象。可见，后置审批繁杂为群众带来了极大不便，是行政体制改革中需重点解决的问题。

在行政体制改革推进过程中，审批行为不规范也成为广大群众普遍反映的问题。在审批事项减少的同时，通过每一项审批的难度却加大了。简言之，审批事项缺乏标准、缺乏规范，给群众造成了"不知道审批条件、不知道审批流程、同样条件可能批可能不批"的不良印象，亟待妥善解决。

审批行为不规范同样折射出相关法律法规的不健全。基于各类调研可以看到，一些地方反映，法律法规未及时跟进行政体制改革进程，频繁出现"一改就违法"的情况。由此可见，必须加快健全行政体制改革相关法律法规、完善审批程序与审批标准，切实减轻群众负担。

8. 放权过度与放权不足并存

放权过度与放权不足是行政体制改革中简政放权领域的突出问题，也是难以避免的改革失误。一方面，放权过度普遍存在，国家审批事项层层下放，频繁出现下放过度导致该事项失去原有功能的问题，增加了额外的行政成本。另一方面，以"放权不放网"为代表的放权不足同样多见。各地区普遍存在行政权力向地方下放后，系统、网络不向地方转移，在当前各职能部门系统、网络仍未统一的现状下，这一问题同样大幅增加了行政成本，放权反而成为负担。

9. 进入经济新常态后，行政体制改革出现新问题

2013 年以来，行政体制改革经过多年推进，已经进入攻坚期、深水区。近几年来，进入经济新常态后，以东北某些地区为代表的我国行政体制改革进程正发生以下变化，主要表现在：改革难点由审批多变为审批难、审批乱；改革焦点由政府部门变为行政权力关联事项；改革事项由重点大企业事项变为中小企业和群众事项；企业痛点由创新投资难变为生产经营障碍多、管理乱；审批服务由效率低下变为不公平、不公开；政府部门不

讲诚信现象日益凸显；税费负担有所加重；政府管理人员由乱作为变为慢作为、不作为；改革向基层落实的障碍由动力不足变为法律法规滞后；政府监管人员由观念滞后、认识不足变为动力不足、能力不足。

二、推进行政管理体制改革的重要意义

（一）东北行政管理体制改革具有紧迫性

东北老工业基地是最早进入、最晚退出、实行计划经济最彻底的地区，政府行政管理体制改革相对滞后。从总体上看，行政管理体制改革滞后于经济体制改革，政府职能转变力度不适应市场经济发展的要求，在政府与企业、政府与市场、政府与社会的关系方面，存在一系列深层次的矛盾待解决。行政管理体制存在的问题已经成为制约老工业基地经济社会发展的瓶颈之一，影响国家振兴东北政策的有效实施。正确处理政府与市场的关系问题已成为东北地区行政体制改革的关键环节。

经济体制改革推进到一定程度，不适应经济基础的上层建筑就会成为新经济体制有效运转和改革进一步向前推进的障碍。从计划经济向社会主义市场经济体制的转型，意味着必须对旧的政府职能配置模式和组织机构体系、管理和运作方式做出调整，与市场经济相适应的制度性安排也是在根本上重塑政府管理模式。如果不从政府与市场关系这更高层次上致力体制机制创新，则传统体制下的种种弊病就无法根除。目前，进一步深化国有经济和社会事业领域的改革，必须推进政企分开、政资分开、政事分开；完善所有制结构，必须进一步消除制约非公有制经济发展的政策和体制障碍；加快生产要素市场化。

如果要完善现代市场经济体系，必须进一步减小和规范政府的行政干预，打破行政垄断和地区封锁；必须加强政府统筹安排、调节分配职能，强化政府社会保障责任，健全就业、收入分配和社会保障制度，所有这些都表明：推进东北地区政府管理体制改革，已经成为实施振兴东北战略的重要前提。东北地区的落后是一种体制的落后，东北地区与南方沿海地区的差距，表面上是经济发展水平的落差，实质是体制的反差。深化改革的

难度与迫切性显而易见，继续创新思路、深化改革可谓势在必行。

（二）社会转型对政府管理体制提出了新的要求

社会管理职能薄弱和公共服务供给不足是当前矛盾的一个主要方面。东北振兴时期既是黄金发展期，也是矛盾凸显期。这是一个从传统社会向现代社会迈进，从计划经济向市场经济过渡的经济转轨和社会转型时期。整个社会发生着深层次的转型，从而使与原先社会结构相配套的各种规则、制度不同程度地失效，同时社会转型带来深刻的社会分化，包括利益分化和思想分化等，传统的利益结构受到冲击，原有的社会思想体系出现裂变，所有这些变化带来的后果是社会冲突加剧，其表现是各种"不平衡矛盾"的碰撞和"不稳定现象"的频发。比如城乡地区差距、贫富差距、突发事件危机，以及庞大的下岗失业问题，公共服务体系和社会保障体系不健全，等等。

这些方面都是东北地区在进一步深层次改革需要下大力气解决的。真正按照中共十八届三中全会的精神，按照中央现在确定的新的五大发展理念，理顺政府与市场的关系。不要再去追求地区生产总值和人均地区生产总值，要把切实改善和加强民生作为这次振兴的出发点和落脚点。

东北地区经济发展乏力的关键因素在于制度环境，必须以深化行政体制改革为手段，切实改革政府机构设置、规范行政权力运行，形成良好制度环境支撑，为东北新一轮振兴增强动力、激发活力、凝聚合力。

政府在推进老工业基地振兴中肩负着重要的历史使命。推进行政管理体制改革的重点是转变政府职能，有效地发挥政府作用，提高政府行政能力。但要充分发挥政府的作用，必须以加快政府体制改革为前提。因为东北老工业基地是最早进入、最晚退出、实行计划经济最彻底的地区。目前老工业基地最大的问题是受传统的计划经济体制影响较深，体制改革相对滞后，尤其是政府改革与国企改革相对滞后。目前东北的经济管理存在职能错位、越位、缺位和不到位问题，要学会更多地用市场、政策、经济和法律手段，减少用行政手段，发挥市场在资源配置中的决定性作用。

所以，振兴东北必须首先加强体制机制创新，消除体制性障碍。只有加快政府自身改革，更好地进行角色定位，转变政府职能，才能提高政府的行政能力。

东北地区地方政府应以放权、监管、服务为重心，缔造市场环境，减少政府对企业的干预。同时，坚持包容发展的合作理念，以政府和社会资本合作（PPP）为核心，改革基础设施投资体制，发挥政府与市场合力。

供给侧结构性改革需要简政放权，不能过多依赖政府主导和政策拉动来刺激经济增长。政府不能替代市场选择，而是刺激微观经济主体的积极性和创新活力，为市场机制的充分作用创造良好条件，包括做好顶层设计、制度供给，提供良好的公共服务，营造良好的营商环境，创造有利于结构优化的各种条件等。

三、以建立服务型政府为核心的行政管理体制改革尚需深化

振兴战略实施过程中，争取新的项目往往成为各级政府努力的目标。虽然新增项目对于促进东北地区经济发展具有积极的推动作用。但是经验表明，在投融资体制不健全、政府投资决策失误难以追究责任的情况下，政绩驱动的政府投资，很难避免盲目决策和重复建设。因此，政府主导型的投资方式必须转变，把立项和投资的权力还给企业，让企业在市场机制的驱动下自行决定投资并承担相应的风险和收益，政府则应将工作重点转移到保持宏观经济平稳运行、创造良好经济发展环境上，强化为民理念，简化办事程序，完善管理制度，优化发展环境，健全长效机制，增强服务效能。

在职能转变方面，政府职能定位偏差和地方保护主义影响了地方政府职能转变的推进。对地方政府而言，职能转变意味着放弃部分既有利益，因此，政府职能转变与调整必然会遇到一定的阻力，部分政府部门对清理和减少行政审批项目态度不积极，千方百计保留行政审批项目，扩大审批项目的自由裁量权，目的就是保留审批带来的部门利益。此外，部分基层政府部门对上级政府部门下放权力承接能力不足、社会自治组织的发育不足也制约了政府职能的转变。政府职能调整涉及权力的转移，还权于民、

还权于市场、分权于社会，将带动社会的结构性变动，涉及经济、社会、政治各领域的各个层面。目前，我国公民缺乏自治意识，社会自治组织不发达，社会缺乏自我组织和管理能力，制约了政府职能转变。

四、进一步深化东北行政管理体制改革

未来东北振兴，必须进一步破除制约经济社会转型发展的体制机制障碍，在改革中努力做到"三个坚持"。

坚持相关主体权责清晰。东北改革的推进首先要处理好两个方面的关系，明确划分政府与市场的边界，合理确定中央政府、地方政府和国有企业的权利与责任。

一是处理好政府与市场的关系。按照市场在资源配置中起决定性作用的要求，运用市场化手段，在更高层次开放发展，促进资源优势与资本优势有效结合，推进资源配置依据市场规则、市场价格、市场竞争实现效益最大化和效率最优化。政府要减少对国有企业、市场行为的直接行政干预，而专注于综合引导与监管。

二是处理好中央政府与地方政府的关系。在东北改革的推进中，地方政府应当发挥主体责任，中央政府则应给予特定的资金支持和政策支持。加快改革财税体制，健全中央和地方财力与事权相匹配的体制，合理调整政府间财政收入划分。以房地产税、资源税等充实地方税体系。完善纵向财政转移支付制度，改进横向转移支付制度，完善税源总分制度等。坚持分类改革与依法推进要分类推进改革。结合实际情况，逐个领域研究改革办法和推进路径，优先推进重点领域和关键环节改革。

三是要坚持依法推进和规范操作。在深化改革过程中，注重完善制度、规范程序、加强监管，坚持做到公开透明、阳光操作、依法合规、全面监督，遵守国家法律和政策规定，发挥好产权交易平台的作用，防止国有资产流失。

全力打造诚信政府和法治政府，构建亲清新型政商关系，诚信和依法行政是政府执政的基本要求，是构建亲清新型政商关系的前提。东北三省

要全面对标国内先进地区，加快转变政府职能，进一步推进简政放权、放管结合、优化服务改革。结合国家对于政府职能简政放权、放管结合的新要求，支持在东北设立政府行政管理体制改革试验区。加大政府部门审批事项集中清理力度，大幅度削减审批事项、环节和前置条件，加强后置监管和服务，制定各级政府职能严禁越权的"负面清单"。探索创新以政策性条件引导、企业信用承诺、监管有效约束为核心的管理模式。开展优化投资营商环境专项行动，推进"法治东北""信用东北"建设，加强各种所有制经济产权保护，完善政府守信践诺机制。

转变政府职能，提升人力资本。以放权、监管、服务为重心，缔造市场环境，减少政府对企业的干预；坚持包容发展的合作理念，以政府和社会资本合作（PPP）为核心，改革基础设施投资体制；改革科研、教育体制，整合教育、科研和智力资源，遏制人才外流并引进人才；推动技能、管理和运营的培训，提高企业经营水平，吸引区外资源流入；坚持对外开放，扩大包括国际产能合作在内的对外交流。

具体政策主要体现在：

1. 要全面深化改革，进一步简政放权，营造更好的投资营商环境

将政府"精兵简政"作为最大的制度"红利"，以更大的勇气和全新的举措推进政府简政放权，加快政府职能从经营型、干预型向服务型、监督型转变。有效打破地方政府简政放权的"中梗阻"，要在清理、下放、取消政府审批、认证、收费项目的基础上，研究制定精简政府机构、分流富余人员、切实实现政府职能转变的具体实施方案，选择合适的城市进行改革试验，积累经验，逐步推开。辽宁、吉林、黑龙江三省与南方先进省市建立对口合作机制，开展互派干部挂职交流和定向培训，通过市场化合作方式积极吸引项目和投资在东北地区落地，增强东北产业核心竞争力。对口合作，是用市场化的方式开展全领域、全方位的合作。具体而言，有五层含义：一是政府之间对标，东北向东部地区对标学习在市场经济条件下如何更多利用经济手段、政策手段、市场手段、法律手段管理地方经济社会发展；二是通过东部地区和东北地区互派干部，转变思想理念；三是把东北现有资源优势和东部资本优势有机结合；四是把东北现有特色产品优势和东部丰富灵活的营销网络和营销模式结合；五是把东北的装备制造研发优势和东部对装备的需求优势有机结合。

此外，在实施规划的资金保障方面，要用市场化的方式开展融资，包括国家设立东北产业振兴基金，对东北困难地区进行保障转移性支付，重点保障民生。同时要利用天使基金、创投基金以及预期收益比较好的政府和社会资本合作（PPP）模式。

进一步理顺政府和市场关系，着力解决政府直接配置资源、管得过多过细以及职能错位、越位、缺位、不到位等问题。以建设法治政府、创新政府、廉洁政府、服务型政府为目标，进一步推动简政放权、放管结合、优化服务。继续深化行政审批制度改革，大幅减少行政审批事项，凡能取消的一律取消，凡能下放的一律下放，着力简化办事流程，压缩审批时限，提高审批效率，同步强化事中事后监管。深入推进商事制度改革，优化营商环境，进一步放开放活市场，激发市场内在活力。大力推进投融资体制改革，积极推广政府和社会资本合作（PPP）模式。依法履行政府职能，加快建立和完善权力清单、责任清单、负面清单管理模式。健全依法决策机制，强化对权力的约束和监督。完善地方政府绩效评价体系和评估机制。

2. 注重培育诚信政府

社会主义市场经济是法治经济，更是信用经济。地方政府应注重自身信用体系建设，建立健全信用制度，提升自身施政公信力。中央政府应建立地方政府信用考核档案，完善信用评估和考核体系建设，构建第三方信用监督平台，畅通民企的投诉机制和考评政府的通道，培育地方信用环境的"软资产"。利用大数据对所有地方政府的信用状况进行监测、评价和预警，对失信情况严重的地方政府，将提出预警报告，督促其进行整改。对地方政府承诺不兑现、政策不落实这样一些失信行为，要进行责任调查和追究。鼓励全社会对失信行为进行联合惩戒，让失信行为无处藏身，但是对失信行为的惩戒要做到依法依规。

3. 政府严格依法行政

应注重培养政府行政管理的法治化意识，按照法律明确授予与规定的职能范围、权限大小与关系依法行政，严格执法，维护法制的权威和尊严，杜绝"权大于法"现象。同时，强调行政程序法定化，履行管理职能过程中应遵循法定化的行为步骤、方式与过程，履行合同，信守承诺，重点是依法保护民企的产权和合法权益不受侵犯。如建设工程项目合同纠纷案件应创新采取异地审判制度，确保双方有效维权。

4. 提高政策执行效率

一方面，以提高政策执行力为宗旨，继续深化以简政放权、放管结合、优化服务政策为抓手的行政管理改革，完善信息披露制度，完善事中事后监督机制，保证政策执行见效快、不变形、不打折扣，将政策内容原汁原味地转化为"掷地有声"的实施效果。重点突破民间资本投资领域中"高门槛""隐形门""包袱重"等瓶颈问题。另一方面，政府要统筹协调、上下一致，定期获取行业协会和民间企业的发展建议，加快清理和及时修改不利于民间投资发展的法规政策，切实保护民间投资的合法权益，培育和维护平等竞争的投资政策环境。

全面清理、调整与创新、创业相关的审批、认证、收费、评奖事项，使政府工作重心从前端审批向后端监管转移，从管理资源投入向规范市场竞争转移，从注重平台、基地、园区建设向注重体制机制建设转移，从干预企业经营活动向提供公共服务转移。

逐步取消政府行政部门主导的有关认证活动，减少政府通过直接财政支持等手段扶持某一类或者某一些企业的做法，建立各行业自由发展、各类型企业（外资企业、民营企业和国有企业）普遍适用的财政税收优惠政策体系，形成相对公平的市场竞争环境。

在完善政府创新、创业权力清单的基础上，建立政府创新、创业事项的"一口受理，综合审批，限期回复，到期未复即批"的服务模式，同时探索行政审批结果的投诉、复议制度，从组织和程序两方面保证行政审批的时效性、公正性和透明度。摈弃以地区生产总值、利用外资、财政收入等为主要指标的政府业绩考核体系，建立以服务质量和服务效率为核心的政府业绩评价指标体系。

　　进一步规范政府的价格管制行为，明确必须实施价格管制的领域和管制的限度，完善政府价格管制的社会听证制度和专家咨询制度，在非公共产品和服务领域取消所有的政府"限价""限购"政策，建立产品和服务价格的市场形成机制。

　　全面借鉴我国先进省区建设"自主创新示范区""综合改革创新区""自由贸易试验区"等经验，将东北老工业基地设立为"创新驱动发展综合改革试验区"，开展"地方政府职能转变改革试验""深化国有企业改革试验""以企业为主体、市场为导向、产学研紧密结合的区域创新体系建设试验""老工业基地民营经济发展改革示范""老工业基地扩大对外开放改革试验"，探索老工业基地创新驱动发展的实现机制。

5. 破除行政垄断，规范自然垄断，打击市场垄断

　　垄断与市场是对立面，垄断经济与市场经济不能相容。垄断经济破坏市场公平竞争，明显降低全要素生产效率。中国经济存在严重的垄断经济，它是集行政垄断、自然垄断和市场垄断为一身的综合垄断，它以行政垄断为保护，以自然垄断为凭借，以市场垄断为目标。深化经济体制改革，让市场决定资源配置，鼓励民间投资，必须彻底打破垄断经济。要针对不同类型与性质的垄断，采取不同政策措施，各个击破，最终从总体上彻底破除垄断经济。

　　一要破除行政垄断。必须将政府对某些特殊方面经济的直接经营行为或授权企业经营行为严格限制在最小范围。比如，国家安全和国防军事方面的重要技术装备和产品，烟草生产等暴利经营特殊行业，应当由政府管制并授权某些企业特许经营，但要严格限制其经营界限，禁止超范围经营。其余行业领域生产经营，都应取消政府直接经营或授权经营。要通过立法明确政府经营和授权经营的界限、范围、程序与规则，未经法律授权，任何政府经营和授权经营均为非法行政垄断，都应列入破除之列，包括各种形式的行政性、政策性的地方保护、行业保护、企业经营保护等。

二要规范自然垄断。要将垄断行业中具有网络型特征的自然垄断环节与其他的非自然垄断环节严格区别开来，网络型自然垄断环节可以特许经营或企业专营，非自然垄断环节向各类市场主体放开。即使是自然垄断环节，也由于科技进步、经济发展、商业模式变革等，其自然垄断特性也在发生变化，有的已经具备市场竞争特性，必须根据自然垄断性向市场竞争性的转变程度，调整和取消其少数企业垄断经营的政策，将其交由各类市场主体开展竞争性经营。

三要打击市场垄断。一方面，要全面贯彻落实《中华人民共和国反垄断法》，对任何企业通过垄断市场，操控价格、排斥竞争的行为进行法律严惩；另一方面，对基于行政垄断和自然垄断形成的市场垄断，要严格监控其产品与服务的质量水平与定价行为，限制其成本开支范围和盈利程度，打击其在非自然垄断环节排斥市场竞争的行为。

6. 强化政策预期与执行，提前发现问题，及时出台政策，监督政策落实，提高政策实效

政府有关部门要深入企业调查，尤其要认真听取民营企业家的真话、实话，包容企业家的批评话、责怪话、过头话，及时发现问题，及时采取措施，及时制定政策。要正视当前统计数据存在的局限性，统计数据的好与差要与企业家实际反映的形势好与差结合起来，客观分析真实情况，提高政策制定的及时性、科学性与可行性。

7. 切实转变思想观念

东北地区受计划经济影响时间长，应加快解放思想、转变观念。一是改变情感大于理性、关系大于法规的思维观念，严格按照规章制度办事。二是改变务虚大于务实的思维观念，要少喊口号，多干实事。三是破除"等、靠、要"思想，打破政策依赖、资源依赖和路径依赖的思维，积极挖掘自身潜力，不断增强发展活力和内生动力。四是破除"官本位"思想，不断提高公共服务质量，不断更新观念，开阔视野，提高认识水平，促进多种文化的融合。五是培养创新精神，营造创新氛围。充分认识创新对于振兴东北老工业基地的重要性，认真贯彻创新驱动发展战略，培养创新思维，弘扬创新精神，改造升级"老字号"，深度开发"原字号"，培育壮大"新字号"，积极鼓励企业自主创新并为此创造良好的环境。六是及时调整精神风貌。面对当下的舆论环境和发展困境，一些人畏难情绪抬头，消极心理蔓延，进而求平安心态增多，不作为现象上升。针对这种情况，一方面要加强舆论引导，防止部分媒体抹黑、唱衰、"妖魔化"东北和夸大对东北的负面评价；另一方面要继续推动各项改革，给干事者撑腰，给创新者扶持，提振广大干部群众振兴东北的信心和底气。

要以国家重大战略的实施为契机，主动改革、积极探索，拓宽东北地区改革空间，为新一轮发展提供动力。先行先试是中央在改革攻坚时期对地方的授权，是制定新政策、开创新模式、取得新突破的探索。地方政府则应坚持实事求是的原则，把握发展规律，用好用活政策，将主观能动与客观规律相融会，创新创造与学习借鉴相贯通，解放思想、更新观念，尝试新思路、新政策、新举措，以强烈的使命感、危机感和紧迫感在先行先试上展现新的作为，保障人民群众切实享受到改革开放所带来的利益，创造经济发达、政治民主、社会和谐、文化繁荣、生态良好的发展环境，为东北地区进一步深化改革和扩大开放注入新的活力。

第六章

东北振兴战略对接"一带一路"机制设计

第一节　地方政府协调机制

　　加强东北区域协调合作，促进协同发展，关键在于做到：一是加强区域经济合作。二是完善东北地区区域合作与协同发展机制，探索部门与地方协同推进合作的有效渠道。三是推进区域一体化发展。鼓励东北地区实行跨省（区）经济合作，促进生产要素合理流动，提高一体化发展水平。四是大力推进东北地区内部区域合作，编制相关发展规划，推动东北地区东部经济带及东北三省西部与内蒙古东部一体化发展。

一、东北地区内部协调合作，扩大对外开放

　　完善创新协同发展机制。深化东北地区内部合作，完善区域合作与协同发展机制，进一步提升层次、丰富功能。完善三省一区合作行政首长联席会议制度，建立健全跨地区、跨部门重点项目、重大事项协调推进机制。推动东北三省和内蒙古自治区规划对接和政策衔接，探索建立行政管理协调机制。建立区域合作资金保障机制，引导社会资本参与区域合作重点项目。完善区域合作利益分配机制，强化区域互助机制。鼓励政策性、开发性金融机构和商业银行参与协同发展机制建设。

　　丰富完善协同发展模式。加强内部次区域合作，促进东北东部经济带融合发展，推动东北三省西部地区与蒙东一体发展，完善四（平）辽（源）铁（岭）通（辽）、白（山）通（化）丹（东）等合作发展机制，推动锡（林郭勒）赤（峰）朝（阳）锦（州）合作发展。大力推进跨省区能源、交通、水利等基础设施建设，完善省际信息骨干网络。优化重大生产力布局，避免无序竞争和重复建设。深化公共服务、营商环境、管理规制等领

域合作，促进市场深度融合、要素有序流动、资源高效配置。

东北四省区行政首长联席会议制度，是东北地区四省区行政首长协商机制的重要组成部分。会议每年举行一次，主要研究协调跨省（区）重大基础设施建设、产业布局、生态建设、对外开放、市场一体化以及区域协调发展等事宜，并对推动老工业基地调整改造全面振兴的重大事项提出意见和建议。

推进东北地区经济一体化发展，建立东北四省区合作机制，是国务院提出的明确要求，也是推进东北地区等老工业基地全面振兴的需要。东北四省区山水相连，合作交往由来已久，具备优势互补、资源共享的基础条件。推进东北区域经济发展一体化，有利于东北地区在后国际金融危机时期抢占制高点，增创新优势，有利于建设具有国际竞争力的更加新型的产业基地，有利于形成具有独特优势的新的增长极，为全国经济发展做出新的更大的贡献。东北地区合作机制的建立，必将进一步提升四省区的合作层次和水平，极大地促进相互间的投资合作，推进我们在更大范围、更宽领域、更深层次上交流与合作，实现互利共赢、共同发展。

建立东北四省地区合作机制，推进经济一体化，是东北四省区难得的历史机遇。辽宁与吉林、黑龙江、内蒙古通力合作，秉持科学发展理念，紧紧抓住机遇，以质量带动结构优化，以创新促进产业升级，在发展中调整结构，在调结构中求发展，加快经济发展方式的转变，实现科学发展、创新发展、持续发展的新突破。

构建东北四省地区区域合作框架，完善协调机制，研究讨论重大合作事项，是中央做出进一步支持东北地区等老工业基地振兴决定之后，共同推进和深化东北区域加快发展的重大行动，对四省区优势互补，互惠合作，实现区域的大发展、快发展，加快发展方式的转变，最大程度地释放政策潜能，实现真正意义上的振兴，具有十分重要的意义。东北四省区合作，将会成为继"长三角""珠三角""环渤海"之后，第四个区域合作发展的成功范例，推动东北成为全国经济发展的又一个重要增长极和东北亚最具活力的新经济板块。

近年来，东北四省区在国家振兴老工业基地战略的指引下，区域合作取得了较好成果。已经签署了《东北四省区合作框架协议》。提出坚持积极参与，平等协商；市场主导，政府推动；优势互补，互利共赢；开放透明，资源共享；灵活多样，务实渐进的合作原则，开展规划、交通、能源、生态、工业、农业、商贸、对外、物流、旅游、金融、科技、教育、卫生、文化等领域的合作。通过了《东北四省区行政首长协商机制框架方案》，建立健全行政首长联席会议、秘书长协调会议和日常工作联系等制度，相关部门之间、城市之间要研究建立不同层级和领域的合作协调机制，加强工作联系，签署合作协议。

东北地区作为区域经济，涉及水、路、港、产、城等多个方面，对外开放与对内开放必须有机统一。区域内各省市要牢固树立"一盘棋"思想，正确把握自身发展和协同发展的关系，实现错位发展、协调发展、有机融合。要大力支持沈阳、长春、哈尔滨、大连四大城市"合纵连横"、做大做强，发挥引领辐射作用，挈领东北地区全面振兴新格局。加快区域通关一体化，加强政策、交通、产业等方面协同联动，探索合作新模式。加大人才培养和智力引进力度，加强东北亚研究院等东北地方特色新型智库建设，促进更多智力资源与东北地区开放发展更好结合。

在合作构架建设上，要注意做到：一要建立必要的区域经济合作利益平衡机制。从区域整体利益出发，对各省区分工合作的经济利益进行有效协调，建立必要的补偿机制，从制度上保障区域统筹协调发展。二要加大对区域经济合作的支持力度。建议国家针对具有区域特征的粮食安全、生态建设、产业调整升级、对外合作等，制定和出台诸如投资、本金、贴息、财政转移支付等政策，扶持其发展。三要把产业合作放在重要位置。建议中央政府在产业发展上进一步加强宏观调控和必要的行政指导及干预。区域内各省区政府要根据区域政策及各自不同的比较优势，遵循市场引导、政府推动、企业为主、平等互利的原则，进一步加强产业的协作与整合，通过建设一批跨区域的科研开发、重点工程和新兴产业项目，实现优势互补、分工合作、共同发展，真正建立起区域经济的内在利益联系，防止区域内的无序和恶意竞争，规避低水平重复建设。四要抓紧启动当前区域合作的重点项目。协同扩大对外开放，联合推动物流、金融等服务业发展，不断完善合作机制，提升东北地区的整体开放水平。

二、东北地区与东部沿海地区协调合作，助力对外开放

2017年3月17日，国务院办公厅发布《东北地区与东部地区部分省市对口合作工作方案》。这是实施新一轮东北地区等老工业基地振兴战略的重要举措，是推进东北振兴与"三大战略"对接融合的有效途径，也是发挥我国制度优势促进跨区域合作的创新举措。

东北地区与东部地区对口合作是一种新的跨区域合作方式，不同于对口支援、对口帮扶和对口扶贫，这种合作是要在充分尊重市场经济规律的前提下，更好地发挥政府作用，引导双方自愿开展务实合作并实现互利共赢。政府的主要作用是加强统筹谋划、强化组织协调、优化政策环境、搭建合作平台、促进人员交流。东北地区和东部地区都形成了各自特色鲜明的发展模式和路径，比较优势明显，有很强的互补性。合作方案明确，将重点引导对口合作省（市）在推进体制机制创新、加快产业结构调整、提升创新创业水平和搭建合作平台载体等四个方面开展合作交流。

东北板块和东部板块发展差异性很大。通过对口合作的方式优势互补、取长补短。对东北来说，目前关键是通过和东部对标，发现自身不足，更好地改进相关工作。一是政府之间对标，学会在市场经济条件下如何更多地利用经济手段、政策手段、市场手段、法律手段来管理地方的经济社会发展；二是通过东部和东北地区干部互派、相互挂职和定点培训，使人的思想理念转变。

在对口合作中，可以把东北现有的资源优势和东部资本优势有机结合起来；把东北现有特色产品优势和东部丰富灵活的营销网络和营销模式结合起来；把东北的装备制造研发优势和东部对装备的需求优势有机结合起来。合作不是排他性的，在对口省市间合作的同时，结对关系以外的省市也可以广泛开展合作。用市场化的方式实现全领域、全方位、多层次的

合作。

　　建立对口合作机制，就是要充分发挥双方的比较优势，既要有项目产业等"硬合作"，更要有干部挂职培训、先进经验借鉴、思想观念和发展理念学习、体制机制创新等方面的"软合作"。要充分发挥地方积极性。

　　《方案》明确了推进对口合作4个方面共18项具体任务。体制机制创新方面，主要推动双方在行政管理体制改革、国有企业改革、民营经济发展、对内对外开放等领域开展合作。产业合作方面，主要推动双方装备制造业等优势产业、新兴产业、农业和绿色食品产业、生产性服务业等领域开展合作。提升创业创新水平方面，主要是推动双方在科技研发与转化、高校院所交流、创业创新、高端人才交流等领域开展合作。平台搭建方面，主要推动双方在功能区对接、合作园区共建、重点城市发展等领域开展合作。

　　《方案》明确了政府引导、市场运作；地方主体、国家支持；互利共赢、突出特色；重点突破、示范带动等原则。

　　加强政府引导、市场运作。积极发挥各地政府在对口合作中的引导带动作用，加强统筹谋划，强化组织协调，优化政策环境，搭建合作平台，促进人员交流。充分发挥市场在资源配置中的决定性作用，促进资本、人才、技术等要素合理流动，通过市场化运作促进产业转移，吸引项目、投资在东北地区落地。

　　以地方为主体、国家支持。明确地方政府在对口合作中的主体责任，相关省市政府要将对口合作工作纳入重要议事日程，精心组织、主动作为，积极探索、力求实效。国务院有关部门要强化协调指导，加大政策支持，为对口合作创造有利条件。

　　互利共赢、突出特色。注重发挥对口合作省市的比较优势，扬长避短、扬长克短、扬长补短，实现南北联动、协同发展。充分考虑资源禀赋、基础条件等因素，因地制宜、分省（市）施策，结合各地实际，拓展合作领域、丰富合作形式、创新合作方式。

　　重点突破、示范带动。针对东北地区改革发展中面临的突出矛盾和问题，重点推动学习借鉴东部地区市场观念、管理理念、政策环境。鼓励对口合作省市通过多种方式，打造一批合作样板，力争取得早期收获，发挥示范带动效应，推动对口合作工作不断深入。

在鼓励支持东北地区与东部地区开展全方位合作基础上，综合考虑相关省市资源禀赋、产业基础、发展水平以及合作现状等因素，明确辽宁省与江苏省，吉林省与浙江省，黑龙江省与广东省；沈阳市与北京市，大连市与上海市，长春市与天津市，哈尔滨市与深圳市建立对口合作关系。支持内蒙古自治区主动对接东部省市，探索建立相应合作机制。鼓励中西部老工业城市和资源型城市主动学习东部地区先进经验做法。

推进行政管理体制改革：推动东北地区借鉴东部地区先进经验，进一步深化简政放权、放管结合、优化服务改革，全面优化投资营商环境，支持将东部地区成熟的改革试点经验加快在东北地区复制推广，鼓励东北地区与东部地区合作承担国家改革试点任务。

推动国有企业改革：推动东北地区学习东部地区深化国有企业改革的成功经验做法，加快国资国企改革。支持东部地区企业通过多种方式参与东北地区国有企业改革、改造和重组，鼓励共建国有资本投资运营公司和国有资产市场化运作平台。引导东部地区有实力的企业参与东北地区国有企业混合所有制改革试点。

推动民营经济发展。支持东北地区积极借鉴东部地区民营经济发展经验，完善民营经济发展的政策环境、市场环境、金融环境、创新环境、人才环境和法治环境等，加快构建亲清新型政商关系。在东北地区遴选一批收益可预期的优质项目，通过政府和社会资本合作（PPP）等模式吸引东部地区社会资本投资运营。允许具备条件的东部地区民间资本在东北地区依法发起设立中小型银行等金融机构。

推动对内对外开放。协同推进"一带一路"建设，支持东部地区和东北地区共同推进中蒙俄经济走廊建设，推动共建港口、铁路、公路等重大基础设施，联合开展面向东北亚的开放合作，共同开拓周边市场，共建对外开放平台。鼓励吸引东部地区企业、机构参加中国—东北亚博览会、中俄博览会和中国国际装备制造业博览会等展会，支持东北地区企业、机构参加东部地区展会。推动东北地区与京津冀地区融合发展，加强基础设施联通、产业转移承接、科技研发与成果转化等重点领域合作。支持东北地区与长江经济带、珠三角地区加强经贸投资合作。

推动发展理念共享。东北地区要定期组织相关城市、园区、企业赴东部地区学习转型发展成功经验。继续组织好系列"东北行"活动，邀请东部地区标杆企业、先进园区、金融机构、科研单位等赴东北地区开展学习交流活动。

开展产业务实合作，加快结构调整步伐。共促科技成果转化，提升创业创新水平。高校院所交流合作、创业创新合作、高端人才交流，搭建合作平台载体，探索共赢发展新路。

加强东北地区与东部地区自由贸易试验区、国家级新区、国家自主创新示范区等重点开发开放平台间的交流对接，积极推广东部地区各类功能区建设的成功经验和做法。

开展合作园区共建。支持在东北地区建设对口合作示范园区，引进东部地区的先进经验、管理团队，创新管理体制和运行机制，吸引优势产业集聚。支持东部地区重点园区在东北地区设立分园区，鼓励东北地区与东部地区合作发展"飞地经济"，探索跨地区利益分享机制。

加强重点城市合作。鼓励东北地区与东部地区在对口合作框架下，加强重点城市间合作，在推进新型城镇化和城市群协调发展以及加强城市规划建设管理等方面学习互鉴，引导东北地区学习东部地区在老工业基地调整改造、资源型城市转型、棚户区改造、城镇行政区划优化设置等方面的先进经验做法。

开展多层次合作体系建设。研究建立对口合作产业联盟及产教联盟，引导东北地区与东部地区行业协会商会等对接合作，促进理念互融、信息互通、资源互享。支持东部地区通过联合组织招商、联建招商网站、委托招商等方式，协助东北地区开展招商引资。建立东北地区与东部地区专家智库间常态化交流机制，鼓励举办东北地区与东部地区对口合作论坛。支持建设跨区域公共资源交易平台。鼓励和支持相关省市结合实际，在基础设施、生态环境、扶贫开发、劳务协作和社会事业等方面，创造性地开展形式多样的合作交流。

截至 2020 年，东北地区与东部地区部分省市对口合作初步取得重要阶段性成果，建立起横向联动、纵向衔接、定期会商的工作机制，构建政府、企业、研究机构和其他社会力量广泛参与的多层次、宽范围、广领域的合作体系，形成常态化干部交流和人才培训机制，东北地区已经复制推广了一批东部地区行之有效的改革创新举措，共建一批产业合作园区等重大合作平台，实施一批标志性跨区域合作项目，形成一套相对完整的对口合作政策体系和保障措施。

第二节　市场政府互动机制

尊重经济发展的客观规律，使市场在资源配置中起决定性作用和更好发挥政府作用，对当前新常态下推进经济结构性改革、推动东北振兴具有重要意义。

振兴东北老工业基地离不开政府的积极作用。政府如何发挥制度支持作用，为振兴东北老工业基地提供良好的软环境，是必须认真解决的一个关键问题。关于政府的作用与职能定位，目前有两种类型的观点比较流行。一种认为多年以来东北地方政府管得太多了，压抑市场的成长及市场作用的正常发挥。为了让创造财富的源泉充分涌流，政府必须要退出市场，尤其在一些垄断利润颇丰的产业领域，政府必须退出，政府不与民争利，民才能有积极性创业。持这种观点的学者对政府作用的评价不高，甚至提出管得最少的政府就是好政府。另一种观点认为政府什么也不管是不行的，市场不能解决一切问题，市场失灵还需要政府来矫正，但是政府又不是万能的，政府也存在失灵。正确的做法是在政府与市场之间保持恰到好处的平衡。持这种观点的学者认为政府要收缩权力，减少干预，变万能型政府为服务型政府。

在振兴东北过程中，政府收缩权力是非常必要的，但并不是政府权力交给市场就万事大吉了，管得最少的政府不一定是最好的政府。政府必须要有所作为，要引导市场，看得见的手必须与看不见的手配合。而且，东北老工业基地改造的实施还靠各级政府来组织策划和指导，尤其在起步阶段政府的作用是很关键的。市场经济的发展需要发挥市场和政府两种资源、两只手的作用，两者不可偏废。推动东北振兴，优化经济结构发展是经济结构性改革的一个重要方面，需要在认识和总结政府与市场作用协调区域发展的历史经验的基础上，厘清新常态下市场与政府的角色定位，塑造要素有序自由流动，促进主体功能约束有效、基本公共服务均等、资源环境可承载的区域协调发展新格局，切实为融入"一带一路"做好保证。

建立完善的市场机制，打破行政壁垒，消除地区封锁，构建统一公平的市场，促进要素流动，推动各地区比较优势的发挥，是区域协调发展的基础。在充分发挥市场作用的同时，也不能忽视各级政府的宏观调控作用。政府在解决收入差距、贫困和收入分配等问题上，具有市场不可替代的作用。同时由于地区资源条件、市场发育程度和经济社会发展水平存在的差异，政府对区域发展的调控效果还需要发挥地方政府在区域层面的自主调控作用。

随着市场经济体制的进一步完善和政府宏观调控作用的加强，政府进一步对区域发展做出一系列具体部署，引导市场在配置资源方面发挥基础性作用，加快市场体系培育和发展的同时，对区域发展进行正确指导和宏观调控。通过实施区域发展总体战略，健全市场机制、合作机制、互助机制和援助机制等协调互动机制，充分发挥比较优势，促进了生产要素合理流动，推动了区域良性互动发展；通过完善并创新区域政策，缩小政策单元，提高区域政策的精准性，实现了区域资源有效利用和优化配置，促进了全国经济布局的合理化。

　　面对经济发展面临的一系列矛盾和问题，中央提出全面深化改革的战略目标，要求正确处理好政府和市场的关系，使市场在资源配置中起决定性作用和更好发挥政府作用，全面提高资源配置效率，构筑区域经济优势互补、主体功能定位清晰、国土空间高效利用、人与自然和谐相处的区域发展格局，逐步实现不同区域基本公共服务均等化。

　　这些年来，东北经济衰退既是忽视市场机制决定性作用的结果，也是迷信市场万能，政府功能缺位的苦果。

　　东北经济衰退的根源是随着经济发展，东北地区主导产业趋于成熟甚至陷入衰退，但由于受特定的经济社会结构制约，新的替代性产业却迟迟未能发展起来。因此，振兴东北不能重蹈欠发达地区产业梯度发展的路子，而应该从产业转型中汲取灵感。德国鲁尔区、美国底特律乃至国内东部一些老工业基地转型发展的历程充分表明：接续产业的发展壮大是微观经济主体积极探索，市场选择持续演进的结果。在东北振兴过程中，如果过分强调政府的集中决策、强力干预，只会导致政府替代市场，阻碍市场机制发挥应有的作用，从而无法孕育出健康的替代性产业。

　　另一方面，迷信市场万能，政府功能缺位、越位、错位。

　　在东北地区市场化改革过程中，市场化改革不到位与市场化改革过度并存，政府职能错位，缺位与越位并存，体制改革的滞后已经严重影响到经济的改革和发展进程。因此，合理界定政府与市场的功能作用，必须在关键领域深化市场化改革，在公共产品和服务领域实现政府职能回归。同时相应推进改善政府职能，改善营商环境以激发市场经济的活力。

　　目前，振兴东北老工业基地面临的主要问题，主要表现在：

　　一是完善的市场制度尚未建立。完善的市场制度不仅仅是一种法律条文的规定，而应当是整个社会的实体运作的制度。目前，东北地区大量国有企业仍同政府有着颇为密切的关系，企业的融资、运作、破产都不是按市场规则来运作的。很多的资源仍在悄悄地按权力网进行分配。对这样的分配，市场要经过长期的演进之后才能进行符合市场经济的运作。市场的发展是个长期的过程，并不是体制上转换了，经济运行中就可以实现转换，还涉及社会各阶层市场意识、法律意识的形成。

二是政府职能转换相对滞后，寻租性规制仍大量存在。行政权力的行使要受法律的规范和控制。否则，市场经济体制的每一项改革措施都可能因某些权力机关的抵制而扭曲变形甚至流产，法律赋予企业、个人的各种权利也可能因权力机关的不适当干预而化为泡影，政府职能改革的最终目标依然难以实现。

前一时期改革的重点是在计划经济体制中引入市场机制，所面临的主要任务是重塑市场经济的微观主体。随着市场化改革的大规模推进，改革的重心必然要适时转移，政府规制体制改革的深化越来越成为向市场经济体制转轨的重心。如果说前一时期的改革主要是使被旧体制束缚的社会生产力得以释放，今后的改革则将致力于形成和完善能够使社会资源有效配置、经济有效运行的市场机制，创造能够最大限度地发挥人的积极性和创造性、进而提高社会整体创新能力的社会环境和制度安排。政府规制体制改革和制度创新，核心或本质是政府改革及其职能转变。改革不仅将重新塑造市场经济条件下政府与市场的基本关系，而且将使政府的宏观管理和调控建立在规范的制度约束基础上，从根本上改进和完善政府的决策和执行机制，形成政府与市场的良性互动。

中共十八届三中全会进一步指出，经济体制改革是全面深化改革的重点，核心问题是处理好政府和市场的关系。习近平总书记明确要求各级干部学会正确运用"看不见的手"和"看得见的手"，成为善于驾驭政府和市场关系的行家里手。在深水区中全面深化改革，要冲破思想观念的障碍、突破利益固化的藩篱，就必须进一步厘清政府和市场这"两只手"的关系，"看不见的手"和"看得见的手"都要用好，努力形成市场作用和政府作用有机统一、相互补充、相互协调、相互促进的格局，推动经济社会持续健康发展。

随着市场经济体制的完善，协调发展战略的顺利推进，需要充分发挥市场在资源配置中的决定性作用，创新政府经济调控和治理机制，正确处理政府和市场的关系，引导经济逐步走向更有效率、更加公平、更可持续的良性发展轨道。

中国经济发展步入新常态，"一带一路"上升为国家战略；区域经济新的增长点不断涌现；国内资源与国际资源、国内市场与国际市场进一步打通，经济发展方式从规模速度型粗放增长转向质量效率型集约增长，经济发展动力从要素驱动、投资驱动转向创新驱动，东北地区调整产业结构和推动经济转型面临更大压力。新常态下经济发展呈现的新特征和面临的新矛盾、新问题，需要充分发挥市场在配置资源中的决定性作用，同时加强地方政府的宏观调控能力，完善区域协调发展的体制机制，实施更加细化的区域发展政策，积极培育区域经济新增长极，谋划区域发展新格局，推动实施适应新常态的区域经济发展战略。

具体来说，东北地区政府工作的着眼点首先主要是完善市场机制：要进一步消除行政壁垒，构建统一开放、竞争有序的市场体系，积极推进区域资本、技术、人力资源、土地、信用服务市场建设，促进生产要素在顺畅流动和优化配置，把国有企业塑造为真正的市场主体，进一步厘清政企、银企关系；完善公共服务和社会保障、消除人员流动的障碍；建立多层次金融市场体系，加强金融监管，消除资金流动的障碍；完善土地管理制度，提高土地资源利用效率；推行负面清单管理，降低市场运行成本等；除此之外，政府还应该提升政府服务，实施产业政策、区域政策、竞争政策。具体到东北地区，政府还应建立缓冲机制以减轻产业转型带来的经济和社会震荡。

现代经济学指出，政府可以通过影响决定国家（地区）竞争优势的各个因素来塑造、提升一个国家（或地区）的竞争优势。在深刻把握经济运行机制的基础上，政府也可以借助精准的干预措施（如产业政策、竞争政策、研发政策等）来加快东北经济振兴的步伐。

东北老工业基地有着强势政府的传统。新形势下，强势政府要发挥好引领跨越式发展的作用，就必须找好自己的职能定位，在必须发挥作用的领域，政府不能再缺位。具体说来，要做到：

第一，要正确理解打造服务型政府。服务型政府意味着一种由法律、法规、政策、政府行为等架构的制度文明，是典型的有为政府。在社会制度结构中，私人领域和公共领域，市场交易和政府行为都是必不可少的。二者秉承不同的权力基础，并以不同的权利方式，植根于不同的领域进行着永续性的互动博弈。实施科学发展观，涉及体制改革和机制转换、增长方式转变、走新型工业化道路、建设节约型社会、提高对外开放水平、强化法制保障、实现社会公平等。这一切离开了政府强有力的政策干预和有效规制都不能取得预期的效果。因此，下一步改革要使政府职能转换服务于经济建设，构建振兴东北老工业基地的体制政策环境和法制环境，致力于建立一个有责任、能力、效率、权威、透明的政府监管体制。

第二，提供使创造社会财富的各种源泉充分涌流的制度安排。振兴东北老工业基地，政府提供有效服务是经济和社会发展的关键。我们正致力于建设市场经济，市场经济是法治经济，需要适当的制度基础。对于像我国这样处于转轨经济中的发展中国家来说，从不发达的市场经济过渡到发达的市场经济的首要前提就是实现合理的制度变迁，一些国家"休克疗法"的失败也就是因为其造成了制度真空。在市场经济制度建设的进程中，政府理应起到积极的作用，为市场发展提供适当的制度基础，尤其是适当的经济自由、产权制度基础和法律基础。

第三，政府职能定位于营造良好的体制政策环境和法制环境。振兴东北老工业基地不光是一种经济行为，更是一种体制创新，要按照市场经济规律，构建有利于企业改革和经济发展的新体制。振兴老工业基地的法制环境，主要包括三个方面的内容：一是体现市场经济特点的先进而科学的立法环境；二是体现以人为本的严格而富有人性的行政执法环境；三是体现社会正义的公平公正的司法环境。政府已经十分深刻而广泛地介入了经济生活，对于东北老工业基地的振兴而言，政府发挥着不可或缺的作用。问题是政府职能定位与行政方式问题。政府是要精兵简政，加强规范性，强化服务性，克服随意性，但这远远不够。再小的政府也要负担起软环境建设的重任，经济发展环境体现政府竞争力，必须做好政府职能转变工作。做好政府规制改革。政府规制改革的总体思路是：规制重点要转变，设租性规制要剔除，规制真空要填补，对规制者的规制要加强。规制重点要转变。由重经济性规制向社会性规制与经济性规制并重转变，由信奉生产者主权向尊重和着力保护消费者主权转变。设租性规制要剔除。建立规制系统的本意并非是设租。然而在转轨阶段，旧的制度制衡与制约体系基本被打破，新的制衡机制尚未建立起来，权力寻租不可避免。所以，我们对于那些很容易被收买又难以监督和制约的规制权力应逐项检查，不必要的规制措施还是早日取消为好。规制真空要填补。转轨经济中时常出现规制真空，制度真空往往导致无法可依。制度创新就包含着填补制度真空。新的法律、新的规章的制定过程一定要注意程序公正问题，让各利益相关者都有充分发言的机会，并尽量照顾弱势群体。对规制者的规制要加强。这是规制改革的重中之重。现代市场经济作为一种有效运作的体制，其条件是法治，而法治则是通过其两个经济作用来为市场经济提供制度保障。第一个作用是约束政府；第二个作用是约束经济人行为。其中法治的第一个作用至关重要。当法治的第一个作用不能保障时，政府规制市场难免滥用权力。对规制者的规制将是一项极为艰难的工作。但如不能做好这项工作，就不能为经济振兴提供良好发展环境。

第四，深化改革，完善市场机制。具体如：优化国有资本布局，加快国有资本从竞争性领域退出步伐，并以此为契机推动国有（国有控股）企业剥离非核心业务；加快混合所有制改革步伐，积极发展员工持股计划，完善企业法人治理结构和激励约束机制；强化债权人保护、加快"僵尸企业"退出步伐，以盘活经济存量资源，使银行、政府、企业职工都能轻装前进；加强市场监管，保护知识产权，维护公平竞争秩序；加快解决外来人口住房、子女教育和社会保障问题，消除人口流动障碍；发展多层次金融市场，更好满足企业、居民多方面的金融需求；增强土地管理灵活性，提高土地资源使用效率等。

第五，扩大开放，激发经济活力。扩大开放，不仅包括对外开放，也包括对内开放。所谓对外开放，就是认真落实国家对外开放的政策，积极融入"一带一路"建设，甚至争取先行先试的试点机会，吸引外资进入以前国家限制进入的领域，为汽车、机械、金融、娱乐、旅游等产业发展注入新的活力；就是深化东北亚经济合作，鼓励产品出口、鼓励企业"走出去"，充分利用两个市场、两种资源提升国际竞争力。随着国内市场与国际市场的进一步打通，要结合"一带一路"倡议的实施，统筹推进国内国际区域合作，积极参与全球经济治理，"引进来"与"走出去"结合，对内开放与对外开放并重，内陆开放与沿陆桥开放并行，创建国际竞争新优势，加快形成优势互补、分工协作、均衡协调、更高层次、更多维度、更多联动的区域开放新格局。

所谓对内开放，就是按照竞争中性原则，认真落实不同所有制企业之间的平等待遇，消除民间企业在市场准入、资金获得、政府采购等领域面临的有形或无形障碍；就是加强区域交流与合作，吸引东部沿海地区、中西部地区资金来东北投资创业；就是企业加强产业链管理，强化内部竞争以提高产业链的灵活性和效率；就是深化基础产业、公共服务领域改革，在更多环节、更多领域引入竞争。

第六，以人为本，加快转变发展方式。首先，要转变观念。东北地区人们思想相对保守，是计划经济和"流水线"作业生产方式长期影响的结果。目前上述两条因素都已经发生重大变化，应当适时在东北地区发起一轮思想解放运动，大力弘扬民主法治、公平竞争、诚实守信的理念，培养独立的人格和个人精神，以提高全社会的活跃度。其次，要把打造投资硬环境和改善投资软环境有机结合起来，把"引资"和"引智"有机结合起来，把被动接受产业转移和主动培育新兴产业有机结合起来，切实转变发展方式。再次，则要淡化地区生产总值考核，突出就业、民生、营商环境在政府考核体系中的作用，加快政府职能转变的步伐。

第三节　国际人才培养机制

"一带一路"倡议的实施，给东北经济振兴带来了新的发展机遇，同时也对国际化人才培养提出新的挑战。在积极参与"一带一路"建设，东北企业"走出去"的过程中，却时常受制于国际化人才短缺。在全球化进程中，人们也普遍认识到，国际化人才不仅是外语能力强的人才。在东北地区深度融入"一带一路"的背景下，如何持续培养出有高水准的国际化人才？

国际化人才是各国提高综合国力和国际竞争力的战略资源。在跨国人才竞争中，东北振兴跨国人才培养和开发要适应新时代国家经济社会对外开放新形势新需求，符合我国在全球化进程中的新角色新定位，符合"一带一路"建设对人才的新挑战新要求。那么，东北振兴所需的国际化人才除了具备所有人才应具备的专业知识、能力外，还应具备哪些特别的素质和能力呢？

一、东北振兴国际化人才的标准

《国家中长期教育改革和发展规划纲要（2010—2020）》提出，要培养大批具有国际视野、通晓国际规则、能够参与国际事务和国际竞争的国际化人才。这为国际化人才需具备的基本要素进行了清晰界定。随后发布的《关于做好新时期教育对外开放工作的若干意见》和《推进共建"一带一路"教育行动》，将拔尖创新人才、非通用语种人才、国际组织人才、国别和区域研究人才和来华杰出人才五大类人才列为重点培养方向。综上，可以将新时期东北振兴国际化人才的特质归纳为一个五个层次的结构：

第一层，根基是中国智慧。深谙国情是走向国际的第一步。国际化的实质是国际化规律和国情相结合，是"和而不同"。因此，深谙国情文化是第一位的。我国国际化人才必须要有坚定的政治立场、熟悉党和国家方针政策、深入了解国情，能够从五千年中华文化、中国故事中汲取中国智慧。

第二层是精通外语，掌握专业，具有较强的跨文化沟通能力和国际化运作能力。顺畅沟通是国际合作的基础，必须熟练掌握外语，兼具跨文化沟通和国际化运作的能力，才能克服沟通障碍，理解对方文化并用对方能理解的方式来诠释中国的所思所想所为；要将外语与专业知识技能相结合，用外语和跨文化国际化思维进行专业领域的沟通与合作。

第三层是熟悉国际规则、具有扎实的区域国别知识。在推进全球化进程中，只有熟悉国际规则，了解对象国国情，才能采用恰当的方式，在文化冲突之间找到彼此的相同点，用对方能理解和接受的方式，表达自我诉求，争取对方支持，才能掌握主动权和发言权，在全球化竞争中把握机遇和争取主动。

第四层是具有世界性眼光和历史性眼光，具有历史使命感和责任担当。国际化人才必须具有宽广的世界眼光和长远的历史眼光，才能在全球层面看待审视形势和问题，才能具有在国际社会自主设置议题、主动发声的胆识和魄力，才能够担当起构建人类命运共同体的时代重任。

第五层是具有创新精神和国际视野。创新是社会进步的灵魂，国际化人才的创新精神和创造力是人类发展和社会进步的核心动力。国际化人才应具备国际视野，在全球性问题上专业视野宽阔，能够创新性地突破地域、文化的局限，为解决全球性问题贡献新方案。

二、东北地区国际化人才培养中存在的问题

目前，东北地区国际化人才队伍与预期有较大差距，主要存在以下几方面的问题。

（一）国际化人才资源严重短缺

经济"走出去"和国际产能合作过程中，海外市场开拓由于缺乏懂外

语、懂技术、懂管理、懂国际运作的国际化人才，以至于在市场开拓、研发设计、商务谈判、项目管理等过程中受到制约。文化"走出去"和国家形象塑造过程中，由于缺乏国际化人才，导致优秀作品对外传播受到制约、国家话语权薄弱等问题严重。

（二）现有国际化人才知识结构单一

东北地区高等教育国际化人才培养起步晚，院校教育专业设置与国际化素养培养相脱离，外语专业在人才培养中偏重技能性训练，在人文社科知识系统化掌握方面欠缺。无论是外语专业还是其他专业，国际化人才培养大多止于外语语言能力的培养，在一定程度上缺乏掌握对象国文化、社会、政治、经济状况等素养，对于国际通行规则、不同文化之间的融合、世界政治经济的走向等整个国际生态的了解和掌握也很欠缺，尤其是从中国传统文化背景出发，从当代中国现实状况出发，做出不同于其他文化背景的人的理解与判断，更是软肋。

（三）国际资源引进力度不足

东北地区在国际化人才培养方面，与国际合作有待加强。引进国际化人才的观念滞后，引进动力不足，如何了解、评价、甄选国际化人才是目前的主要困扰之一。此外，引进国际化人才的平台较少，程序不规范，"熟人介绍"是引进国际化人才的主要手段之一，容易造成职位不匹配问题和人才浪费的现象。

（四）培养理念与培养实效之间的差距

从东北地区高校国际化人才培养的实践来看，尽管目前已经意识到一流人才应具备国际视野的重要性，但在培养理念与培养实效之间，还有着相当的距离。由于高校人才培养模式具有持续性、稳定性等特点，在人才培养与现实需求之间、培养理念与培养实效之间，还存在着一定的差距。

这种差距主要体现在三个方面：

一是东北地区综合性大学非外语专业的外语教育课时有限，无法达到学生掌握外语技能的最低标准，只是起到了打开一扇窗的作用，更多取决于个人语言天赋及个人语言学习时间的投入，大多数学生的外语水平与自如对外交流还有相当距离。

二是东北地区外语类院校在人才培养过程中，偏重技能性训练，在人文社科知识系统化掌握方面存在欠缺，学生对社会现象、国际事务的洞察能力、思辨能力还需进一步加强。

三是无论什么类型的高校，对国际化人才的培养大多止于外语语言能力的培养，一定程度上掌握了对象国文化、社会、政治、经济等状况，但是对于国际通行规则、不同文化之间的融合、世界政治经济的走向等整个国际生态的了解和掌握还非常欠缺，尤其是从中国传统文化背景出发、从当代中国现实状况出发，做出不同于其他文化背景人的理解与判断，更是软肋。这也是为什么我们培养的国际化人才在处理国际事务或涉外事务时，差距还比较大的原因。

三、积极培养吸纳国际化人才

要加强国际化人力资源开发，尤其要对国际化人才多元化培养，以更好地支持"一带一路"建设，培养合格的国际化人才，关键在于高质复合型跨文化人才的培养，这种交际人才的培养离不开学校、企业和政府的共同努力。为此，加强东北振兴国际化人才队伍建设，应当从以下三方面着手：

一是科学调整东北地区高校学科体系安排，正确处理人才培养"专与博"的关系，加大国际化通识教育力度。我国目前高校的人才培养模式是在新中国成立后仿效苏联专才教育模式建立起来的，专业划分较窄，这种模式在新中国成立初期对迅速培养出经济建设所需要的高级专门人才非常必要，但其固有的缺点日益发展为严重的弊端，专业划分过细和学生知识结构单一严重影响到国际化人才培养和人才队伍建设的需要。国际化人才的培养需要根据对外开放的新步伐做出相应调整，培养能够进行跨文化理解与沟通的新型国际化人才是当务之急，需要高校在人才培养方案中加强外语能力、跨文化能力的培养，同时增加经济贸易基础知识、中国优秀传统文化等课程内容，并尝试建立与国内国外相关机构联合培养人才的新模式，为"一带一路"培养创新创业人才。

同时，有必要大力深化通识教育改革，进一步推动专才教育向通识教育转型，秉承通识教育与专业教育相融合的理念，将国际化作为通识教育的必修内容，使学生对于中国的历史和目前中国的国际地位、影响和贡献有均衡的理解，并对不断变化的国际形势有比较深入的认识，培养具有跨文化素养能力的国际化人才，为具备国际事务洞察力和处理能力打下扎实基础。通过加大国际化通识教育力度，逐步改变国际化人才队伍结构。

二是面向全民，大力发展终身教育，坚持培养"外语 + 专业"人才。一方面，国际化人才培养是一个长期、持续的过程，国际化人才知识更新和能力提升需要与时俱进，仅依靠院校教育远远不够。必须大力倡导和发展终身教育，为国际化人才持续充电提供良好的平台和保障。另一方面，在职人员是当前推进"一带一路"建设和全球化进程的中坚力量。通过继续教育，更新优化在职人员知识结构，在原有专业基础上，补充外语能力和国际化素养，推进"外语 +"人才培养，实现现有专业人才、外语人才向国际化人才转型，加快国际化人才队伍建设。

三是搭建跨国国际化人才交流合作平台。目前非常缺乏国际化人才，现在仅靠培养、发现已经不能解决问题，有必要树立共享国际化人才的理念。中共十八大提出一个很重要的理念是共享，人才的共享也很重要。我们需要"以我为主"分享全球的人才，让全球的人才都为我们国际化来服务。通过打造共享国际国内经济、贸易等各行各业的人才共享平台，重视人才引进，加强人才交流合作，实现国际化人才互联互通。许多沿线国家开展了创新创业教育基础设施建设，推动人才培养。然而，也存在着理念滞后、能力欠缺、教学实践单一等问题。因此，应广泛深入开展沿线国家关于创新创业教育的交流与合作，共同提升教育理念、完善教育内容、促进教育方法的改革，使沿线各国共同培养所需人才，为"一带一路"建设提供坚实的人才支撑。

归根结底，要树立人才培养的全球化观念，即以全球性眼光审视人才培养的标准、内容、层次、机制，加强顶层设计和体系性变革，最终使培养的人才具有全球性竞争力。

第四节　服务保障配套机制

东北振兴对接"一带一路"建设，离不开相关的服务保障配套机制，要想真正实现振兴与开放合作，必须提供一整套完整的、健全的、有效率的保障配套机制。这个机制既包括有效率的整体的宏观经济环境，比如能源、交通、通信等基础设施，也应当包括教育、医疗、住房等服务行业，为东北振兴创造一个健全有效的宏观经济环境。

一、推进体制机制变革，改善营商环境

东北振兴的关键在于以制度创新、体制机制创新和技术创新为抓手，把着重点放在完善体制机制上。要理顺政府和市场关系，推进行政管理体制改革，深化"放管服"改革，促进市场在资源配置中起决定性作用和更好发挥政府作用，切实建设好投资、营商等软环境，加快形成有利于激发市场内在活力的振兴发展新体制。

1. 切实转变政府职能

转变政府职能是东北振兴中的关键一环。要采取切实措施，解决政企不分，政府对经济事务直接干预过多、过深，而公共服务又严重不足的状况，把经济工作的重点转到创造提高市场经济效率的体制、政策和法律环境上来，全面提高政府效率，形成市场机制更好发挥作用的条件，给投资者、创业者以稳定预期。

深入推进简政放权。建立健全权力清单、责任清单、负面清单制度，完善清单动态管理和实施机制；深化行政审批制度改革；探索实施东北地

区跨区域综合监管。创新监管机制和监管方式,加强监管机构信息联通共享,建设东北地区统一的信用信息征集目录;大力优化政府服务,推动"法治东北、信用东北"建设,解决政府职能错位、越位、缺位、不到位等问题,建设服务型政府和法治型政府;研究出台优化东北地区营商环境、构建新型政商关系的专门措施;推进东北地区各级政府事权和责任法定化,理顺部门职责关系,加强部门间业务协同,完善绩效管理,优化直接面向企业和群众服务项目的办事流程和服务标准。加快推进行政审批标准化建设。创新政府服务方式,建立健全政府购买公共服务制度;推广"互联网+政务服务",全面推进政务公开。

要从减少或消除行政性准入限制、所有制歧视和地方保护等方面采取积极的措施,建立良好有效的政策环境,鼓励和引导民间资本、境外资本积极参与资源型城市和老工业基地接续产业的发展和主导产业的转型,弱化政府"改造主体"的角色,建立政府政策引导下多元市场主体参与的新型改造机制和体制。同时,重点深化投资体制和公共资源交易制度改革,从制度上更好地保障市场在资源配置中的基础性作用。加快户籍制度改革,从城郊农民和城市农民工入手,配套推进户籍、土地、公共服务制度联动改革,推动城镇化发展,发挥城镇化在发展中的推动作用。加快制定以"企业投资项目承诺制"为核心的"零审批"园区试点方案,挑选几个园区或区域制定承诺制审批实施办法,在推进"放管服"改革和完善投资营商环境建设方面见到实效,提升国内外投资者信心。

着力改善营商环境。建设以"亲""清"为主要特征的新型政商关系,及时解决民营企业发展中遇到的实际困难。开展优化投资营商环境专项行动。健全归属清晰、权责明确、保护严格、流转顺畅的现代产权制度,依法保护民营企业合法权益。推进民营经济发展改革示范工作,健全和完善促进民营经济健康发展的体制机制,优化民营经济发展环境。完善民营企业公共服务平台,增强提供创新创业、人才培训、市场开拓、法律政策等服务的能力。壮大一批主业突出、核心竞争力强的民营企业集团和龙头企业。扶持中小企业发展,合理降低企业税费负担。

放宽民间投资准入。以市场准入负面清单为基础，允许民营企业进入未明确限制和禁止的领域，推动民营企业参与铁路、公路、航空等基础设施建设运营，完善民营企业参与教育、文化、医疗、卫生、养老等社会事业发展的体制机制。支持民营企业和社会资本参与国有企业改制重组，引导民营企业和国有企业建立配套协作机制。增强民营企业发展信心，选择一批收益可预期的优质项目实施政府和社会资本合作（PPP）模式。

2. 推进重点专项改革

着力解决国企历史遗留问题。全面启动并深入推进厂办大集体改革。加大中央支持力度，允许国有企业划出部分股权转让收益、地方政府出让部分国企股权，专项解决厂办大集体和分离企业办社会职能等历史遗留问题。中央财政继续对厂办大集体改革实施"奖补结合"，允许中央财政奖励和补助资金统筹用于支付改革成本。鼓励厂办大集体企业通过合资、合作、出售等多种方式，改制为产权清晰、面向市场、自负盈亏的独立法人实体。全面推进国有企业职工家属区"三供一业"分离移交工作，2018年底前完成主要目标任务。

深化国企国资改革，优化国有经济战略布局。在现代农业、战略性新兴产业和现代服务业等领域创新发展一批领军企业，做优做强国有经济。在交通、能源、装备制造等重点基础设施及传统制造业领域重组整合一批国有企业，加快推动国有资本向具有核心竞争力的优势企业集中。在煤炭、钢铁等产能过剩领域建立健全优胜劣汰市场机制，有序退出过剩产能，妥善安置富余人员。通过企业兼并重组，实现产业结构布局调整和优化。

积极稳妥发展混合所有制经济。针对不同类型国有企业的特点，以增强国有经济活力、竞争力和抗风险能力为目标，灵活采取引入战略投资者、推进企业改制上市、允许员工持股、吸引股权投资基金入股等方式推动混合所有制改革。支持在东北地区的国有企业先行开展混合所有制改革试点。鼓励地方企业和民营资本积极参与东北地区中央企业及其子公司产权制度改革。推动中央企业与地方协同融合发展，带动地方发展配套产业，支持共建一批产业园区。支持地方国有企业全面开展混合所有制改革。鼓励地方国有企业积极引入各类投资者，形成股权结构多元、股东行为规范、内部约束有效、运行高效灵活的经营机制。建立国有科技型企业股权和分红激励机制，落实国有企业事业单位自主创新、科技成果转化奖励的相关政策。

完善国企国资管理体制。以管资本为主加强国有资产监管，强化对权力集中、资金密集、资源富集、资产聚集部门和岗位的监督，构建权责清晰、约束有效的经营投资责任体系，改组组建国有资本投资、运营公司。建立国有资产出资人监管权力清单和责任清单，稳步推进经营性国有资产集中统一监管，建立健全国有资本经营预算管理制度，进一步完善现代企业制度，全面推进依法治企，健全协调运转、有效制衡的法人治理结构。强化国有资产监督，严格责任追究。

深入开展综合改革试验。积极推进沈阳经济区新型工业化综合配套改革试验区建设，推动建立促进传统产业转型升级的体制机制，创新产业园区联盟发展机制，建立产业链条分工协作机制。加快推进黑龙江省"两大平原"现代农业综合配套改革试验，创新农业经营主体、农村金融保险服务、农业支持保护政策、农产品价格形成机制，深化农村土地管理制度改革。推动实施吉林省农村金融综合改革试验，探索形成可操作、可复制的普惠金融发展模式。

二、大力推进创新创业，培育振兴发展新动力

推进东北振兴与"一带一路"的深度融合，就要把创新摆在核心位置，深入推进大众创业、万众创新，塑造更多依靠创新驱动、更多发挥先发优势的引领型发展，使创新成为培育东北老工业基地内生发展动力的主要生成点。

东北地区科研基础好，底蕴厚，拥有多所知名高校和科研院所，要充分发挥东北地区高等院校、科研院所和企业技术开发中心的作用，加大技术创新，积极推进科研成果的转化工作，大力开发先进适用型技术，推动

高新技术的发展和对传统产业的改造。

大力实施东北地区培育和发展新兴产业三年行动计划，积极发展基于"互联网+"的新产业，推进东北地区信息产业发展。加快地区创新创业平台建设，新设一批重大创新创业平台。加快沈阳浑南区国家双创示范基地建设，推进哈尔滨、长春等城市双创平台建设。加快沈大国家自主创新示范区建设，推动吉林长春、黑龙江哈大齐工业走廊培育创建国家自主创新示范区。

积极发展高端装备制造业。以建设具有国际竞争力的先进装备制造业基地和重大技术装备战略基地为目标，加快推动装备制造业转型升级。

培育壮大战略性新兴产业。支持新一代信息技术、新能源汽车、高端装备和材料、数字创意、绿色低碳和生态环保等领域的新兴产业发展壮大。积极推进智能交通、精准医疗、虚拟现实等新兴前沿领域创新和产业化，形成一批新增长点。培育发展空天海洋、信息网络、生命科学、核技术等战略性产业。在沈阳、哈尔滨等城市建设若干具有引领带动作用的新兴产业创新发展基地。推动在结构单一的老工业城市设立新兴产业集聚发展园区。国家战略性新兴产业布局重点向东北地区倾斜。

积极发展特色产业和新兴业态。依托特色资源优势，打造农产品精深加工、现代中蒙药等特色产业集群。促进"互联网+"新业态创新，积极发展电子商务、供应链物流、互联网医疗、互联网教育等新兴业态。

三、夯实基础，提高农业现代化水平

加快转变农业，更好支持生态建设和粮食生产，巩固提升绿色发展优势。

新一轮东北的振兴一定要解决可持续发展问题。主要是要巩固和提升商品粮生产核心区地位，要坚持在转方式、调结构、做强实体经济中寻求可持续发展；积极推进资源型城市转型，促进可持续发展；培育壮大接续替代产业；构建可持续发展长效机制，推进农业供给侧结构性改革，着力构建现代农业产业体系、生产体系、经营体系，提高农业综合效益和竞争力，积极发展现代化大农业，建设美丽宜居乡村，把东北地区建成国家重要的现代农业生产基地。

提高粮食综合生产能力。完善粮食生产布局。巩固提升国家商品粮主产区地位，建成一批优质高效的粮食生产基地。加快粮食生产结构调整。以粮食主产区为重点大规模建设高标准农田，引导多元化市场主体入市收购。推进智慧粮库建设和节粮减损。改善粮食仓储运输条件，畅通东北地区粮食外运瓶颈，加大粮食外运力度。全面推进建设占用耕地耕作层剥离再利用，完善耕地保护补偿机制。

促进农村产业融合发展，延伸农业产业链。加快推进农村一、二、三产业融合发展。加强农产品加工技术创新，促进农产品初加工、精深加工及综合利用加工协调发展，提高农产品加工转化率和附加值。支持粮食主产区发展玉米等粮食深加工，形成一批优势产业集群。积极发展农业生产性服务业，大力发展农业新业态。推广使用物联网、云计算、大数据等现代信息技术，发展"互联网＋"现代农业。支持创建线上销售渠道，扩大东北地区优质特色农产品销售范围。加快推进信息进村入户，积极发展农业电子商务，完善配送及综合服务网络。推动农业与旅游休闲、教育文化、健康养生等深度融合，发展观光农业、体验农业和创意农业。

四、优化结构、构建现代产业体系

引导制造业向效益提升、分工细化、协作紧密方向发展，增强现代服务业对制造业升级的支撑作用，促进互联网的深度广泛应用，重塑产业竞争优势，培育经济增长新动能，将东北老工业基地打造成为"中国制造2025"的先行区。

1. 推进装备制造业提档升级

积极发展高端装备制造业。以建设具有国际竞争力的先进装备制造业基地和重大技术装备战略基地为目标，加快推动装备制造业转型升级。

2. 调整和优化传统产业结构

有效化解过剩产能。严格控制钢铁、煤炭等产能过剩行业新增产能。

严格执行相关法律法规和强制性标准，对能耗、环保、安全生产达不到标准和生产不合格产品或淘汰类产能，依法依规有序关停退出。推动黑龙江、吉林和蒙东等煤水组合条件好的地区有序发展现代煤化工，实现煤化工与石油化工互补发展，努力将东北地区打造成为国家新型原材料基地。

3. 积极发展新产业和新业态

培育壮大战略性新兴产业。支持新一代信息技术、新能源汽车、高端装备和材料、数字创意、绿色低碳和生态环保等领域的新兴产业发展壮大。积极推进智能交通、精准医疗、虚拟现实等新兴前沿领域创新和产业化，形成一批新增长点。培育发展空天海洋、信息网络、生命科学、核技术等战略性产业。在沈阳、哈尔滨等城市建设若干具有引领带动作用的新兴产业创新发展基地。推动在结构单一的老工业城市设立新兴产业集聚发展园区。国家战略性新兴产业布局重点向东北地区倾斜。积极发展特色产业和新兴业态。依托特色资源优势，打造农产品精深加工、促进"互联网+"新业态创新，积极发展电子商务、供应链物流、互联网医疗、互联网教育等新兴业态。

五、构建交通、能源、水利等基础设施保障支持体系

加快建设东北地区快速铁路网和高速公路网。加快建设京沈高铁和哈佳、沈丹、丹大、吉图珲、哈齐、哈牡等快速铁路，推进城市群内城际轨道交通建设，全面完成东北地区东部铁路通道建设；大力实施既有线扩能和电气化改造；统筹规划建设中俄国际铁路（北线）和中蒙俄国际铁路大通道，加快建设同江铁路大桥、黑河大桥，形成连接亚欧的东北亚交通走廊。加快国家高速公路断头路、瓶颈路段建设。加强城际间快速交通网络和国边防公路建设。提升国省干线技术等级和服务水平。

推进渤海海峡跨海通道建设。加大辽宁沿海港口资源整合力度，加快建设大连东北亚国际航运中心，创新发展模式，形成布局合理、功能完善、优势互补、分工协作、综合竞争能力较强的现代港口集群。推进港口码头和航道防波堤设施建设，鼓励民间投资参与港口建设，引导支持港口

企业和腹地大企业集团资源共享、良性互动。加强粮食专用码头和储运设施建设，提高"北粮南运"能力。扩建和新建一批干支线机场，形成干支结合、布局合理的机场网络。优化机型配置和航线布局，适当加密航线航班，提高快捷服务水平。对旅游热点地区，在旅游旺季增开临时航线航班。推动通用机场建设，促进通用航空产业发展。

提升能源开发利用水平。推进煤炭资源整合，发展大型煤炭企业集团。加强松辽盆地、渤海湾盆地、海拉尔盆地、二连浩特盆地及外围油气资源勘探开发，增强资源保障能力。有序推进蒙东地区和吉林两个千万千瓦级风电基地建设，加快辽宁、黑龙江风能资源较丰富、电网接入条件好地区的风电开发。根据国家有关规划要求，在确保安全的基础上稳妥发展核电，开工建成红沿河核电站二期工程，适时启动辽宁徐大堡核电项目建设。加快开发利用煤层气，有序发展煤制天然气和煤基多联产项目。加快推进重大水利工程建设。科学规划建设调水工程，合理开发利用水资源，实现区域内水资源优化配置。推进辽西北供水二期，吉林中部引松供水，哈达山水利枢纽（一期），引嫩入白，尼尔基引嫩扩建一期，引绰济辽以及黑龙江、松花江、乌苏里江"三江连通"等重大水利工程建设。尽快开工黑龙江阁山、奋斗和吉林松原灌区，辽宁猴山水库等重点工程。

六、推进城镇一体协调发展，拓展区域发展新空间

推进新型城镇化建设，提升东北三省和内蒙古自治区协调协同发展水平，深化与京津冀地区的分工协作，构建内外有效衔接、条块充分互动、陆海深度统筹的区域发展新格局。

提升城镇化发展质量。推进新型城镇化进程。以提高质量为重点，以完善体制机制为保障，积极稳妥推进新型城镇化。健全促进农业转移人口市民化的财政、土地等机制，积极推进新型城镇化综合试点和中小城市综合改革试点，探索符合东北实际的城镇化发展模式。优化城镇发展布局，壮大中心城市，发挥规模效应和带动效应，促进大中小城市和小城镇合理分布、协调发展。推动哈（尔滨）长（春）沈（阳）大（连）为主轴的东

北地区城市群建设。加快哈长城市群建设，依托哈尔滨、长春，打造哈长发展轴和哈大齐牡、长吉图发展带依托沈阳、大连，增强沈阳经济区和辽宁沿海经济带整体竞争力加速沈抚同城化进程，积极推动辽中南地区协同发展。大力推进东北东部经济带发展。加快推进内蒙古东部地区城镇化进程。打造京沈经济轴带，深化与环渤海地区对接合作。积极培育齐齐哈尔—赤峰，绥芬河—满洲里、珲春—阿尔山、丹东—霍林河、锦州—锡林浩特等二级经济轴带。

完善城市功能分区和建设。东北地区等老工业基地的产业升级改造、老工业区整体搬迁改造将会进入攻坚阶段。原有产能落后、技术水平低下的产业产能将会大力推进技术升级改造或者产业结构调整；原位于市区或者近郊的部分老工业区将会整体搬迁至城市新区或者开发区。作为未来升级改造后的工业开发区或者产业集聚区，在经济上将会成为东北等老工业基地产业结构调整和工业振兴的重要载体。而新城区或者开发区的建设及空间布局规划中则应高度重视产业、配套社会服务功能、环境保护等多方面的协调、融合。力求借助产业转移、新区建设的重大机遇推动区域内城镇化质量的同步提升，以充分吸纳就业、产业协调发展、城市功能完善、环保措施得当等为原则，大力建设新型工业化小城镇或城区。

大力推进国家级新区建设。依托大连金普新区、哈尔滨新区、长春新区，打造转变政府职能和创新管理体制的先行区。推动大连金普新区建立健全务实高效的管理体制，进一步优化各功能区管理模式，创新大连东北亚国际航运中心建设模式。推动哈尔滨新区创新面向东北亚开放合作机制，加快对俄合作载体建设，在服务贸易管理体制、发展建设模式、经贸便利化等方面进行探索创新。推动长春新区构建科技产业创新平台，依托东北亚国际内陆港和机场等基础设施，探索参与图们江区域合作开发的新路径。

七、建设基本服务体系，促进民生发展

更加关注补齐民生领域短板，让人民群众共享东北振兴成果。按照以

人为本的理念，加快推进基本公共服务均等化，建立健全基本公共服务体系，提高民生保障水平，实现学有所教、劳有所得、病有所医、老有所养、住有所居，使东北地区振兴成果更好惠及东北各族人民。把扩大就业放在经济社会发展的优先位置。坚持实施就业优先战略和更加积极的就业政策。将高校毕业生、农村转移劳动力、城镇就业困难人员、水库移民等作为工作重点。大力发展吸纳就业能力强的劳动密集型产业、服务业和小型微型企业；促进以创业带动就业，落实小额担保贷款、财政贴息、税费减免、资金补贴、场地安排等各项就业创业扶持政策；加强职业培训，提高劳动者就业能力；大力开发公益性岗位，为就业困难人员和"零就业家庭"提供就业援助；推进农业富余劳动力就地就近转移就业、返乡创业和有序进城务工；有组织地开展对外劳务合作；着力解决资源枯竭城市、林区、棚户区就业困难人员的就业问题。健全统一规范灵活的人力资源市场和创业服务体系，完善城乡公共就业服务体系，为劳动者提供有针对性的就业服务。

提高城乡居民收入水平。努力实现居民收入增长和经济发展同步、劳动报酬增长和劳动生产率提高同步。完善职工工资正常增长机制、支付保障机制，积极稳妥扩大工资集体协商覆盖范围，逐步提高最低工资标准。完善公务员工资制度，深化事业单位工作人员收入分配制度改革。多渠道增加农民收入。建立和完善收入分配统筹协调机制，努力扭转城乡、区域、行业和社会成员之间收入差距扩大趋势。创造条件增加城乡居民财产性收入。

加大棚户区改造力度。全面推进林区、垦区和国有工矿区等各类棚户区改造，不断改善群众生活条件。发挥政府组织引导作用，加大税费、土地供应政策支持力度，不断完善安置补偿政策，采取财政补助、银行贷款、企业支持、群众自筹、市场开发等多渠道筹措资金。

促进社会事业全面进步。在积极发展公共教育的同时，大力发展职业教育，完善职业教育管理体制和机制，深化校企合作，探索集团化办学的多种实现形式。提高公共医疗卫生水平，完善重大疾病防控等专业卫生服务体系，加强农村三级医疗卫生服务网络和以社区卫生服务为基础的新型城市医疗卫生服务。

　　要确保养老金按时足额发放，确保按时完成脱贫任务，完善社会救助体系，保障好城乡生活困难人员基本生活。要加大东北地区公共基础设施领域的投资力度，支持东北地区轨道交通、集中供热、网络宽带等城市基本设施建设。

第七章

发挥东北振兴与"一带一路"倡议对接能效的政策保障

　　加快东北老工业基地全面振兴，推进东北振兴与"一带一路"倡议对接，深度融入"一带一路"，建设开放合作新高地，是推进东北地区经济结构战略性调整、提高产业国际竞争力的举措，是促进区域协调发展、打造新经济支撑带的重大任务，也是完善我国对外开放战略布局的重要部署。

　　当前，国际政治经济形势纷繁复杂，我国经济发展进入新常态，东北地区经济下行压力增大，体制机制的深层次问题进一步显现，经济增长新动力不足和旧动力减弱的结构性矛盾突出，发展面临新的困难和挑战。面临严峻的国际形势，只有切实推进东北振兴与"一带一路"倡议对接，深度融入"一带一路"，抓住历史机遇，提高经济发展质量和效益，着力完善东北地区体制机制，着力推进东北地区结构调整，加大供给侧结构性改革力度，解决东北地区老工业基地的突出矛盾和问题，不断提升东北老工业基地的发展活力、内生动力和整体竞争力，努力走出一条质量更高、效益更好、结构更优、优势充分释放的发展新路，推动东北地区经济向形态更高级、分工更优化、结构更合理的阶段演进。

　　为此，必须加大政策支持力度，进一步整合现有各级各类支持性政策，完善东北地区政策支持体系，发挥东北振兴与"一带一路"倡议对接能效的政策保障，加强对已有各类支持性政策的梳理和评估，及时清理整顿明显不适应实际情况、难以实施的政策，保留整合实施良好、成效明显的各类政策，为各类支持性政策创造有利条件，及时提出适应新常态的新的支持性政策，超前研究一批应急、防范、备选性的支持政策，加快形成目标合理、重点明确、相互支撑的政策支持体系，提高政策支持的效率和效益。

第一节 产业政策保障

产业政策一直贯穿于东北地区发展过程,实现新时代的东北全面振兴,深度融入"一带一路",离不开产业政策的支持。历史上,东北地区产业政策在实行过程中,政策工具较为单一,执行力度不足,作用客体范围较小,造成产业政策的预期目标难以完全实现。为实现东北的全面振兴,应设计更加系统、微观的产业政策,充分调动东北地区的比较优势资源,构建更加灵活、紧密的产业网络,最终完成产业的转型升级,切实融入"一带一路",为东北经济重新注入活力,推动东北振兴。

一、东北振兴产业政策的总体目标

按照《中共中央 国务院关于全面振兴东北地区等老工业基地的若干意见》和《国务院关于深入推进实施新一轮东北振兴战略加快推动东北地区经济企稳向好若干重要举措的意见》文件精神,东北振兴产业政策的总体目标主要包括:

坚持多策并举,"加减乘除"一起做,全面推进经济结构优化升级,加快构建战略性新兴产业和传统制造业并驾齐驱、现代服务业和传统服务业相互促进、信息化和工业化深度融合的产业发展新格局。

促进装备制造等优势产业提质增效。准确把握经济发展新常态下东北地区产业转型升级的战略定位,控制重化工业规模、练好内功、提高水平、深化改革,提高制造业核心竞争力,再造产业竞争新优势,努力将东北地区打造成为实施"中国制造2025"的先行区。

做优做强电力装备、石化和冶金装备、重型矿山和工程机械、先进轨道交通装备、新型农机装备、航空航天装备、海洋工程装备及高技术船舶等先进装备制造业，提升重大技术装备以及核心技术与关键零部件研发制造水平，优先支持东北装备制造业走出去，推进东北装备"装备中国"、走向世界。

提升原材料产业精深加工水平，推进钢铁、有色、化工、建材等行业绿色改造升级，积极稳妥化解过剩产能。推进国防科技工业军民融合式发展，开展军民融合创新示范区建设。加快信息化和工业化深度融合，推进制造业智能化改造，促进工业互联网、云计算、大数据在企业研发设计、生产制造、经营管理、销售服务的综合集成应用。

加强质量、品牌和标准建设，打造一批具有国际竞争力的产业基地和区域特色产业集群。设立老工业基地产业转型升级示范区和示范园区，促进产业向高端化、集聚化、智能化升级。研究制定支持产业衰退地区振兴发展的政策措施。

积极培育新产业新业态。大力促进产业多元化发展，努力改变许多地区（城市）"一企独大、一业独大"状况，尽快形成多点多业支撑的新格局。

制定实施东北地区培育发展新兴产业行动计划，发展壮大高档数控机床、工业机器人及智能装备、燃气轮机、先进发动机、集成电路装备、卫星应用、光电子、生物医药、新材料等一批有基础、有优势、有竞争力的新兴产业。支持沈阳、大连、长春、哈尔滨等地打造国内领先的新兴产业集群。

充分发挥特色资源优势，积极支持中等城市做大做强农产品精深加工、现代中药、高性能纤维及高端石墨深加工等特色产业集群。积极支持产业结构单一地区（城市）加快转型，研究制定促进经济转型和产业多元化发展的政策措施，建立新兴产业集聚发展园区，安排中央预算内投资资金支持园区基础设施和公共平台建设。积极推进落实"互联网+"行动。依托本地实体经济积极发展电子商务、供应链物流、互联网金融等新兴业态，支持跨境电子商务发展。

大力发展以生产性服务业为重点的现代服务业。实施老工业基地服务型制造行动计划，引导和支持制造业企业从生产制造型向生产服务型转变。开展生产性服务业发展示范工作，鼓励企业分离和外包非核心业务，向价值链高端延伸。

积极发展金融业，鼓励各类金融机构在东北地区设立分支机构，支持地方金融机构发展，加快建立健全多层次的资本市场，拓宽企业直接融资渠道。

大力发展现代物流业，提高物流社会化、标准化、信息化、专业化水平。积极发挥冰雪、森林、草原、湖泊、湿地、边境、民俗等自然人文资源和独特气候条件优势，加快发展旅游、养老、健康、文体、休闲等产业，把东北地区建成世界知名生态休闲旅游目的地。

加快发展现代化大农业。率先构建现代农业产业体系、生产体系、经营体系，着力提高农业生产规模化、集约化、专业化、标准化水平和可持续发展能力，使现代农业成为重要的产业支撑。

进一步提升国家商品粮生产核心区地位，加快实施高标准农田建设、黑土地保护等重大工程，支持开展定期深松整地、耕地质量保护与提升补贴试点，研究开展黑土地轮种试点。重点支持东北地区加快推进重大水利工程建设，完善大型灌区基础设施。

探索划定粮食生产功能区，加快建设国家现代农业示范区。在稳定粮食生产、确保粮食安全的基础上，发展现代畜牧业、园艺业、水产业以及农畜产品加工和流通业，优化农业产业结构和区域布局，提高农业整体效益和竞争力。健全农业社会化服务体系，提高农业机械化、信息化、标准化水平，提高农业生产效率。积极培育绿色生态农产品知名品牌，大力发展"互联网+"现代农业。继续实施农产品产地初加工补助，提升就地加工转化水平，培育一批农产品加工产业集群和绿色食品加工产业基地。

加强东北地区粮食仓储和物流设施建设，完善粮食物流体系。创新涉农金融产品和服务，加大对新型农业经营主体的金融支持力度。加快推进黑龙江省"两大平原"现代农业综合配套改革试验和吉林省农村金融综合改革试验。坚持规划先行，科学推进新农村建设。

二、东北地区产业政策的历史演变

"产业政策"这一概念最初由日本学术界提出，强调了产业政策在制定时就存在的目的性，通过对产业或企业的生产经营活动施加影响，以达到产业保护、扶持或调节的目的。综合来看，产业政策是政府通过调节产业结构、调整布局而干预经济发展的重要工具之一，它通过对特定产业进行倾斜或限制，改变市场机制作用形成的产业发展方向，进而实现某种经济和社会目标。

我国大规模施行产业政策是在 20 世纪 80 年代后，产业政策通过对资源的统一调配和使用，催生了经济繁荣。"七五"计划中第一次明晰了产业政策的概念，并规划了产业结构调整的方向、要求及发展重点。在工业化初期，我国选择主导产业考虑的主要要素之一，就是通过长产业链尽可能带动更多的工业部门发展。如，在 1994 年制定了《汽车产业发展政策》，将汽车产业确立为当时重点培育的主导产业；同年，国务院颁布的《九十年代国家产业政策纲要》强调基础设施领域和基础工业的建设，为我国 21 世纪初的跨越式发展提供了坚实基础。随着东北、东部、西部、中部地区出现不同的发展问题，国家制定了不同的区域发展战略规划，产业政策的具体内容也相应地根据地区的情况和发展战略开始分化，产业政策对微观经济的干预更强，选择性产业政策所占比重更大。东北地区产业政策的萌芽更早，并在发展过程中间接地"试点"了国家的产业政策。在始于晚清甲午战争后的奉天（今沈阳）现代化进程中，就可以看到早期产业政策的身影，其中勘探资源、开埠通商、引进外国技术和设备、创办合资企业、引进外资企业等都被视为产业政策的重要内容。直到 20 世纪 50 年代，系统的产业政策全面在东北地区推行，并与东北地区一同经历了起伏波折。具体来看，东北地区产业政策演变主要经历了四个阶段：

第一阶段：20 世纪 50 年代到 20 世纪 80 年代。这一阶段的产业政策又可分为前后两个时期。前期是从"三大改造"到社会主义制度基本在东北确立。在这一时期，东北的产业政策着眼于企业劳资关系的调整和保护工商业的正常发展。如，吉林省 1948 年颁布的《关于保护私营工商业的决定》等文件，都提及针对受损工商业在贷款、税收减免等方面的特殊政策。后期的产业政策更加侧重于工业产业建设和集中，主要是汇集资源以完成关键项目建设、促进工业尤其是重工业的发展。同时，第一阶段也是东北地区经济发展最快的阶段。1955 年，撤销热河省并将其分别并入内蒙古自治区、辽宁省和河北省，此后东北地区就不再有省级的区划调整。从 1955 年到 1978 年的 23 年间，东北三省的经济一直保持着高速增长，无论是经济规模还是增长速度、总量和人均值在全国都位于前列，仅次于北京、上海、天津三大直辖市。1958 年，黑吉辽三省的人均地区生产总值增长率都超过了 20%，分别为 30.4%、20.3% 和 31.9%。但东北地区经济抗风险能力差、韧性不足的问题也隐约暴露了出来。1961 年前后的重大自然灾害对东北经济造成巨大冲击，1961 年东北三省人均地区生产总值跌幅都超过 25%，辽宁省人均地区生产总值跌幅达 52.2%，为辽宁省 1955 年以来人均地区生产总值的最大跌幅。随着自然灾害的冲击减缓，东北地区逐渐恢复经济的高速增长状态，并在波动中延续到 20 世纪 80 年代。

第二阶段：20 世纪 80 年代到 2003 年。这一阶段东北地区的发展重点在于经济区的开发和基础设施建设，为工业企业的发展提供良好的基础，也提出了产业的选择范围和发展方向。由于上一阶段产业政策的副作用开始逐渐显现，所以这一阶段的产业政策倾向于"打补丁"，同时学习东北沿海地区的开放经验。产业政策的内容包括：针对工业企业或产业发展技术升级、加强开放等方面的具体指导，如炼钢厂从平炉到转炉的改造；企业的区位选择和布局，如《发挥吉林省制糖工业优势的意见》（1984）；加强企业微观制度建设，注重企业制度创新，更好发挥人力、资本的力量；加强重点项目建设，筹集资源并提供技术和金融支持，为工业企业的发展提供基础，如《关于开展 1990 年国家重点建设项目后评价工作的通知》（1990）、《九十年代国家产业政策纲要》（1994）、《水利产业政策》（1997）；发挥产业优势和弥补产业劣势的指导思想与战略方针，如《东北经济区经济社会发展战略纲要》（1985）。值得一提的是，在这一阶段，关于在经济发展的同时保护环境、提高资源利用效率、避免东北地区陷入衰退等已在各类政策文件中出现，但从实践结果看，对经济增长的过度追求使东北地区错失了最早的转型机会。同时，这一阶段产业政策下建立起来的产业的弊端也开始显现。一方面，国有企业生产效率低下，管理体制僵化，难以适应市场环境的变化；另一方面，随着经济的发展，国有企业承担的社会责任成为越来越重的负担，城市、企业和政府三者相互拖累。虽然这一阶段东北地区经济的宏观表现并不差，整体仍然保持中高速的稳定增长，但同时期的其他地区特别是沿海地区的经济增速和规模已经追平甚至超过了东北地区，使东北地区在相较之下不再具有发展优势，人才、技术等关键资源开始外流，经济发展进入瓶颈。

第三阶段：2003 年到 2012 年。在这一阶段，"东北现象"已经出现。2003 年 10 月，中央有针对性地提出了振兴东北地区等老工业基地战略。2004 年 1 月，国务院振兴东北地区等老工业基地领导小组成立，并由时任国务院总理温家宝出任组长。2004 年起，东北各省份分别出台了振兴老工业基地规划纲要和振兴东北地区等老工业基地工作要点等指导性文件，如《辽宁老工业基地振兴规划》（2007）、《黑龙江省人民政府关于印发哈大齐工业走廊产业布局总体规划的通知》（2005）。这些政策文件的主要着眼点在于整个区域的规划和产业发展环境的建设，可以归入宏观产业政策，设立的目的在于为不再具有竞争优势的东北地区产业重新培育竞争优势。相比于前一阶段强调资源调配和基础建设的产业政策，这一阶段的产业政策更加注重优势产业或主导产业的发展，如长春市重点发展汽车及零部件、轨道客车、农业机械、玉米深加工、光电子和光电子信息、现代中药、皮革加工、鹿产品加工、软件开发等，并提出了相关的基础建设和政策优惠措施，如《吉林省人民政府关于进一步推进特色工业园区建设的意见》（2009）；也有对具体产业发展的促进政策，如《关于进一步加强蚕场保护管理和使用的通知》（2007）。在大量产业政策的促进下，这一阶段是东北地区经济增长较快的十年，产业政策更多地延伸到微观层面，在宏观层面的整体安排下建立起明确的微观政策体系。同时，振兴东北等老工业基地战略所配套的产业政策带来了大量投资。从 2003 年开始，辽宁省的固定资产投资增长率就超过了全国的平均水平，吉林省和黑龙江省的固定资产投资增长率也分别于 2005 年和 2006 年超过了全国的平均水平。从 2003 年到 2012 年的十年间，东北三省绝大部分时间的固定资产投资率都在 30% 以上，部分年度逼近 50%。同样的投资情况也反映在企业层面，东北地区的企业尤其是工业企业在这十年间实现了产出的快速扩张，企业产量大幅增加，企业数量迅速增长，推动了东北地区经济的快速发展，经济增速恢复到东北建设初期的水平，创造了东北地区发展的"辉煌十年"。

第四阶段：2013 年至今。在这一阶段，中国经济进入新常态，"新东北现象"出现，东北地区经济下行压力较大，国家开启了新一轮东北振兴战略。这一阶段的产业政策明确瞄准了企业尤其是工业企业的结构调整、促进创新创业、强调民生改善、强化供给侧结构性改革，以此创造经济发展的内生动力和长效机制。在中央层面，《国务院关于近期支持东北振兴若干重大政策举措的意见》（2014）提出激活市场、深化改革、推动创新和国企改革试点等 11 个方面、35 条政策措施。《中共中央　国务院关于全面振兴东北地区等老工业基地的若干意见》（2016）明确了东北地区的战略定位、发展目标、发展理念等内容，提出到 2020 年东北产业迈向中高端、2030 年实现全面振兴。各省根据特色，做出相应的安排，例如黑龙江更加强调绿色农业和粮食安全，吉林省以一汽、吉林石化等大型国企为抓手促进与新经济融合发展，辽宁省立足本省的装备制造业和工矿企业加强产业升级、发展高端制造业。各省也通过规范办事流程、简化审批手续打造更好的企业营商环境，如《吉林省规范涉及企业行政执法行为若干规定》（2014）、《辽宁省人民政府关于调整工业产品生产许可证目录和简化审批程序的通知》（2018）。在地方层面，如，《哈长城市群发展规划》（2016）等城市群规划，明确了各个城市的战略定位和产业发展方向；《辽宁省人民政府关于印发中国（沈阳）跨境电子商务综合试验区实施方案的通知》（2018）以划定试验区的形式，完成了传统制造业与"互联网＋"结合的尝试。同时，针对"新东北现象"，新一轮东北振兴战略应运而生，瞄准的是萧条区域治理的核心问题。然而，从新一轮东北振兴战略的总体安排看，东北振兴是一个长期性、系统性工程，更多的产业政策还在酝酿之中，但是随着早期布局实施的产业政策开始发挥效果，东北整体的经济已经开始出现好转。如，吉林省 2016 年的地区生产总值增速时隔两年再次超过全国平均水平；2016 年 9 月，辽宁省工业品出厂价格指数上涨 0.9%，结束了接近 4 年的负增长。但是，制约东北地区长久发展的因素仍未得到根本性解决，东北地区的人口尤其是高素质人才仍然呈现外流状态，城市化质量与经济发达地区差距较为明显，仍然存在部分僵尸企业和落后产能。因此，新时代东北地区仍然需要产业政策的支持。

可以看出，东北地区的产业政策经历了在政策安排方面逐渐聚焦于产业发展的个性问题，在政策作用对象方面逐渐扩散到影响产业发展的各个方面，在政策目的方面逐渐弱化对市场的直接影响的过程。从共性问题转向个性问题可以对症下药，更加适应市场环境的变化，提高产业政策实施的效率；从单一地关注产业到调整影响产业发展各方因素，可以改善经济运行的整体环境，使更多的产业受益，提高产业政策的外部效率；从直接影响市场到间接影响市场，可在解决市场失灵问题的同时，降低资源配置效率的损失，提高产业政策作用的精确度。东北地区产业政策的演变表明，虽然东北地区的经济发展经历了起伏波折，但其产业政策体系在制定和实施的过程中，不断吸取政策实践的经验和教训，逐步走向丰富和完善，也更加具有针对性，政策效果也有较大改善。

三、东北地区产业政策的不足

东北振兴战略提出后出台的一系列产业政策，从宏观经济效果看直接带来了东北经济的"辉煌十年"，但也不可否认对产业政策的过度依赖间接导致东北经济下行，并与发达地区差距不断扩大。产业政策带有太多计划经济的色彩，政府干预太强，市场作用很小。从 2003 年到 2008 年的政策效果最为显著，这也解释了这一阶段东北地区经济的高速增长；相对来说，2009 年到 2013 年的政策效果逐渐弱化。可以肯定的是，东北振兴期间的产业政策确实在东北经济下滑时为其注入了活力，而后一阶段问题爆发的原因，更多在于政策效果的衰减及当时的产业政策不够完善、缺乏灵活性，未形成系统的支持体系。结合"东北现象"的成因及东北振兴期间产业政策的重点，可展现东北振兴期间的产业政策依照什么样的路径推动了东北地区经济的腾飞，又有哪些方面需要调整和完善。

（一）对培育内生增长动力关注不足

东北地区集中发展以化工和制造业为主的第二产业的产业发展模式，导致企业对投资有着很强的依赖性，无论是新兴产业建设、原有产业的转型升级，还是现有主导产业扩大规模，都需要大规模的投资作为支撑，而产业政策带来的投资可对大范围内的企业产生积极影响。因此，2003年东北振兴战略实施以来，固定资产投资一直是东北地区政策支持的重要手段之一，初期的固定资产增速也显著高于全国平均水平，大量资本跟随各种产业政策涌入，极大地扩充了东北地区的固定资产投资规模，无论是规模水平还是增速均位于全国前列，2000年后形成的区域差距快速缩小。但是，随着经济下行压力逐渐增大，在外部环境和内部条件共同作用下，东北地区经济持续低迷，投资吸引力下降。东北地区固定资产增速随着产业政策的密集发布快速提高，之后逐渐放缓，最终出现了快速下跌。造成这种现象的主要原因就是产业政策没有在东北地区经济恢复高速增长的时期完成地区发展内生动力的培育目标。在"东北振兴"的十年间，东北地区工业企业的产出明显扩张，与之相伴的是大规模中间产品的生产，投资的驱动力在各个企业尤其是制造业企业之间被稀释，真正能够转化为企业升级转型动力的寥寥无几。此外，这一时期的产业政策过多关注"扶持"而非"发展"，对金融业、信息传输、软件和信息技术服务业、租赁和商业零售业等这些能在长期促进企业发展的行业投资比例明显低于全国平均水平。东北地区固定资产投资中分配给高新技术企业的部分也偏低，在全国高新技术企业固定资产投资保持高速增长的时期，东北地区反而呈现负增长。

（二）政策影响深度不够

破解"资源诅咒"、化解资源枯竭对地区发展的冲击是东北地区产业政策的一个关键目标，但已有的产业政策更多倾向于在问题所导致的结果上做文章，很少真正触及产生问题的根源，即产业政策的影响深度不够。对于东北地区，资源枯竭对产业发展的冲击只是种种内在原因表现出来的结果，产生问题的根源还是在于经济发展模式、地区发展观念没有适时改变。东北地区资源丰裕，企业缺少人力资本积累的动力，即在短期积累人力资本的收益成本比远低于自然资源直接投入的收益成本比，导致东北地区虽有良好的高等教育资源，却没能充分发挥其优势，大量具有较高知识水平和技能素质的劳动力流出，知识创新缺乏机会。直到新一轮的东北振兴，"人"这一生产要素的重要性才得到正视，从政府到企业开始着力解决人口尤其是高素质人才流出的问题。现行的资源所有、开发制度将资源的所有权、行政管理权和经济上的运营权分立，但却没有建立三者之间的制衡机制。资源的所有权在经济上没有体现，导致资源的过度消耗、利用效率低，企业只重开采而缺少保护的动力。同时，没有统一的资源经营收益分配渠道，各级经济主体都会争取参与其中，造成地区资源权属纠纷。这些问题都是产权制度不清晰、市场规则不健全的反映，并影响了整体的营商环境。同样的，这些问题也是前期的产业政策所忽视的部分。

（三）政策作用客体单一

由于东北地区拥有大量规模庞大的工业企业，这些企业对区域发展影响深远，所以东北的产业政策更倾向于选择企业作为政策客体，而忽略了很多其他的关键客体，例如城市建设尤其是通过城市公共服务和社会保障建设间接推动企业发展，导致政策作用客体单一、覆盖范围较小。得益于率先起步的工业化进程，东北地区的城市建设也领先于全国绝大部分地区，东北地区尤其是辽宁省至今仍是全国城市化率最高的地区之一。但对于东北地区的城市群，城市化率高但城市质量偏低。2014年，辽宁省城镇化率达到67.05%，在全国各省区排名第二，沈阳市城镇化率更是高达80.55%。但从更长的时间维度上可以发现，东北地区的城市公共服务和城市设施不仅与北上广深等城市的差距逐渐扩大，而且已被杭州、郑州等新兴城市赶超。在过去的产业政策中，城市建设尤其是城市公共服务和城市设施建设一直被忽视。在东北经济增长的"黄金十年"中，固定资产投资大幅增加，但东北地区的城市建设投入却没有呈现相同的增长趋势，其城市基础设施如人均公路里程、人均公路面积、城市照明等数量的增长均低于全国平均水平。同时，东北地区的城市质量也未能跟上全国城市发展的步伐，如绿化覆盖率、公共文化、体育设施数量等指标的增幅也落后于全国的平均水平。城市发展质量提升陷入瓶颈，一方面使区域对人才尤其是高端人才的吸引力持续降低，不利于扭转人才"失血"的局面；另一方面，城市质量不高，公共服务和社会保障供给不足，难以肩负承接企业割离的社会服务的任务，无法从根本上解决"东北现象"。

四、新时代东北振兴的产业政策建议

东北经济要实现脱困，离不开产业政策的支持，但不能继续沿用原来的一套产业政策的做法，不能换汤不换药，必须对原有的东北产业政策体系进行改革与重构。

随着国家的各项事业发展进入新时代，单纯产出的增加已经完全不能适应新的经济形势的要求，或者说，单纯量的增长而没有质的提升的发展路径在当前去产能、供给侧结构性改革的背景下难以维系。东北地区工业企业的发展面临严峻挑战：国内外的制造业竞争日趋激烈，德国的工业 4.0战略、美国的再工业化战略无不强调发展制造业的重要性。制造业在经济发展体系中的再度崛起与新一轮东北振兴的时机高度契合，是近几年来东北地区工业企业尤其是装备制造业复兴的最好机会。应积极推动制造业与信息技术、互联网技术的融合，充分激发对于市场反应较为敏感的中小企业的活力，发挥国有企业原有的人才、技术、资本积累优势，把握市场需求的变化，重新培育核心竞争力，重塑市场竞争中的优势。

（一）建立产业政策长效机制和微观支撑

从短期看，产业政策对工业企业产出的促进作用是肯定的。因此，首先要肯定产业政策的作用和价值，而且在短期需要加大产业政策的支持力度，给予更多的政策红利，同时注重舆论的宣传和引导，扭转老工业基地的落后形象。但从长期看，产业政策作用效果的衰减和作用的局限性是客观存在的，所以需要建立产业政策的长效机制，构建系统、递进、柔性的产业政策体系。如进一步出台和明确科技创新型企业进驻东北地区的优惠政策，同时给予本地科技创新型企业更多的鼓励和支持，引导小微企业与现有国有企业联合发展，通过小微企业的灵活性逐渐带动大型企业的技术升级。加强企业与科研院校的合作，建立产学研结合的联合人才培养体系，同时加大人力资本投入力度，从更多维度考量人才需求。建立综合的科技研发人才的培养和引进体系，促进企业转型升级。在产业政策的具体实施过程中，要注重通过地区营商环境的构建和改善，最大化政策驱动效应。东北地区的产业政策伴随了东北经济的起伏，对其进行梳理总结可以发现，东北经济的起伏在已有政策文件中是有所预料并有所准备的，但受限于许多配套性的政策支撑制度未能有效构建成完整的体系，导致大量的产业政策执行不到位，反而使一些政策优惠演变为无效补贴甚至滋生寻租空间。因此，在产业政策制定和执行过程中，必须注意构建各类配套政策体系。如对科技创新企业入驻的鼓励和优惠措施、对营商环境改善的具体措施、对引进先进技术设备的补贴措施等，加大人力资本投入和科技创新力度，改变现有简单的政策优惠措施，通过政策优惠诱导企业向高效率、高收益发展模式转型。

（二）运用政策工具提升制造业的科技水平

通过对已有政策文件、研究文献的梳理可以发现，产业政策极大地推动了东北地区大型装备制造业的发展。这是东北地区最为典型的优势，同时其转型升级问题也相当严峻。东北地区的产业基础扎实，装备制造业主要依赖大型国有企业。这些大型企业具有很强的大规模标准化生产能力，但面临转型问题时则显得十分"笨重"。因此，应充分利用国有企业和民营经济各自的优势，发挥大型企业标志性技术、标志性产品的优势，发挥小企业灵活、柔性生产的优势，将大型企业作为产业发展的主干，小企业作为分支向市场延伸，适应市场需求的变化，组成紧密的产业网络，共同提升市场竞争力。东北地区产业底蕴丰厚、优势资源明显，只是在地区发展中没有发挥出应有作用。如对于绝大多数东北地区企业，人才和科学技术仍是主要瓶颈。东北地区拥有良好的教育资源基础，尤其是工学基础，其著名大学基本都是以理工科见长，如哈尔滨工业大学、东北大学、大连理工大学、吉林大学等，同时还有一大批优秀高校和职业技术学院，教育体系完善。但受发展环境的限制，优秀毕业生往往受到其他地区工作条件和发展平台的吸引，导致大量人才外流，地区的教育资源向经济发展推动力的转化率较低。再如，作为东北地区汽车整车制造的核心企业，一汽集团在发动机、变速箱等零部件方面拥有技术优势，但受制于其产品及新兴信息化、智能化技术的研发短板，其市场地位与自身实力并不相符。因此，在制定产业政策时，不仅要找到企业、产业的优势，还要补齐不足、消除隐患，不断提升制造业的科技水平和地区人才储备。

（三）促进产业发展方式转变和结构优化

东北地区的产业政策为当地企业带来巨额的固定资产投资，虽然可在短时间内实现企业和行业的规模经济，但没有从根本上解决企业长期发展的动力问题。随着产业政策作用效果下降，或者外部经济环境发生改变，企业将缺少长期发展动力。因此，首先，对于新兴主导产业，需要设计长远规划，建立完善的配套产业政策，同时通过高新技术的引入和应用，与传统制造业相融合，实现转型升级，并在此基础上推动生产服务业的发展。其次，建立企业技术进步支持长效机制。产业政策可以通过直接扶持或者技术、人力的支持实现企业的技术升级，但外生力量的作用没有办法保证企业技术的持续更新，因此，产业政策的方向应更多转向为企业的科技进步提供更加良好的条件。如为创新活动提供补助和税收减免，重视人才的储备和培养，设立专门的政策和专项基金，加强本地区与外地区的交流沟通等。

（四）提升东北地区城市质量，完善产业发展载体

城市是产业发展的重要载体，与全国平均水平相比，东北地区的城市

质量已不再具有优势，需要实现跨越式发展。如通过产业政策鼓励信息技术的应用，以物联网为载体，对城市的自然、经济、社会系统进行智能化改造，重组传统的工业和服务业，提升城市的承载力和发展效率；转变营造营商环境类产业政策的切入点，明确以城市的功能服务和民生提升为导向，从交通、医疗、卫生等城市居民的基本需求入手，引入更多企业，建立竞争制度。同时，注重多元化的宣传和推广手段，扩大智能城市的普及范围；发挥东北地区的教育资源优势，夯实技术基础，优化技术创新和开发环境，推动与高校、科研院所的产学研合作，注重人才队伍建设，将城市的功能发展与城市培育的高新技术产业相融合，并形成产业集群。在提升城市硬件基础的同时，还要注重城市软实力的提高。城市文化会逐渐扩散蔓延，不仅会影响临近郊区，还会与城市关系密切的企业互相影响。企业文化、城市文化和地区的风俗习惯相互交流、影响、融合，会形成特有的城市文化，而良好的城市文化会引领区域未来极长时间的发展方向，最终形成一个城市的城市名片。城市名片是一座城市文化的集中体现，也是文化建设最为便捷的手段。打造城市名片，需要更多促进文化产业发展的产业政策，加强文化服务体系建设。构建全面系统的文化产业，在补充硬件设施的同时，保证与城市规划、环境、文化习俗相契合。文化产业政策要以文化的传承和积累为核心，避免过分重视盈利的短视行为，从文化传承路径着手，建设具有内涵的、体验式的文化产业或产品，建设环节完整、核心突出的文化产业链。

五、要坚持问题导向，完善产业政策工具

具体政策上，改变现在一味套用设立财政专项、建立引导基金、打造平台这些大而化之的方法，要问题导向，一业一策，把产业政策和教育科技、财政金融、人才政策有效地协同起来，对症下药，增强产业政策的广度和深度，才能发挥产业政策作用，促进东北经济发展。

第二节　开放合作政策保障

习近平总书记强调，深入推进东北振兴，要深度融入共建"一带一路"，建设开放合作高地。面对国家实施"一带一路"倡议的新机遇，东北地区积极主动地推进对外开放和区域合作互动，对于东北经济尽快走出困境、实现老工业基地的全面振兴，具有重大现实意义。

在开放合作方面，东北地区优势巨大。东北工业门类齐全、基础设施完善、人才资源丰富，具有全面开放的雄厚产业优势。东北亚地区汇集了中国、日本、俄罗斯、韩国4个位于世界前十一位的经济实体，还有朝鲜、蒙古国等国，经济发展潜力巨大。东北背靠欧亚大陆，通衢东北亚，是东北亚地理位置中心，是"一带一路"建设的重要节点，是连接欧亚大陆的重要门户，具有沿边沿海条件和全面开放的独特区位优势。

东北地区要主动融入、积极参与"一带一路"建设。协同推进战略互信、经贸合作、人文交流，加强与周边国家基础设施互联互通，努力将东北地区打造成为我国向北开放的重要窗口和东北亚地区合作的中心枢纽。

一、现阶段东北开放合作政策措施

一是推动丝绸之路经济带建设与欧亚经济联盟、蒙古国草原之路倡议的对接，推进中蒙俄经济走廊建设。加强东北振兴与俄远东开发战略衔接，深化毗邻地区合作。以推进中韩自贸区建设为契机，选择适宜地区建设中韩国际合作示范区，推进共建中日经济和产业合作平台。

二是推动对欧美等国家（地区）相关合作机制和平台建设，高水平推进中德（沈阳）高端装备制造产业园建设。

推进沿边重点开发开放试验区建设，推动黑瞎子岛保护与开发开放。提升边境城市规模和综合实力。进一步加大对重点口岸基础设施建设支持力度。在中央预算内投资中安排资金支持东北地区面向东北亚开放合作平台基础设施建设。提高边境经济合作区、跨境经济合作区发展水平。积极扩大与周边国家的边境贸易，创新边贸方式，实现边境贸易与东北腹地优势产业发展的互动，促进东北进出口贸易水平不断提高。支持有实力的企业、优势产业、骨干产品走出去，重点推进国际产能和装备制造合作，培育开放型经济新优势。

二、建设一批重大开发开放平台

辽宁省加强推进自由贸易试验区工作，加快探索贸易投资便利化措施，加快在东北地区推广自由贸易试验区的成功经验和做法。创新完善大连金普新区、哈尔滨新区、长春新区管理体制机制，充分发挥在东北振兴中的引领带动作用。深入推进沈阳全面创新改革试验，探索更多促进科技成果转化的有效做法。加快沈大国家自主创新示范区建设，支持吉林长春、黑龙江哈大齐工业走廊培育创建国家自主创新示范区。加快建设沈阳浑南等国家双创示范基地。

继续做好沈阳经济区新型工业化综合配套改革试验、黑龙江省"两大平原"现代农业综合配套改革试验和吉林省农村金融综合改革试验。

推进中德（沈阳）高端装备制造产业园、中英（大连）先进制造示范园区、珲春国际合作示范区，以及满洲里、二连浩特、绥芬河（东宁）等重点开发开放试验区的建设，同时规划建设中俄、中蒙、中日产业投资贸易合作平台以及中以、中新合作园区。

推进大连综合保税港、沈阳综合保税区、长春兴隆综合保税区、哈尔滨综合保税区、绥芬河综合保税区，支持大连东北亚国际航运中心建设，加快东北沿边重点开发开放试验区和边境经济合作区建设。

在符合条件的地区设立综合保税区等海关特殊监管区域。支持中国（大连）跨境电子商务综合试验区建设。研究设立汽车整车进口口岸。

在产业转型升级示范区建设方面，主要是推进沈阳—鞍山—抚顺和长春—吉林—松原等产业转型升级示范区建设。

三、开展国内区域间对口合作

支持东北地区对接京津冀协同发展战略，推进与环渤海地区合作发展。进一步加强东北三省一区合作。组织辽宁、吉林、黑龙江三省与江苏、浙江、广东三省，沈阳、大连、长春、哈尔滨四市与北京、上海、天津、深圳四市建立对口合作机制，开展互派干部挂职交流和定向培训，通过市场化合作方式积极吸引项目和投资在东北地区落地，支持东北装备制造优势与东部地区需求有效对接，增强东北产业核心竞争力。

四、东北对外开放合作的不足

（一）东北对外开放合作的成效不够

改革开放 40 多年尤其近些年来，东北地区努力扩大对外开放合作，取得不小成绩。从 2013 年东三省的情况看，唯一有沿海港口的辽宁省进出口总额达到 1140 亿美元；黑龙江省以对俄交流合作为重点，实现对俄进出口总额 232.8 亿美元，占全国对俄贸易的近 1/4；吉林省利用外资和域外资金分别增长 13.1%、21.2%，对外互联互通进展良好，"借港出海"战略取得突破。但是，相比国内其他地区，东北地区对外开放合作的进展还不尽如人意。根据 2014 年统计数据测算，东北三省的经济总量占全国 8.4%，而进出口总额仅占全国的 4.2%；东北外贸依存度为 19.02%，仅为全国外贸依存度平均数（38.4%）的一半。考虑到东北产业结构中重化工比重大，产能过剩较为严重，外贸外资对东北经济的拉动作用十分微弱；同时，东北地区内部各自为政，少有合作互动，与国内其他地区合作交流也比较少，每年吸引来自区外的资金、企业，尤其来自东部沿海发达地区的产业转移十分有限。

（二）东北地理区位的不利因素

东北偏居一隅，尽管与俄罗斯、蒙古国、朝鲜接壤，边境线长，但是边境沿线冻土带广布，气候寒冷，人口稀少，这是地理区位的不利因素。尽管临近周边发达的韩国和日本，但是缺乏较大的边境口岸和集散中心。另外，由于东北亚局势复杂等不利因素，也阻碍了黑龙江等省沿边开发开放战略的顺利实施。

（三）互联互通不畅、口岸设施薄弱

东北与俄、蒙、朝互联互通方面还存在不少问题，比如铁路外输通道单一，最大的通道满洲里仅有一条连接内地的铁路通道即滨洲铁路，与蒙古国仅有二连浩特铁路，与朝鲜的铁路始建于日伪时期，亟待维修。很多的基础道路设施修建于20世纪七八十年代，运载能力不足、运载的安全性无法达标，大部分跨境桥至今已有七八十年的历史，二级公路不足80%。对外开放时间晚，口岸硬件设施落后，由于国家对沿边口岸建设投入不足，地方对口岸建设力不从心，"小马拉大车"的问题突出。

（四）开放环境欠佳、周边政策稳定性差

随着中俄、中蒙战略合作伙伴关系深入发展，东北地区对外开放环境不断优化，合作范围不断拓展，但也存在"上热下冷"的现象，进口商品科技含量较低，加工贸易未形成规模，对外贸易品类不多，外贸企业规模较小，缺乏国际市场竞争力，境外投资企业缺乏有效融资渠道。特别是周边国家经常会从自身利益出发，频繁调整外贸管理方面的具体政策，政策兑现难，例如俄罗斯在远东地区有权检查外资企业的机构有32个之多，行政性收费名目繁多。

（五）产业支撑乏力，地方创新不足

东北地区尤其边境地区经济总量小，产业结构单一，整体抗风险能力弱，市场需求、价格波动、铁路运输等条件的变化对经济影响较大。由于远离国内中心市场，缺乏外部资金、技术、人才、先进管理经验、信息等要素支撑，尤其是缺乏龙头企业和大项目强势带动，投资吸引力不强，尚未形成完整的产业配套和链条延伸，这些严重制约了对外开放合作的进程。地方创新能力不仅表现在产业科技研发能力，还表现在政策运用与创新上。特别是东北一些地方在推进开放合作工作中依然习惯于要政策、要

资金，而对于如何用好、用足国家已有的各项支持性政策，却思考不多。

五、未来支持东北振兴的开放合作政策重点

开放是发展的必由之路，东北的全面振兴必须放在经济全球化的大背景下考虑，不断拓宽开放领域，深度融入"一带一路"，加深开放层次，以更高水平的双向开放，为经济发展注入新动力，补齐开放合作短板。

在未来政策制定上，东北地区必须进一步解放思想、更新观念，必须把对外开放作为东北振兴发展的重要抓手，扩大开放范围，拓宽开放领域，加深开放层次，破解开放难题，形成对外开放合作新格局，深度融入共建"一带一路"，努力建设开放合作的高地。

（一）深度参与"一带一路"建设的政策支持

要深入研究建设开放合作新高地，深度融入共建"一带一路"的政策支持。东北地区要在加强互联互通、项目对接和调动双方积极性上下更大功夫，形成对外开放合作新格局，发挥抓住"一带一路"建设历史机遇，大张旗鼓地让东北更加开放，高水平引进来，高质量走出去，以新一轮大开放的主动赢得新一轮大发展的主动。

今后的政策重点应以推进基础设施投资合作和互联互通为依托，发展贯通中、蒙、俄、朝、韩的经济走廊，打造"一带一路"向北开放的陆海双重门户。加快建设国际合作示范区、服务业合作园区、高科技产业园区，推动与周边国家互办投资贸易博览会、商品展销会，推动旅游、物流、贸易、投资等合作。加强在贸易投资、互联互通、交通物流、产能与科技、金融和人文交流等重点领域的合作，吸引跨国企业、先进技术、国际资本持续流入。推动中欧班列与中东欧地区广泛对接，鼓励企业向北开拓欧洲市场，扩大商品贸易、承接重点工程，推动资本、人才、技术双向流动。

（二）主动融入全国发展大局的政策支持

建设开放合作新高地，必须加强合作对接。东北地区要加强与京津冀、长江经济带、粤港澳大湾区战略对接和交流合作，特别是深入研究、大力加强东北三省与江苏、浙江、广东以及沈大长哈四市与京津沪深等的

对口合作，加快复制推广一批行之有效的改革创新举措，在项目投资、市场共享、产业转移承接、跨省劳务协作和绿色农产品基地建设等方面深化合作，提高开放型经济水平。

同时，统筹推进环渤海地区发展，加快公路铁路基础设施建设，推动环渤海地区城市全面联通，打造环渤海城市群，发展临海产业带，提升环渤海地区对东北的辐射带动作用。以东北地区与东部地区对口合作为依托，推进东北振兴与京津冀协同发展、长江经济带发展、粤港澳大湾区建设等国家重大战略的对接合作，发挥东北地区粮食、钢铁、石化原材料等优势，加强与先进地区的产品、技术、项目交流，推动产业对接互补、重大项目合作、承接产业转移。

（三）推动东北地区协调发展的政策支持

加强生态补偿，统筹海洋保护开发，维护生态安全。调整"粮经饲"结构，加快现代农业大基地、大企业、大产业建设，维护粮食安全。推动与周边国家在能源、矿藏、旅游等方面深入合作。推动区域协调发展，发挥比较优势，进一步聚焦主导产业。鼓励探索适合东北地区的体制机制，推动建设自由贸易港，发挥以点带面的示范作用。

（四）突出地域特色，全力构建内外联动、陆海互济的全面开放新格局的政策支持

政策集中于打造中俄合作的桥头堡和枢纽站，加快推进中俄天然气管道、中俄滨海国际交通走廊等重大跨境基础设施项目，完善重点边境口岸基础设施，同俄罗斯在技术成熟的制造业领域开展投资合作，强化互利共赢。要推进中日韩经济合作和中俄蒙经济走廊建设，整合日本、韩国等的资金、技术和俄罗斯的能源资源，发展优势产业集群，实现多边合作、多方共赢。要加大同欧美在制造业领域的合作力度，实施一些利用外资的重大标志性工程。

第三节　财政金融政策保障

　　财政金融是现代经济发展的重要推动力，东北老工业基地全面振兴迫切需要现代财政金融体系的大力支持。东北振兴战略实施以来，国家出台了一系列政策，采取财政支出政策与税收优惠政策相结合的方式，继续增大财政转移支付的倾斜力度，优化财政支出结构，在进一步扩大税收优惠范围的同时，出台多项针对性税收优惠，落实专项基金的拨付工作。

　　政策的落实使东北经济发展取得了显著成就，但多项统计数据表明，东三省经济发展仍远落后于全国平均水平，存在很多亟须解决的问题：公共财政支出结构有待优化，社保文教支出不足；一般转移支付力度不足，横向纵向转移支付制度存在问题；社保基金运用效率低，研究与试验发展（R&D）经费投入不足，循环经济专项基金缺口；人才外流，就业率低；税收优惠政策效应低，部分税收优惠政策缺口严重；技术水平较全国平均水平严重落后，对外开放水平较低。这些现象的存在，严重影响了东北老工业基地的发展步伐，阻碍我国区域经济协调发展的实现。

　　振兴东北老工业基地，在财政政策上，应进一步完善转移支付制度，采取财政参股、财政补贴和财政担保等形式，支持老工业基地的发展。在税收政策上，应加强税收法律法规、管理制度的建设力度，分步实施税收制度改革，实行适当的税收优惠政策。在金融政策上，要用改革和发展的办法化解银行的历史包袱，尽快完善商业银行的经营机制，加快金融创新步伐，推进资本市场的发展，建立和完善振兴东北老工业基地的信用制度与体系以及合理的金融机构组织体系，应以东北地区资源禀赋为依托，实现金融精准支持产业转型升级，并以市场主导与政府调控相结合作为财政金融支持的基本原则。

一、东北地区财政金融政策历史回顾

缩小区域经济发展差距是国家实施东北振兴战略的主要目标之一，能否促进区域经济收敛也是评估东北振兴政策实施效果的一个重要研究视角。东北振兴战略实施以来，东北三省转移支付、税收、政府投资显著促进了区域经济收敛。通过对比转移支付、税收、政府投资对区域经济的增长效应，发现东北三省转移支付具有显著正向增长效应，政府投资有正向增长效应，而税收有负向增长效应。因此，应加大对东北三省转移支付和政府投资力度，降低税率，以拉动东北三省经济增长。

东北振兴，离不开金融财政的支持，近些年来，中央加大了对东北的财政金融投资支持力度，主要体现在：

《国务院关于近期支持东北振兴若干重大政策举措的意见》指出，要结合新形势、新要求，强化政策支持，创造良好政策环境，加大工作力度，确保各项政策措施落实到位。

财政政策。中央财政进一步加大对东北地区一般性和专项转移支付力度。研究加大对资源枯竭城市转移支付力度。研究将东北地区具备条件的省市纳入地方政府债券自发自还试点范围。

金融政策。加大对东北地区支农再贷款和支小再贷款支持力度。鼓励政策性金融、商业性金融探索支持东北振兴的有效模式。优先支持东北地区符合条件企业发行企业债券，允许符合条件的金融机构和企业到境外市场发行人民币债券。统筹研究设立东北振兴产业投资基金。加快中小企业信用担保体系和服务体系建设，继续扶持东北地区担保和再担保机构发展。允许符合条件的重点装备制造企业设立金融租赁公司开展金融租赁业务。

中央财政提高对东北地区民生托底和省内困难地区运转保障水平。对东北地区主导产业衰退严重的城市，比照实施资源枯竭城市财力转移支付政策。在加快养老保险制度改革的同时，制定实施过渡性措施，确保当期支付不出现问题。加快推进东北三省地方政府债务置换。

引导银行业金融机构加大对东北地区信贷支持力度，对有效益、有市场、有竞争力的企业，应满足其合理信贷需求，避免一刀切式的抽贷、停贷。对暂时遇到困难的优质大中型骨干企业，要协调相关金融机构积极纾解资金紧张等问题。鼓励各地建立应急转贷、风险补偿等机制。推进不良贷款处置。

对符合条件的东北地区企业申请首次公开发行股票并上市给予优先支持。推进实施市场化、法治化债转股方案并对东北地区企业予以重点考虑。支持企业和金融机构赴境外融资，支持东北地区探索发行企业债新品种，扩大债券融资规模。

东北地区各地也积极行动，纷纷推出了自己的财政金融支持政策。以辽宁为例，辽宁财政金融政策保障主要有：落实积极的财政政策，进一步发挥财政职能作用，全力助推辽宁振兴发展；利用好地方政府新增债券资金；防范化解债务风险；统筹中央财政外经贸发展和省全面开放专项资金，重点支持深度融入共建"一带一路""辽宁'17+1'"经贸合作示范区建设和外交部辽宁全球推介活动，落实招商引资激励机制；兑现优质外商投资项目奖励。支持传统产业转型升级和新兴产业发展；支持提高科技创新支撑能力；支持农业农村优先发展；切实保障和改善民生，落实就业优先政策。支持社保体系建设；进一步提高财政管理效能，深化省以下财政体制改革。

二、存在的问题

东北三省的总体发展水平之所以始终远低于全国的平均水平，一个主要原因在于财政金融政策支持存在严重不足。

（一）经济建设和行政建设比重过大，社保文卫比重过小

尽管经济建设支出和行政建设支出作为国家的最基本支出，有着举足轻重的作用，但分析东北三省公共财政支出结构可以发现，对二者存在严重的支出偏大现象，这样就抑制了社保文教支出的增大。另外，财政支出

在各方面均存在严重的城乡差别化问题，导致城乡不均衡发展的进一步演变，阻碍基本公共服务均等化步伐的前进，总体上降低了整个东北地区群众的社会生活水平。

（二）财政转移支付制度不健全

东北三省财政转移支付制度存在多方面问题。首先，一般性财政转移支付的倾斜力度不足，专项财政转移支付的力度反而过大，这样所导致的直接结果就是阻碍了政府集中力量做大事的步伐，同时使得各政府之间财力越发悬殊，阻碍地方政府财力的有效发挥。同时，专项转移支付在资金分配、项目安排和管理使用上也存在问题，使其效应的发挥再次受到限制。其次，缺乏横向转移支付制度，纵向转移支付制度存在多种缺陷，财政转移支付资金的使用效率较低，各级政府之间的财力悬殊，导致各地区间经济发展差距不断扩大。

（三）专项基金拨付存在问题

东北三省存在部分专项基金拨付不足及基金使用效率不高的问题。东北三省发展多年来一直裹足不前的一个重要原因就是研究与试验发展（R&D）经费的缺乏，导致其专业人才出现大量流失，科技研发速度缓慢，科技成果转化率低，科技发展水平整体落后。另外，由于循环经济专项基金的缺乏，基金多数需环保企业自己负担，导致东北三省环保企业积极性不高，三废得不到高效循环利用的同时，导致环境污染得不到及时治理，这也明显拉低了东北三省的整体生活水平。

（四）对东北地区发展的支持力度仍然不足

在过去，国家一直重视对东北地区的发展，但是其落实力度还有达不到其应有标准的情况。由于沿海城市的快速发展拉动全国经济加速前进，导致政府将财税政策大幅度倾向对东部沿海城市的发展，从而一定程度上挤占了对东北老工业基地的支持力度，并且由于已出台的政策存在种种缺陷，又使得财政政策效应出现明显不足，这就导致了自 2003 年首次提出振兴东北老工业基地以来，尚未取得很好的效果。

三、推进振兴，融入"一带一路"的财政金融政策建议

今后，应当更好地发挥积极的财政和金融政策的作用，提高财政资金的使用效率。财政金融政策对结构调整和经济转型升级更为有效。推动产业结构优化和升级，引导社会资金投向符合国家产业政策的领域，更好地发挥经济结构调整的作用，资金使用效率有望得到较大提升。

（一）处理好财政与市场机制的关系

按照公共财政的要求，市场是资源配置的主体，竞争性领域应由市场进行自发调节。财政活动应收缩到市场失效的领域上来，主要在基础设施和公共设施建设、社会保障、推进国有企业改革、维护市场经济秩序等方面起主导作用。

（二）实行有利于东北发展的税收优惠政策

实践证明，税收优惠政策是刺激地区经济发展的有效手段。在振兴东北过程中要以税收优惠政策刺激农业、民营企业发展，吸引外部投资和促进国企改造。

（三）加大对重点领域的财政投入

加强对东北地区等财政收入增速下降较快、拥有重要产业地区的转移支付；设立针对重大技术装备和高端智能装备、新材料、生物等东北地区具有优势和潜力的重点行业、领域和工程的专项转移支付，尤其是对部分具有公共产品属性和较强正外部性的行业、项目加以倾斜。

（四）推广和扩大 PPP 等投融资创新模式的应用

以相对较少的财政资金为杠杆，减少私人部门承担的风险，为城市基础设施建设、环境治理等领域扩充资金来源，提高公共产品和服务的供应能力，减轻地方政府财政和债务负担。在具体实现路径上，可以采用"地方政府专项债券 +PPP"与产业转型升级专项基金相融合的模式。同时，针对地区特点，由地方政府牵头，设立地方性产业投资基金、创业投资基金等，引导和撬动更多民间资本投入。同时，继续推进结构性减税，并发挥财税政策的杠杆作用，鼓励科技创新。

（五）落实促进农产品加工业发展和农业科技化的税收支持政策

对乡镇从事农产品加工的企业给予税收减免；实行与法定征收率一致的退税政策；农产品加工企业研究开发新产品、新技术、新工艺所发生的各项费用，允许在缴纳企业所得税前全额扣除。加大对农产品加工业的优惠力度，对农产品加工企业当年提取的固定资产折旧所包含的增值税税款允许抵扣。

（六）实行激励国企改制和民营企业发展的税收政策

对国企改制分流过程中发生的土地、房产、车辆过户等各项税收予以适当减免；对改制后的企业利用原企业的非主业资产、闲置资产和关闭破产企业的有效资产进行独立核算并吸纳原企业富余人员达到30%以上的，免征3年企业所得税；对生产竞争性产品和从事第三产业的民营企业给予3—5年内减半征收企业所得税和营业税的优惠；在出口退税方面消除对民营企业的歧视。

（七）引入税收竞争机制，大规模吸引外省和国外发展资金

解决地方建设的资金短缺问题和地方就业问题。对政府投资项目进行成本—效益分析，避免重复建设和资金浪费。加大对财政投资工程预决算审查的力度，健全相关的管理制度，实行监督工作关口前移，重点抓好事前、事中的监督，把问题消灭在萌芽状态。

（八）利用财政贴息方式，扶持农业和非公有制经济发展

进一步加大财政贴息力度，利用财政贴息来支持东北地区经济结构的战略性调整。利用财政贴息政策支持现代农业的发展。主要支持各类农业协会、专业合作社，包括以提供技术和信息服务为主的专业技术协会和合作社，以及为农业生产提供产前、产中、产后系列化服务的企业。对农产品加工企业也实行财政贴息政策，以此来促进农产品加工业的发展。

（九）国有企业、民营企业及其他所有制企业一视同仁地享受财政贴息

对民营企业利用银行贷款进行技术改造、技术创新和兴办农业产业化项目，均可申请省级财政贴息资金，以此来吸引企业及社会民间投资，促进企业的技术改造和经济结构调整。

（十）加快社会保障制度建设

要调整财政支出结构，积极筹措资金，大力增加社会保障的投入。同时，要确保企业离退休人员基本养老金和国有企业下岗职工基本生活费按时足额发放，将长期亏损、停产、半停产困难企业中符合条件的在岗职工全部纳入低保范围，做到应保尽保。由中央政府补充东北老工业基地养老和失业社会保障基金的不足。

第四节　人才培养与引进政策保障

一、东北地区人才保障政策现状

习近平总书记在中共十九大报告中对未来人才的发展规划了宏伟的蓝图："人才是实现民族振兴、赢得国际竞争主动的战略资源。要坚持党管人才原则，聚天下英才而用之，加快建设人才强国。"2019 年 9 月，习近平在东北三省考察并主持召开的深入推进东北振兴座谈会上提出，要以优化营商环境为基础，多方面采取措施，创造拴心留人的条件，让各类人才安心、安身、安业。这充分体现了习近平"聚天下英才而用之"的人才战略思想，也为新时代东北地区激发人才活力，优化人才引进政策，提供了科学性、针对性、有效性的政策导向。

目前，中央已经积极推进东北地区的人才保障制度建设，加大人才培养和智力引进力度。把引进人才、培养人才、留住人才、用好人才放在优先位置。研究支持东北地区吸引和用好人才的政策措施。完善人才激励机制，鼓励高校、科研院所和国有企业强化对科技、管理人才的激励。支持在中心城市建立人才管理改革试验区，率先探索人才发展体制机制改革，面向全球吸引和集聚人才。围绕产业升级核心技术需求，大力引进海外高层次工程技术人才，国家"千人计划""万人计划"等重大人才计划对东北地区给予重点支持。继续实施老工业基地国外引智和对外交流专项。鼓励高校培养东北振兴紧缺专业人才。鼓励设立高校、职业院校毕业生创新创业基金，引导大学毕业生在本地就业创业。加大高素质技术技能人才培养和引进力度，组织开展老工业基地产业转型技术技能人才双元培育改革试点。

促进科教机构与区域发展紧密结合。扶持东北地区科研院所和高校、职业院校加快发展，支持布局建设国家重大科技基础设施。深化中国科学院与东北地区"院地合作"，组织实施东北振兴科技引领行动计划。提高高校、职业院校办学水平，支持高校、职业院校建设研发转化平台。引导各类院校办出特色，支持引导一批地方本科高校向应用型高校转变，建设一批高水平应用技术型大学。大力推进现代职业教育改革创新，探索行业、企业参与职业教育的新模式。支持高校、职业院校加强国际交流与合作，引进国外优质教育资源开展合作办学。

（一）辽宁人才政策现状

辽宁出台了《辽宁省人才服务全面振兴三年行动计划》。《三年行动计划》结合辽宁实际，共提出 26 个方面重点任务和政策措施，包括突出高精尖缺导向，实施高层次人才培养引进工程；统筹兼顾，协调推进各类人才队伍建设；坚持以用为本，实施人才服务振兴智力支持行动；着力改革创新，不断优化人才创新创业环境等四个方面。

到 2020 年，全省人才规模实现稳步增长，专业技术人才达到 350 万人，具有高级技术职称人才达到 52 万人，高技能人才达到 112 万人。全省人才工作体系进一步完善，人才发展环境进一步优化，人才集聚效应进一步增强，人才竞争力进一步提升，人才服务发展贡献突出，形成人才引领创新、创新驱动发展、发展集聚人才、人才服务振兴的良好局面。

在实施高层次人才培养引进工程方面，辽宁省将着力培养引进一批杰出人才、领军人才、青年拔尖人才和高水平创新创业团队，储备一批优秀后备人才。

在不断优化人才创新创业环境方面，辽宁省将重点实施企业经营管理人才培养计划、高技能人才培养计划、人才助力县域经济发展计划、高校毕业生"凤来雁归"计划和社会工作专业人才培养计划，努力实现各类人才队伍协调发展。

在实施人才服务振兴智力支持行动方面，辽宁省将组织开展"两院"院士助力振兴发展活动、高校院所服务全面振兴专项行动、科技成果转化促进行动等活动，进一步促进科技同经济对接、创新成果同产业对接、创新项目同现实生产力对接，更好地发挥人才引领和支撑产业发展作用。

在优化人才创新创业环境方面，辽宁省将通过落实用人主体自主权、健全人才激励制度、创新柔性引才机制、构建产学研用协同创新平台、构建社会化人才服务体系、强化对科技创新创业人才金融支持、搭建人才服务综合平台，充分激发人才活力。

2017 年，沈阳发布了《关于沈阳市建设创新创业人才高地的若干政策措施》(简称"沈阳人才新政 24 条")，"沈阳人才新政 24 条"重创新、重服务、重人才生态的营造。最突出的亮点，就是对"培养本土人才"和"引进外来人才"确定为沈阳市人才战略发展的方向。

"沈阳人才新政 24 条"的出台，就是为了成功培养出一大批沈阳优秀的本土人才，并且顺利引进众多高技能领军人才，聚焦调动他们投身创新创业的积极性。未来五年，沈阳市将重点实施高精尖优才集聚工程、创新型企业家培育工程、大学生留沈倍增工程等七大工程和一系列创新创业扶持计划，既强化需求导向，又兼顾"土洋新老"，对增量人才和存量人才精准施策，政策惠及在沈的每一名创新创业人才。

"沈阳人才新政 24 条"计划未来 5 年重点围绕先进制造领域，培养 15 万名技能人才，3 万名高技能人才，并将采取一系列激励保障措施，顶尖人才重大项目最高给予 1 亿元项目资助。围绕传统优势产业和战略性新兴产业，重点引进 10 名顶尖人才、30 名杰出人才、500 名创业型领军人才，对引进的上述三类人才分别给予 1000 万元、500 万元、100 万元资金资助；

对顶尖、杰出、领军人才领衔的创新创业团队，给予一次性最高 1000 万元项目启动资金资助，对高层次人才领衔的创新创业团队，给予 50 万—3000 万元项目资助，其中，对顶尖人才重大项目实行"一事一议"，最高给予 1 亿元项目资助；实施中青年科技英才培养工程，未来五年，计划培养 2000 名中青年科技人才，对培育出顶尖、杰出人才的用人单位，分别给予 200 万元、100 万元资金奖励。

其后，在 2018 年，为实行更加积极、更加开放、更加有效的人才政策，推动人才服务全面振兴三年行动计划实施，大力吸引人才，激发人才创新创业活力，辽宁又发布了《关于推进人才集聚的若干政策》，共包括 9 个方面。一是顶尖人才办理"居民身份证"等享专属服务。二是创新创业享优惠。三是吸引优秀博士来辽从事博士后研究。四是吸引在辽创办企业的各类人才。五是扩大用人主体自主权。六是加大人才培养平台建设力度。七是提高人才科研资金使用效能。八是切实解决各类人才后顾之忧方面，提出提供人才安居保障。九是实行引才荐才奖励制度。

（二）吉林人才政策现状

自 2016 年以来，中共中央和国务院相继出台了一系列人才发展体制机制改革方面的政策意见，按照国家的意见要求，各省也竞相发布人才新政，掀起了新一轮人才争夺战。2018 年 3 月 25 日，吉林省发布了《中共吉林省委　吉林省人民政府关于激发人才活力支持人才创新创业的若干意见》，具有以下几个特点：

第一，坚持引才优待和域内激励并举的原则。以往人才政策偏向于从外引进的人才，对省域内人才的偏重和激励程度较弱，极易使省域内人才产生心理落差，形成"招来女婿气跑儿"的状况。

第二，采用清晰的人才分类和系统的服务保障。根据不同类别的人才，按照不同的优待补贴标准提供人才配套保障服务。同时，对于基础性类别的人才也给予力度较大的住房补贴。以往的人才政策涉及提供保障服务的职能部门大多数存在"各扫门前雪"的情况，职能的交叉和信息的壁垒，大大降低了人才政策落实和推进的效率。这次新政强调按照"谁主管、谁负责，谁引进、谁负责"的原则，强化落实保障服务的责任，为实现政策制定与实施的统一性提供坚实保障。

第三，实施精准激励，拓宽发展空间。对于省内的人才，根据划分类别的不同，创新职称选聘机制，比如直聘、科研贡献突出的人才可实行跨级选聘等。人才新政的出台表明吉林省把实施人才优先发展战略放在重要位置，把国家的重点部署和改革方向落到实处，把外省的创新的先进经验充分吸收，使人才新政既顺应新时代的发展趋势，又满足新一轮吉林振兴的需求。

从 2008 年开始，吉林省参照中组部国家"千人计划"引进海外高端人才的做法，启动实施了"吉林省高层次创新创业人才引进计划"，每年开展一次集中引进人才工作。具体表现为：（1）高端人才引进相关政策表现为：吉林省高层次创新创业人才引进计划、吉林省引进人才服务与管理暂行办法、关于进一步激发人才活力支持创新驱动发展战略的若干意见；支持措施表现为：《吉林省重大科技项目研发人才团队支持计划实施办法》《吉林省科技项目研发人才团队协调服务办法》《吉林省杰出创新创业人才评选表彰办法》；生活待遇：依据项目性质给予 50 万—100 万元补助；学者计划每人每月 1.5 万元和经费支持、落户政策、医疗社保、子女入学、配偶就业、居住于出入境给予支持。（2）基层人才引进具体政策表现为：长春新区"长白慧谷"英才计划、吉林市高层次创新创业人才引进计划、辽源市"352"人才引进计划、通化市高层次人才引进（医谷药城汇才）；支持措施：松原市硕士免试，博士免试录用，辽源市签署 5 年服务协议。生活待遇：长春新区每年 1 亿元专项经费，吉林市区分产业人才和专业人才；辽源市区分创新创业型人才和适用人才，通化市设市县两级人才开发基金，白山市给予博士及清华大学、北京大学本科毕业生住房补贴 30 万元。

2018 年，吉林省发布的《中共吉林省委　吉林省人民政府关于激发人才活力支持人才创新创业的若干意见》（以下简称《意见》），围绕聚焦人才重点、公共服务政策、引才激励政策和创新创业扶持政策四个方面，制定了 18 条激励措施。

《意见》的制定主要遵循三个原则，一是坚持人才优先发展原则。二是坚持创新突破的原则。采取内部挖掘、横向吸收、外部借鉴的方式，大胆解放思想，务求政策上的最大创新与突破，确保我省人才政策具有较高的含金量和较强的竞争力，真正把人才培养好、吸引来、留得住、有舞台、发展好。三是坚持精准施策的原则。总的看，制定实施的政策针对性较强、含金量较高、惠及面较广、激励作用较大且具有可操作性，是吉林有史以来政策创新与突破力度最大的一次。

1. 制定人才分类目录，确保政策实施的科学性

按照不同层次类型将各行业领域人才划分五类：A 为国内外领军人才，B 为国家级领军人才，C 为部级领军人才，D 为省级领军人才，E 为基础实用人才。体现的最大特点就是既有利于突出重点、对标定位，更能确保精准施策、落地见效。

2. 强化服务保障政策，确保了人才安心扎根吉林

一是开通人才服务绿色通道，加强全省人才"一站式服务窗口"建设，对 A、B、C 类引进人才"一事一议"、特事特办，对 D 类以上引进人才提供全方位免费帮办服务。体现的最大特点就是简化了办事程序，提高了行政效能，抓住了引才聚才黄金期。

二是放开高校和科研院所人才薪酬限制政策，提高人才薪级工资待遇，体现的最大特点就是着力提升了人才的荣誉感和归属感。

三是完善引进人才安家补贴政策，给予五个层次、十一类引进人才安家补贴。放宽引才聚才门槛限制。增强了引才聚才的吸引力和竞争力，确保以最大力度量身裁衣选人才。

四是完善人才子女就学政策，切实保障了人才创新创业后顾之忧，均衡了省内 A、B 类人才与引进人才的平等待遇，解决了"招来女婿气跑儿"的问题。

五是建立政府人才工作联络协调机制，压实工作主体责任，强化考核奖惩。明确责任主体，确保人才新政落地见效。

3. 强化引才聚才优惠政策，提升了人才竞争力

一是完善柔性引才聚才政策，各级政府可对引才单位给予相应奖励。体现的最大特点就是能够营造出全社会引才聚才的良好氛围。

二是开辟引才编制使用绿色通道，引进人才使用编制时，随用、随批、随时落编。打破了编制管理限制，畅通了人才流动引进通道。

三是探索试行省一级专业技术岗位选聘机制。为高精尖缺人才搭梯子、加凳子，制定了更加长远的发展目标。

四是探索放开外籍人才工作或居留限制，给予外籍人才平等扶持待遇。打破了国别限制，让外籍人才在吉林平等享有人才选拔、职称评价、培养资助以及奖项申报等待遇，更好地创新创业。

4. 强化创新创业激励政策

一是实施战略性产业人才、科研成果转化人才、高校毕业生以及域外人才等四个方面人才创新创业扶持计划，从政策、资金、平台和服务保障等方面提供最大支持，确保更多的人才在吉林孵化成长、创新创业。激发各个领域人才创新创业活力，树立全社会关注、支持和参与创新创业的良好导向。

二是加大对省级科技创新中心、重点实验室、孵化器等科技平台支持力度，对考核优秀的科技平台给予连续滚动支持。集中力量加快创新创业平台建设力度，让各类人才创新创业有环境、有平台、有保障。

三是对高新技术企业和技术先进型服务企业实行税费减免优惠政策，鼓励支持科研机构创办科技企业，盘活科研项目经费结余资金，下放科研项目经费预算和使用调剂权。赋予科研单位、科研人员更大的发展空间和科研经费自由裁量权，破除行政管理与科研创业间的政策障碍，确保人才心无旁骛地创新创业。

四是拓宽人才评价渠道，实行职称特殊评聘政策，鼓励和支持复合型人才、高技能人才和高校硕士毕业生到企业和基层一线工作服务。稳定了基层一线人才，打通了人才流动通道，能够鼓励更多的人才到基层创新创业。

同时，为主动回应人才的各类需求，加快落实人才激励政策和待遇，

吉林制定出台"1+3"配套实施细则，主要由《吉林省享受"18条"人才政策待遇对象的评定办法》和《吉林省引进人才配偶就业及子女就学实施细则》《吉林省引进人才安家补贴实施细则》《吉林省创新创业人才贡献奖励实施细则》3个文件组成，共涉及4项政策，根本目的就是要加快推动人才18条政策落地见效。

此次出台的"1+3"配套措施，重点聚焦战略产业体系中的自然科学、工程技术、经济金融、教育医疗、人文社科、文化艺术等领域，工作、创业的各类紧缺型和创新创业型人才。将待遇对象划分为国内外顶尖人才（A类）、国家级领军人才（B类）、部级领军人才（C类）、省级领军人才（D类）和基础实用人才（E类）五个层次。

在评定范围上，打破了国籍、户籍和身份限制，允许聘期内已引进人才与新引进人才享受同等评定政策。在监督管理上，对评定人才和兑现的待遇实行动态管理，在聘期内发生变化的，依据实际情况进行调整或取消。

此次政策制定突出特事特办，首先符合条件的人才只需通过用人单位到同级人社部门履行评定程序即可；其次对引进人才建立"一人一策"、"一事一议"、特事特办和全方位免费帮办服务机制；另外建立了跟踪问效、激励奖惩机制。

2020年，着眼于进一步提升吉林省人才工作信息化水平，推动人才工作科学化发展，4月16日，吉林省"人才地图"和《吉林省人才政策指南》在"人才引培主题服务日"活动上发布。

吉林省"人才地图"和《吉林省人才政策指南》运用人才大数据资源，探索人才发展规律、提供宏观决策依据、服务精准高效引才、打造人才集聚高地，为企业更好地引进、留住、用好人才提供有效信息依据和政策支撑。目前，吉林省"人才地图"数据主要来源于第三方市场统计数据和专项调研统计数据，共包括6大板块、31个功能模块、385个功能点和图表，以及百万余组数据。

"人才地图"包括人才供需分析、人才流动趋势、重点产业人才分布、吉林籍人才分布、职位薪资热度、人才搜索引擎6个板块。其中，人才供需分析板块展现了2019年以来，吉林重点产业领域人才供需情况。具体包括人才供需双方的数量对比、学历对比、工作年限对比、薪资对比情况。人才搜索引擎板块则与第三方市场数据库直接相连，提供人才信息智能检索功能，为用人单位准确寻找所需专业人才提供渠道。《吉林省人才政策指南》共分为人才管理、人才培养、人才引进、人才评价等10个部分，涉及重点政策举措80条，收录各类政策文件55个，便于各类人才和用人单位了解我省人才支持政策，进一步释放改革红利，更好地帮助人才、支持人才、服务人才。

（三）黑龙江人才政策现状

2017年，黑龙江出台了《哈尔滨英才集聚计划实施方案》《引进高层次人才"绿色通道"实施办法》。2018年，黑龙江出台了《黑龙江省人民政府关于促进外资增长若干措施的通知》。2019年出台了《关于加强人才队伍建设的若干政策意见》《黑龙江省工业强省建设规划（2019—2025年）》《哈尔滨人才引进政策补贴方案》。

2019年，黑龙江省人才培养升级，出台《关于激发人才活力推动振兴发展的有关意见》，计划培养高层次人才1000人，培养高技能人才2万人，建成10个高技能人才培训基地和20个技能大师工作室，改善人才发展环境，实施重点人才项目。

优化升级人才政策体系：出台《关于激发人才活力推动振兴发展的有关意见》及实施细则和操作办法。出台《省领军人才梯队管理办法》，完善省、市、县三级衔接、梯次递进，集科研创新、成果转化和人才培养于一体的立体式育才模式。修订《享受政府特殊津贴人选评选办法》，坚持向重点产业、创新创业人才、非公领域和基层一线倾斜。完善《博士后资助办法》，给予具有创新能力和发展潜力的博士后资金支持，吸引和留住一批创新型青年人才。

实施重点人才项目：着眼于服务重点产业发展和重大项目建设，实施人力资源支持"百大项目"专项行动，支持用人单位引进和留住高精尖缺人才。创新实施领军人才梯队建设工程，选拔享受省政府特殊津贴人员。

实施博士后青年英才计划：培养一批引领原始创新、突破关键技术、带动产业转型的高层次人才。主动对接非公经济和基层一线等人才需求载体，精准开展专家服务基层、海外赤子为国服务和博士后科技行等活动，实现供给与需求有效对接。

实施龙江技能振兴计划。加大高技能人才培养基地建设，打造"大国工匠"队伍。

健全人才服务保障体系：构建线上"便捷式"、线下"一站式"的人才服务体系，加大对人才住房、子女入学、医疗等生活保障力度，真正让人才安心、安身、安业。建立人才流动统计分析监测机制，为人才提供诉求受理等服务。大力发展人力资源服务业。

统筹推进人才分类评价改革：出台《关于分类推进人才评价机制改革的实施意见》，建立突出能力、业绩和实际贡献的分类评价机制。分系列推进自然科学研究、工程技术、会计等职称制度改革，修订全省中、高级职称评审标准，克服"唯论文、唯学历、唯奖项"倾向，精准评价专业技术人才；出台职称评审管理实施细则。深化技能人才评价制度改革。

深化事业单位人事制度改革：落实分类推进事业单位改革任务，在省直事业单位探索出台工勤人员转聘到管理岗位或专业技术岗位政策，打破身份限制，变身份管理为岗位管理。

2020年，黑龙江省13个市（地）加大引进人才力度，发布优惠政策，"落户"放宽学历、年龄限制；购房、生活补贴成重要手段。近年来，黑龙江省各地纷纷出台有关企事业单位引进人才优惠政策，加大人才引进力度。例如，2020年，哈尔滨市有关企事业单位引进人才优惠政策规定：高校毕业生本科每月生活补贴500元，连续发放3年；硕士3万元安家费，分三年发放。博士每月生活补贴2000元，安家费10万元，购房补贴10万元。

二、东北地区人才政策的优势与不足

习近平总书记在东北考察时提出要以优化营商环境为基础，多方面采取措施，创造拴心留人的条件，让各类人才安心、安身、安业。东北人才引进具有引进模式多样化、人才分类具体化、配套措施系统化的特征，同时也存在着人才引进保障政策与其他地区相比优势不突出、政策利用不充分、配套保障服务政策不连续等问题，因此今后要注意从人才引进政策应突出本地优势、优化人才的成长和发展环境、构建人才引进保障服务的无缝式衔接体系等三个角度提升人才保障政策。

（一）东北地区人才引进政策的优势

通过对东北各个地区政策的梳理，发现东北地区人才引进政策具有以下的优势：

1. 引进模式多样化

除了在高端人才的引进上，还采取高层次选调生和基层人才的招录，以人才引进保障服务政策的优势取代地理自然环境的劣势，特别是给优质应届毕业生提供职业发展的平台，这增强了对基础型人才的吸引力。

2. 人才分类明确化

根据不同层次的人才分类，将高层次人才和基础型人才分开，分别制定优待的政策及服务标准，能够使保障服务更有针对性，也是对人才的不断发展产生激励作用。

3. 配套政策系统化

为了解决高层次人才的生活顾虑，从科研到生活保障实现系统化服务。在生活服务保障方面，提出配偶就业、子女上学的相关待遇，同时提供相关科研的场所、科研条件等，为人才的安心、放心、全心地投入工作提供保障服务。

（二）东北地区人才引进政策的不足

尽管出台了一系列政策保障，但是近年来，东北人才流失严重，特别是高层次人才。人才的数量不仅在减少，而且人才利用率在降低。外流人才呈现出年轻人、高学历者、高技能者占比增加等趋势，且以"北上广"为主。例如：吉林省相继出台一系列的人才引进政策，然而从统计数据上来看，2015 年吉林省人口总数为 2758 万人，2017 年吉林省人口总数为

2714万人，吉林省在短短两年间内人口流失数量达44万人左右，其中本科学历以上的约占流失人口总数22.58%，这就足以证明政策实施的效果并没有达到最佳。如何吸引人才并留住人才，正成为当前东北地区各地政府和企业面临的一大难题。

究其原因，主要有以下几个方面：

1. 人才引进政策与其他地区相比优势不突出

人才引进的物质吸引和当地的经济发展水平密切相关，沿海经济发达的省份对于人才引进政策除了在户籍上有所照顾之外，住房补贴、科研费用等方面都制定了较高的标准，吉林省和一些发达省份相比，人才的物质条件并没有十足的吸引力。东北人才政策与南方城市相比，不够灵活，人才竞争比较优势形成很慢。再加上相对较差的自然气候条件，长达6个月、平均温度在零下15摄氏度的冬季，也是造成人才不选择留在东北的主要原因。

2. 东北出台的人才政策效果还未显现

人才政策可以看出政府诚意满满，态度积极，求贤若渴。但截至目前，该项政策并未有显著效果。不少人才表示回来后的就业机会和上升前景不明朗，可选择的就业面还是很窄，并且企业的用人机制及管理模式没有明显变革，只是"治标不治本"，没有体制机制的根本改变，难以留住人才。

3. 人才引进政策利用本地资源不充分

既然在物质条件和自然气候条件方面东北地区存在一定的劣势，那么在东北地区具有优势的自然资源、经济产业优势等方面可以突出对人才的需求和保障的政策偏向。行业领军类人才往往所占比例较小，大部分的科研与拓展市场等实际工作需要基础性人才来操作，再加上人才的培养是一个长期的过程，所以，既要重视相关行业的领军类人才的引进，也不能忽视对基础性人才的培养。

4. 配套保障服务政策不连续

东北地区多是国有企业，平均主义和"大锅饭"现象严重，缺乏人才激励机制。人才的引进、培养、流动等机制不够健全，人才的福利待遇、医疗保险等制度不能得到保障和完善。在人才管理方面，多是依靠人为因素，法制因素在其中起的作用较少，这就会造成人才管理的混乱。且涉及人才管理的多个部门都有部门自己的规章和制度，人为地造成了人才市场的分割，导致人才信息不通畅，对人才资源的管理呈现"九龙治水"现象，过多的条条框框制约了人才的自由流动。另外，东北地区在对技术人才的培养和科研经费等方面的投入严重不足，很多用人单位只考虑眼前利益，搞短期行动，忽视了对人才的再培养，这也在一定程度上限制了人才的发展。东北地区人才引进政策主要倾向于个人为主，而许多国家级的科研项目需要科研团队共同完成，对于科研团队的建设和相关配套保障政策还需要进一步完善。

三、东北地区人才政策保障的优化路径

下一步，东北地区将重点围绕稳定人才集中发力，打好各类人才培养、引进、使用、激励的"组合拳"。将坚持"稳引并重"的原则，在继续加大引才工作力度的基础上，重点围绕稳定人才集中发力，打好各类人才培养、使用、激励的"组合拳"，最大程度释放政策红利。

（一）深化体制机制改革，培育吸引更多优秀人才

加快推进体制机制改革与创新是培育优秀人才、吸引优秀人才的关键。

第一，要全面深化人才体制机制改革，使市场在人才资源配置中起决定性作用，切实转变政府职能，完善公平竞争、优胜劣汰的人才市场环境，促进东北老工业基地实现人才振兴和高质量发展。

第二，优化党政机构职能配置，加快"放管服"改革，为东北地区吸引人才、实体经济发展与产业创新提供良好环境。

第三，打造"人才特区"，加快科技人才集聚载体建设，为东北地区实现跨越式发展提供人才支持。

第四，积极探索国有企业混合所有制改革实现形式，增强企业的创新活力和竞争力，鼓励企业加大对人才的培养力度，让更多的人才获得更好的培训机会，不断提高工人的技术水平，同时要建立科学合理的人才激励

机制和人才评价机制。

第五，学习深圳吸引人才政策，借助全国"大众创业、万众创新"的浪潮，推进创业创新带动就业，加强创业培训和创业服务，推动创业型城市创建和创业孵化示范基地建设。

（二）针对东北各大城市发展定位，先做好人才存量工作，再求人才增量进步

东北四大城市的发展定位较为清晰：哈尔滨以装备制造、医药、石化和食品为主导，长春是汽车产业为主导，沈阳以装备制造为核心的重工业和科教为主导，大连则根据区位优势不断大力发展外向型经济。这几大增长极是振兴东北经济的关键所在，吸引人才战略也应该针对这些城市的定位，有针对性地先留住本地人才，再吸引外来人才流入。同时，要根据不同类型人才的特点，聚焦新产业发展需求、聚焦体现东北优势的重点领域、聚焦最为短缺的三类人才（即科技创新创业领军人才、技术研发领军人才和高级蓝领），紧紧盯住国家"千人计划"、"万人计划"、中国科学院"百人计划"等人才，实施分类引导策略，为人才提供施展才华的事业平台，通过提高薪酬、改善内部文化建设、增加培训机会等方式重点盘活人才存量，通过改善当地医疗、卫生、教育、科研环境等方式积极吸引人才增量。

（三）不断优化人才软环境，为"孔雀还巢"提供最合适的土壤

人才流入不仅仅靠城市管理者给予的补贴或是户口，若非京沪广深，他们迁徙到某地考量的不仅仅是短期的城市福利，更注重当地的软环境，这包括创新氛围、对人才的尊重程度、市场化程度、法制化程度以及服务业水平等。因此，要营造良好的人才软环境，才能迎来"孔雀还巢"。第一，要营造良好的人文生态环境。人才都会考量当地的软硬环境，对于东北本地人才来说，可能有着故土情结，因此更有可能留下来就业与创业。一方面要增强人性化管理，营造尊重知识、尊重劳动、尊重创造的良好氛围。另一方面要搭建干事创业的平台，重视人才生态链的形成与发展，为人才资源作用的充分发挥提供广阔的空间。第二，要完善人才发展的软环境。要完善法制环境，保护知识、保护劳动、保护创造、保护人才，为人才发展扫清不必要的障碍。第三，要充分利用相关部门的方针政策，针对不同层次、不同年龄段人才的关注点，采取不同策略。加大对高层次有突出贡献的人才在职务晋升、生活待遇等方面的支持力度，加大对年轻人才在薪酬福利、工作能力提升等方面的扶持力度。第四，要建立健全完善的人才服务体系，为留住企业人才提供强有力的保障。

（四）人才引进政策应突出本地区优势

要进一步整合资源集中引才，突出重点精准引才，分层分类立体引才，打好"乡情牌""产业牌""平台牌"，依托重点产业、重点平台、重点团队，突出东北地区的资源优势，打造诚意十足的"招才引智"品牌。充分借鉴广东、江苏、浙江等省份经验，实现全区统筹、上下联动，厘清各级招才引智相关机构的工作职责，整合横向相关职能部门的职能，构建跨部门协同配合机制。

（五）优化人才的成长和发展环境

通过建立统一的引才渠道，搭建全地区引才平台，集中开展引才活动，组织相关单位和部门领导直接参与、推介宣讲、现场签约，对人才提出的特殊需求或顾虑，统一、及时给予解答。充分发挥政府参与优势、主导优势和资源整合优势，搭建综合性国际化人才引进服务平台，畅通引才渠道，充分发挥市场在人才资源配置中的基础性作用。定期组织用人单位开展集中性引才活动，更大范围吸引用人单位参与，充分利用各类媒体开展宣传，力争形成长效机制，打造具有国际竞争力的知名引才品牌。

（六）构建人才引进保障服务的无缝式衔接体系

持续强化引才政策支持，打造灵活实用的"招才引智"政策体系。政策体系是确保域外人才"引得进""留得住""用得好"的关键因素。要加大政策支持力度。按照整合资源、政策叠加的思路，在梳理整合东北地区现有引才政策的基础上，进一步研究完善更具吸引力、更加开放的引才政策。同时，积极用足国家人才政策，落实省市县和园区政策，细化用人单位政策，建立"普惠政策 + 竞争性政策 + 岗位政策"三重引才政策体系，借鉴浙江省在股权交易中心设立"人才版"等先进经验，积极引导社会资本为引进人才提供项目启动和研发经费。因为有些依赖自然资源的产业，对区域的选择具有很强的局限性，所以这类产业的培育与壮大要防止培养人才的流失。

参考文献

［1］程伟.东北老工业基地改造与振兴研究［M］.北京：经济科学出版社，2009.

［2］崔日明.东北老工业基地振兴与东北亚区域经济合作互动研究［M］.北京：经济科学出版社，2009.

［3］杜鹰.2013中国区域经济发展年鉴［M］.北京：中国财政经济出版社，2013.

［4］国家发展和改革委员会.东北振兴"十三五"规划［M］.北京：中国计划出版社，2017.

［5］国家开发银行，北京大学.一带一路经济发展报告［M］.北京：中国社会科学出版社，2019.

［6］国家信息中心"一带一路"大数据中心."一带一路"大数据报告（2018）［M］.北京：商务印书馆，2017.

［7］金凤君，张平宇，樊杰，等.东北地区振兴与可持续发展战略研究［M］.北京：商务印书馆，2006.

［8］金凤君.东北地区发展的重大问题研究［M］.北京：商务印书馆，2012.

［9］周建平.绸缪东北:新一轮东北振兴［M］.重庆:重庆大学出版社，2019.

［10］李静，邓静，等."一带一路"相关国家贸易投资关系研究［M］.北京：经济日报出版社，2017.

［11］厉以宁．读懂"一带一路"［M］.北京：中信出版社，2015.

［12］梁昊光，张耀军，等．"一带一路"：二十四个重大理论问题［M］.北京：人民出版社，2018.

［13］林木西，和军，赵德起，等．东北老工业基地新一轮体制机制创新［M］.北京：经济科学出版社，2018.

［14］刘斌．新常态下东北经济振兴研究［M］.大连：东北财经大学出版社，2016.

［15］刘伟，张辉．一带一路：区域与国别经济比较研究［M］.北京：北京大学出版社，2018.

［16］陆大道．中国区域发展的理论与实践［M］.北京：科学出版社，2003.

［17］马克，黄文艺．中国东北地区发展报告（2014）［M］.北京：社会科学文献出版社，2014.

［18］商务部《中国一带一路年鉴》编辑委员会．中国一带一路年鉴.2019［M］.北京：中国商务出版社，2019.

［19］世界银行．2019年营商环境报告：强化培训促进改革［M］.宋林霖，译．天津：天津人民出版社，2020.

［20］汪海波．新中国工业经济史：1949.10-1957［M］.北京：经济管理出版社，1994.

［21］王大超，王桂敏．东北老工业基地振兴热点问题研究［M］.沈阳：东北大学出版社，2009.

［22］王灵桂．"一带一路"：理论构建与实现路径［M］.北京：中国社会科学出版社，2017.

［23］王洛林，魏后凯．东北地区经济振兴战略与对策［M］.北京：社会科学文献出版社，2005.

［24］王士君，宋题，姜丽丽，等．中国东北地区城市地理［M］.北京：科学出版社，2014.

［25］王义桅．"一带一路"：机遇与挑战［M］.北京：人民出版社，

2015.

[26]徐绍史."一带一路"与国际产能合作：行业布局研[M].北京：机械工业出版社,2017.

[27]宣昌勇.多样性视阈下的东亚区域经济一体化研[M].大连：东北财经大学出版社,2017.

[28]宣善文.东北亚区域经济一体化研究[M].北京：经济管理出版社,2020.

[29]翟崑,王继民."一带一路"沿线国家五通指数报告（2017)[M].北京：商务印书馆,2018.

[30]张桂文,周健.二元经济结构转换与东北老工业基地振兴[M].北京：经济科学出版社,2008.

[31]张晓涛.中国与"一带一路"沿线国家经贸合作国别报告（中东欧篇）[M].北京：经济科学出版社,2018.

[32]赵传君.东北经济振兴与东北亚经贸合作[M].北京：社会科学文献出版社,2006.

[33]赵晋平.重塑"一带一路"经济合作新格局[M].杭州：浙江大学出版社,2016.

[34]中国战略与管理研究会.战略与管理.1：东北振兴[M].北京：中国发展出版社,2017.

[35]钟贤巍.产业旅游与东北振兴：欧盟产业旅游对东北老工业基地的启示[M].长春：吉林大学出版社,2010.

[36]常修泽.现阶段东北全面振兴方略研究[J].前线,2016(11)38-40.

[37]笪志刚.东北亚区域合作的新机遇与新挑战[J].东北财经大学学报,2019(4).

[38]关扬,庞雅莉.东北老工业基地地方政府职能转变[J].社会科学家,2013,198(10).

[39]胡伟,夏成,陈竹.东北建设成为对外开放系新前沿的现实基础

和路径选择［J］.经济纵横，2020（2）.

［40］李光辉.东北地区沿边开放与融入东北亚区域合作［J］.西伯利亚研究，2019（4）.

［41］郑尚植，赵雪.新型政商关系推动高质量发展的作用机制与路径选择［J］.中国西部，2020（1）.

后　记

　　《东北振兴研究丛书》经过三年多的筹划、立项、研究、撰写、编辑，即将呈现于广大读者面前。《东北振兴研究丛书》项目于 2017 年启动，入选 2018 年"十三五"国家重点图书出版规划增补项目，入选 2020 年度国家出版基金资助项目，辽宁省委宣传部、辽宁出版集团高度重视，将其列为重点扶持项目，辽宁人民出版社组建专门出版团队具体负责，并从组织、配套、资金及队伍等多方面给予保障，确保本项目得以顺利完成。

　　值此丛书付梓之际，我们特别感谢国家发展和改革委员会杨荫凯同志，感谢他的悉心指导和大力支持，以及在编纂实施过程中给予的持续关注和具体指导。

　　我们也由衷感谢丛书编委会为项目实施注入的信心和力量，对丛书出版所贡献的智慧和经验。我们向丛书诸位著者致敬，他们的责任与担当，他们的心血与付出，将载入东北振兴的史册。我们衷心感谢在丛书组稿过程中统筹协调、倾心付出的许欣、杨睿、刘海军等同志，以及为各分册著述辛勤工作的写作团队各位成员，他们为丛书的顺利出版提供了基础保障。

　　深入推进东北振兴发展，是中共中央作出的重大战略部署，实现东北地区等老工业基地全面振兴、全方位振兴是一项长期艰巨的历史任务。70多年前，中共中央东北局领导下东北解放区内最大的宣传机构——东北书店是如今辽宁人民出版社的前身，印行了大批有影响力的图书，发行到各解放区，如《毛泽东选集》《论联合政府》《东北农村调查》等。继承优良传统，肩负时代使命，怀揣美好憧憬，如今的辽宁人民出版社为东北振兴出版服务，自然担当义不容辞的责任。丛书紧扣经济社会发展，是对统筹推进"五位一体"总体布局和协调推进"四个全面"战略布局具有重要意义的出版项目。相信会为改革决策提供参考，助力优化国家区域发展格局，为东北全面振兴、全方位振兴，实现东北振兴新突破提供借鉴。

丛书策划、编辑出版过程中的疏漏之处，敬请广大读者批评指正。

编 者

2020 年 12 月